創生期の
アメリカ少年司法
Juvenile Justice in the Making

デビッド・S・タネンハウス 著
石川　正興 監訳

成文堂

Juvenile Justice in the Making
by David S. Tanenhaus

Copyright © 2004 by Oxford University Press, Inc.
Originally published by Oxford University Press, Inc.
Japanese translation published by arrangement with Oxford University Press, Inc.
through Meike Marx Literary Agency.

目　次

　　バーナーディン・ドーンによる序文……………………………………… 3
　　著者はしがき………………………………………………………………… 9

はじめに ………………………………………………………………………… 15

第 1 章　児童裁判所の構想 …………………………………………………… 27

第 2 章　モデル裁判所の建設 ………………………………………………… 53

第 3 章　家族の維持 …………………………………………………………… 91

第 4 章　少年司法の正統化 …………………………………………………… 129

第 5 章　非行の医療化 ………………………………………………………… 163

第 6 章　コミュニティの組織化 ……………………………………………… 195

むすび …………………………………………………………………………… 221

　　補遺 ………………………………………………………………………… 231
　　書誌解題 …………………………………………………………………… 233
　　監訳者あとがき …………………………………………………………… 241
　　団体・組織名の略語一覧 ………………………………………………… 245
　　索引 ………………………………………………………………………… 245

バーナーディン・ドーンによる序文

　社会は、どのようにすれば、悪に手を染めた若者を公平で、人道的で、かつ正義に適っていると一瞥して分かるやり方で取り扱うことができるのだろうか。法違反を行った子どもを未来へと導くための道標を歴史は繰り返し提供してきたのだが、世界最初の少年裁判所が作られてから一世紀が過ぎたばかりのこの世紀の変わり目において、ひとりの才気あふれる若き歴史家は、本書の中でその事実を浮き彫りにする。その歴史家すなわちデビッド・S・タネンハウスは、少年司法の変遷過程の中に深く埋没していた倫理的パラドックスや、社会的葛藤や、知的企てを解明する、明晰でダイナミックな手法を用いて論述する。そうすることで、彼は犯罪と刑罰、未熟さと責任、過去の結果の重さと将来の更生という苦痛に満ちたジレンマへと人びとの関心を向けさせる。タネンハウスは、埃の中に埋もれていた少年裁判所記録という宝庫、すなわちシカゴ少年裁判所の最初の30年間に扱われたケース・ファイルを掘り起こし、日々の仕事に奔走する保護観察官たちによって記された無味乾燥で、独りよがりで、往々にして自己正当的な報告書を精査した。こうして、彼は、20世紀初頭の非行少年たちの活気あふれる生活と、波動的で、ダイナミックでかつ適応力のある制度——当初は主に移民の子ども、今日では有色人種の子どもを捕えて法廷にしょっ引いてくる制度——を再構成してみせた。

　子どもを「権利と固有のニーズとを有する人間」として承認するという、子どものための正義（justice for children）は、合衆国における奴隷制の廃止と本質的に結びついている。子どものための正義が再構築されたことが過去に二度あったが、それは、黒人による社会闘争と法的解放という、よろめきながらも前進する前衛部隊の後を追い駆けるようにして行われた。合衆国裁判所が子どもの権利問題に最初に取り組んだのは奴隷解放直後の再建時代であり、その後再び取り組んだのは1960年代の公民権運動の混沌状態の中においてであった。アフリカ系アメリカ人が「合衆国憲法修正第14条の下で独立した個人である」のと同様に、移民、女性、そして子どももまた「合衆国憲法修正第14条の下で独立した個人である」のではないかという疑問が提起されたからであった。個人間の所有関係は崩

れつつあったにもかかわらず、子どもは何世紀にもわたって成人男性の排他的な法的所有物だとされた。子どもは成人男性による暴力的な脅威、拷問、搾取、および売買に服していた。奴隷解放直後の再建時代になると、施設に収容された子どもの権利を保障せよという主張が勢いを増した。その時代にイリノイ州で展開された法律論争や法廷意見においては、子ども期に関する本質論議と奴隷に関する見解とが密接に関連づけられていた。子どもを「法人格」であるとした場合、どのような性格を有する「人」として位置づけるのか。こうした基本的な構成概念においては、世界の半分を占める子どもの憲法上の権利、市民権、刑事司法上の権利、そして人間としての権利という問題が必然的に包含される。

　子どものためにだけ設けられた裁判所の発明、すなわち、フランシス・アレン教授に「合衆国において発明された最も偉大な法制度」と言わしめた法的統治形態は、合衆国全土に、さらには世界中に燎原の火のごとく広がった。「子どもは自らの法違反を理由として虐げられるべきでなく、アクセスや機会がないために残虐な扱いをされるべきでもない。要するに、社会は子どもを見放してはならない」ということが、少年裁判所の誕生過程においてラディカルにかつ決然として主張された。少年裁判所の誕生は、前世紀の変わり目に都市の工業化で沸きかえる移民国家アメリカの重要な一部を示すものであった。少年裁判所を実現させた女性たちは、ハル・ハウスにいた闘志にあふれ決然とした女性たち、ジュリア・レースロップ（Julia Lathrop）、ルーシー・フラワー（Lucy Flower）、フローレンス・ケリー（Florence Kelley）、メアリー・バーテルミ（Mary Bartelme）、そしてまとめ役のジェーン・アダムス（Jane Addams）であった。これら社会改革者たちの活動領域は広範囲にわたり、義務教育の実現と子どもの労働の廃止を求める40年にも及ぶ運動、成人のジェイルや救貧院からの子どもの解放、そして衛生・識字能力・労働者の権利・近隣参加による民主主義・女性の権利・公共空間の拡大、戦争反対を促進するための取組みが含まれていた。少年裁判所は、緊張と逆説という糸で織り込まれた、こうした哲学的なモザイク模様の一部として出現した。

　少年裁判所制度をめぐる社会的な混乱と挑戦を10年ごとに分けて、その歴史を考察した点こそが、タネンハウスの卓越した創造的な貢献である。というのも、彼は児童裁判所を、その創設者たちの制約と偏見によって永遠に縛られた固定した理念や制度としてではなく、進行中のダイナミックな活動として描出するからである。タネンハウスが行った創意に富んだ綿密な調査によると、家族や学校な

いし職場とほとんど同様に、児童裁判所は発展や修正が可能な組織となり、新たな挑戦、新たに出現する規範、周期的に起こる制約に順応する。しかしそれでもなお、少年裁判所の中核的役割は犯罪統制事業——すなわち、不安を惹起したり、社会秩序を乱す可能性のある者たち（移民、貧者、有色人種の子ども、無軌道な少女）を統制すること——の道具であるという点をタネンハウスは決して見失わない。それと同時に、本書は、少年裁判所の法制史を活き活きとした文脈的枠組みの中に置くとともに、少年裁判所という融通性に富んだ法的な実体が、可変的で柔軟に順応しながら発展していくことを明らかにする。本書は、斬新な解釈を施した物語としての歴史である。問題が起こるとそれを現在の最先端の問題であるとする、陳腐な決まり文句に対して、本書は新たな概念的解釈を加えるものである。

　今日合衆国では毎日何十万人もの子どもたちが少年裁判所に出頭しているが、その出頭理由は、自分たちの自由、自分たちの家族、監護、アイデンティティ、虐待・強姦・恐怖・ハラスメントからの安全、健康管理、教育、保護収容施設、言論、プライバシー、移民としての地位、そして捜索・押収からの保護に影響を与える重大な事柄である。子どもたちは、死刑や仮釈放の可能性のない終身刑に付されたり、自分たちの家族や弁護人から遠く離れた閉鎖施設に収容される不定期刑に付されたり、起訴と求刑を重くする方向での訴追裁量範囲の拡大に晒されている。さらに、女子少年の逮捕率の急増、ステイタス・オフェンス（成人が行った場合には犯罪とならないが、青少年によって犯される行為である。その法違反行為には、手に負えない、言うことをきかない、あるいは制御不能、怠学者、家出人、徘徊行為といった奇天烈な名称のものや、夜間外出禁止法令違反行為、また酒類やタバコに関する法律違反行為といったものがある。）の復活、さらには学校での逮捕率の急上昇といった事態により、青少年特に有色人種や女子の青少年に向けられた非行の網の目は広範囲にわたって拡張されてきた。

　こうした現代の少年裁判所の処罰権力拡張の流れは、まさに、タネンハウスによって解明され、見事な解釈が施された歴史の流れと非常に強く同調し合っている。現代社会にはこれまでの世代と質的に異なる「新種の」青少年が存在すると公言する者たちは、本書で提示される歴史的教訓により沈黙を余儀なくされることだろう。「スーパープレデター」とか、情け容赦のない暴力的で獰猛な「野獣以下の存在」であるとか、あるいは「オオカミの群れ」といった現代の扇動的な言葉は、厳しい刑事的な対応を求める主張に対して道徳的な論拠を提供すること

を意図している。また、こうした意図のもとにメディアが流す「ギャング犯罪」や少年の暴力に関する津波のごとき報道には、「子ども」や「若者」一般が包摂され、それらが非行少年の構成概念となっている。公衆の安全を標榜するところでは、危険性に関して人種的にコード化された言説により、中傷と恐怖を帯びた公衆の反動の矢面に立たされるのはまさに有色人種の子どもたちである。20世紀においてこうした主張と対峙してきたのは、——しかも、アメリカ人の大多数によって信じられている——子どもは自らが行った法違反を理由に虐げられるべきではなく、ごく僅かな子どもが暴力的な犯罪を行うとしても、社会は子どもを見放すべきではないというラディカルな主張である。

　少年裁判所はその最も大きな使命を未だ実現するには至っていないという点については、全ての人が同意する。しかし、少年裁判所が法違反行為を行った大多数の青少年に対して、今日でも「犯罪者として扱う」ことのない形で制裁に付している事実には変わりがない。また、少年裁判所に申し立てられた大部分の若者は、二度と少年裁判所に戻ってこない。少年裁判所は自らを改めつつも何十年にもわたって、少年の適性・能力・有責性が成人のそれとは異なった性質を有することを認めるよう、説き続けている。

　かの有名な過激主義者、ウィリアム・シェークスピアは、『冬物語』の中で、次のように書いている。

　10歳と23歳の間の年齢が存在しなければいいであろうに、さもなくば、若者は残りの期間眠り通せばいいであろうに。なんとなれば、その間には、娘っ子を孕ませること、祖先を中傷すること、盗むこと、喧嘩をすることの他に何物も存在しないからである。

　皮肉なことに、10歳から18歳までの男子少年の全てが23歳の誕生日まで眠りにつかせられたり、施設に収容されていたとしても、アメリカにおける暴力犯罪の90％（それは、成人の法違反行為者たちによる暴力犯罪である）は依然として存在するだろう。青少年犯罪への激しい集中砲火は、犯罪と公衆の安全に関する事実を根拠とした戦略的な対応というよりはむしろ、これまでも常にそうであったように、社会的および政治的なひとつの選択なのである。

　少年裁判所以外の社会の主要な制度の中には、その活力が青少年、家族、そして少年裁判所に直接影響を与えるものがあるが、タネンハウスは、そのような社

会制度を軽視しない。学校、児童福祉システム、プロベーション^{訳注1}、青少年支援機関、公園、および衛生管理サービスは社会によって十分に支援されれば拡張し、軽視されれば縮小する。援助、注目、発達、社会化、生存、保護を求めて若者は互いに近づくものだが、それ以外に向かうところがあるのだろうか。実際、普通学校と少年司法上の諸制度との間には緊密な関係が設けられてきたが、そこでは、今後子どもが労働に従事することも、成人の刑務所に収容されることもないとしたら、子どもは学校に通うだろうということが長い間前提とされてきた。識字能力と教育が市民としての資格や生産的な労働を得るための適切な準備であるという、この中核的な原理に基づいて、初期の少年裁判所は、怠学やプロベーションや少年に対する制裁を通じて公立学校に結びつけられていた。しかし、近年ますます子どもたちは学校で締め付けられ、学校内に封じ込められ、（除籍、停学、抜き打ち検査、自主退学を通じて）学校で拘束されたり、さもなくば学校から排除され、さらには、以前であれば学校内の制裁に処せられていた行為を理由として——しかも、人種的に極めて不公正な仕方で——少年裁判所に申し立てられている。

　財政上の優先事項が、教育、奨学金、就労、文化的表現活動から、刑務所の建設、法執行の増大、社会統制機構の拡張、青少年支援部局の駆逐へとシフトするにつれ、青少年の状況も変わってきている。青少年による軽微な法違反行為は、小売店、教師、スポーツ・コーチ、隣人、親、精神保健の専門家、青少年ワーカーによって最早冷静に対処されることなく、それに代わって警察が呼ばれ、逮捕がなされ、審理申立書が提出される。今や、我々は皆危機に瀕している。かくして、少年裁判所という制度は、青少年のための他の諸制度が上手くいかなかった場合の逃げ口として機能している。その結果、過剰収容にある少年矯正施設、欠陥だらけの青少年施設、人種的にも経済階層的にもバランスを欠いた施設拘禁状況といった事態が生じている。

　青少年は知的で観察の鋭い人たちだから、正義の核心にある公正さの問題に対し、彼らはいたって敏感である。成人の行う偽善、とりわけ、長期化する社会の機能不全は成人が引き起こしたにもかかわらず、その責任は青少年だけにあると頑なに考える社会に対して、青少年は鋭く反応する。我々は、現在発展しつつあ

訳注1　日本では"probation"と"parole"を併せて「保護観察」と呼ぶが、本書では言語をそれぞれカタカナ表記で訳す。

る国際人権法によって要求されているとおりに、青少年の声、彼らの意見、彼らの最善の利益を支援し歓迎するのが賢明である。歴史は我々に、子どもが果たす力強い役割を教える。子どもたちは、リトル・ロック、バーミンガム、ソエトさらには天安門での集団行動によって世界を変えてきた。我々はまた、我々の共通の未来である全ての子どもたちに投資したいという、大人たちの結集した公民としての意思の可能性についても知っている。

　少年裁判所というアイデアと機構は、一世紀前に世界中に広がった。そして今日、子ども法という独自の体系を創造したのは、グローバルな人権法である。国際法は子どもの権利を既に法典化し、今なお発達させている。しかし、悲しいとともに皮肉なことでもあるのだが、この動きに熱狂的に、かつ不屈の姿勢で参加しているのは、合衆国を除く世界中の大半の国々なのである。児童の権利に関する条約ならびにそれに関連する条約議定書や判例法は、少年裁判所の創設者たちによる革新と1960年代の人権革命を具現化しているが、それには子どもの参加権という新しい観念も含まれている。

　新たなミレニアムが始まるこの時期に、100年前に明らかにされた問題が激しく論争されている。我々は、本書が記す少年裁判所の初期の歴史によって、最初の諸原則を改めて見つめ直すともに、それに啓発されて今日のジレンマに正面から向かい合うようになるのである。

バーナーディン・ドーン

著者はしがき
―ジェニファー・L・ステンフォース（1970-1999）に捧ぐ

　私は青春時代の大半を無為に過ごしたが、大学院時代まで少年裁判所の門を潜ることはついぞなかった。私の場合、クック郡（シカゴ）少年裁判所に訪れることになったのは、青少年と法制史に変わらぬ関心があったためであって、怠学や手に負えない行状や窃盗罪を理由とするものではない。私はすぐに、同裁判所が世界で最初の少年裁判所であり、1999年に100周年を祝うことになっていることを知った。シカゴ少年裁判所の起源を調査し、その初期の活動を再構築するにつれ、私は、人びとに戸惑いを与えるイリノイ州最高裁判所判決、すなわち州民対ターナー事件判決（1870年）（People v. Turner）のケース・ファイルがイリノイ州公文書館事務局長によって保管されていることを知るに至った。アンソニー・ソーントン判事は、ターナー事件判決の時は州最高裁判所に加わったばかりで、しかも、修正第14条を可決したかの有名な第39回連邦議会ではイリノイ州選出の共和党議員を務めていた。その判事が、ターナー事件判決において全員一致の裁判官意見を執筆したのである。当時制定されたばかりのイリノイ州の憲法によれば、子どもには法の適正な手続を受ける資格がある、とターナー事件判決は宣言した。また、アイルランド系カトリックの14歳の少年ダニエル・オコンネルはシカゴ矯正学校に収容されていたのだが、この判決により釈放された。ターナー事件判決は少年司法の研究者を長い間戸惑わせてきた。というのも、子どもを個人的な人権と特権を有する成人と同等に扱った判決は、1960年代の人権革命の所産であると思われたからである。この時代錯誤とも思える判決は、私の興味を駆り立てた。

　私は、ダニエル・オコンネルのことをもっと良く知るために、エイブラハム・リンカーンの墓所であるスプリングフィールドを訪ねた。ダニエル・オコンネルは、1820年代・30年代のアイルランド解放運動の有名な指導者と同名であった。私が州公文書館に入ると、そこの職員の一人がテーブルいっぱいに広げた大きな地図の上にミニチュアの兵士を置いていた。その職員に何をしているのかと尋ねたところ、彼は、「どんな具合にしてピケットの突撃が成功し、その結果『我々南部の側』がこの戦争に勝てたのであろうかを理解するために、ゲティスバーグ

の戦いを再現しているところだ」と説明した。その週、私はイリノイ州南中部が当時実際どのようであったかを理解するとともに、ターナー事件判決のケース・ファイルを読んで、北部諸州による勝利がダニエルの運命に対して与えた意義を学んだ。

　南北戦争は動産奴隷制の廃止により一大変革期に突き進み、新国家において自由や隷属や統治方式が何を意味するのかをアメリカ人は議論するようになった事実を、1980年代以来研究者は解明してきたのだが、この議論の中で「要扶助少年」[1]に関する新たな問題がどのようにして提起されていったのかという点については、未解明のままであった。「要扶助少年」とは、虐待され、遺棄され、または非行少年になる虞があると思料される一方で、犯罪を行ったことを理由に訴追や有罪の認定を受けたことのない子どもである。「ダニエルのような要扶助少年を非行防止のためとは言え、州が刑事裁判なしで矯正施設に収容することができるのか」という疑問は、「子どもは、自由民と同等に、保護されなければならない市民権を有するのか」という根本的な問題を提起した。市民権を持たないとすれば、奴隷制を廃止したとされる社会において、子どもは新たな奴隷になるのではないか？

　自律した個人に憲法上の権利を賦与する近代自由主義国家の建設にアメリカ人が着手し始めたという、アメリカ憲法史上極めて重要な時期において、ダニエルの施設収容は子どもの法的地位に関する根本問題を提起した[2]。ダニエルの事件はまた、アメリカ人の子ども期に関する歴史における過渡期段階で発生した。子どもたちは学校にいるべきであり、工業化の途上にある国家の工場や製粉場や鉱山で働くべきではないという考えを支持する人の数は増えつつあった。しかし、1870年以前においては、義務的登校法（compulsory school attendance laws）を制定していた州や、子どもの労働を制限する州はほとんど存在せず、また、そのような法律が存在したとしても、適用年齢は多くの場合12歳ないしは14歳未満であった[3]。アメリカの都市部では、10歳から15歳の約三人に一人は、自分の家族の扶助のために働いていた[4]。したがって、シカゴ矯正学校が収容した子どもについて「職業」を記録していたことや、その職業欄に「在学中」との記載があった者が1856年から1869年の間に同施設に収容された1,121人の男子少年のうち僅か178人だけであったという事実は、驚くべきことでない[5]。事実、ダニエルも、逮捕される前の18ヶ月間タバコ工場で働いていた[6]。

　かくして、ダニエル・オコンネル事件は、アメリカ法が子どもをどのように取

り扱うべきかについての極めて深刻な問題を、法の創成期においてだけでなく、子どもの形成期においても提起したのである。子どもは自律した存在か、それとも親または州のいずれかの財産かというこの問に答える形で展開された青少年に関する法律論は、アメリカ少年裁判所の出現と発展という本書のテーマのきっかけとなった。本書は、アメリカの最初の少年裁判所が試行錯誤を経て発展したことを歴史的・制度的に詳らかに分析することを通じて、法の歴史において繰り返し発せられる根本的問題のひとつ、すなわち青少年の扱い方に焦点を当てる。本書は、ひとつの革新的な制度を分析することを通じて、少年司法の初期の歴史を解明するものであるが、それによって、読者諸氏は、少年司法の将来がどのようなものであるべきかを一層明確に考えることができるであろう。

　本書執筆の企画に着手して以来、私は判事、子どもの権利の擁護者、研究者、少年司法の実務家、公文書保管係、および少年裁判所に以前送られたことのある者たちと仕事を共にする機会を得たが、それは、これまでに語られ、論争を呼んできた少年裁判所の過去と向き合うためであった。本書刊行を可能にしてくれた全ての人に、この場を借りて感謝したい。私を少年裁判所に派遣してくれたバリー・カールや、少年裁判所の政治的・法的・社会的意義を評価することの手助けをしてくれたバーナーディン・ドーン、ビル・ノヴァック、ペギー・ローゼンハイム、フランク・ジムリングに謝意を表する。これらの人びととの歴史と社会政策に対する情熱は、本書に数えきれない程の影響を与えてきた。私はまたジェニファー・ステンフォース、フランク・ジムリング、ビル・ノヴァック、マイケル・ウィルリッチ、アンディ・フライ、スティーヴ・シュロスマン、メアリー・ワマック、トム・グリーン、クリス・トムリンズ、アート・マクエヴォイ、ダーク・ハートグ、スティーヴ・ドリジン、エリザベス・デイル、アンドリュー・コーエン、ジェフ・ヘイガン、オクスフォード大学出版会のための匿名原稿閲読者、それに、オクスフォードでの私の素晴らしい編集者たるデディ・フェルマンに格別の謝意を表する。これらの人びとは皆、本書原稿の重要な節目で目を通して極めて貴重な意見を与えてくれた。

　本書に記述した多くの子どもたちと同様に、私も多くの施設で時間を過ごした。ネバダ大学ラスベガス校（UNLV）の歴史学部は1997年以来私の学問上の本拠地であるが、私はこれ以上の支援的な同僚たち、とりわけ本書原稿の一部を読んでくれた教員強化セミナーのメンバーを求めることはできなかったであろう。このメンバーには、アンドリュー・ベル、グレッグ・ブラウン、ラケル・カーサ

ス、アンディ・フライ、ジョー・グッドウィン、コリン・ローダー、クリス・ラスムッセン、ウィラード・ローリングス、ハル・ロスマン、ミシェル・トゥサン、バーバラ・ワレス、メアリー・ワマック、ポール・ワース、エリザベス・ホワイト、そしてデヴィッド・ロベルが含まれる。私はまた、ウィリアム・S・ボイド記念ロースクールにおける新しい同僚に対して、歴史学者である私を法学部教員の一人として暖かく迎え入れてくれたことにも感謝する。アネッテ・アッペル、メアリー・バークハイザー、クリス・ブライアント、リンネ・ヘンダーソン、ボブ・ローレス、トム・マカフィー、カール・トビアス、それに非凡なディック・モーガン学部長と彼のすばらしい執行部付き助手であるダイアン・フォーレットに特別な感謝の意を表明する。また極めて幸運にも、私は2000年から2001年にかけてシカゴのニューベリー図書館のメロン・ポストドクター・リサーチ・フェローとして過ごすことができた。ジム・グロスマン、ニューベリーの職員（特に、サラ・オースチン）、同僚のリサーチ・フェロー、「コーヒー・エクスプレッションズ」での友人に感謝できて光栄に思う。また、UNLVの人文学部のジム・フレイ学部長には、給料面での支援を受けたことに感謝している。この支援のおかげで、私は人文学者の間で刺激的な1年を過ごすことができた。

　私はまた、ロックフェラー公文書センター、アンドリュー・W・メロン記念財団、ハリー・バーナード・ファミリー、シカゴ大学、それに、ウィリアム・S・ボイド記念ロースクールのジェームス・E・ロジャース記念・研究補助金財団に対し、本書を完成させるために必要な財政的支援を提供してくれたことに感謝したい。また、シカゴ歴史協会のアーチー・モトレーから受けた支援、ならびにジョセフ・レゲンスタイン記念図書館の文書局員と職員、ニューベリー図書館、イリノイ州公文書館事務局長、アーサー＆エリザベス・シュレジンガー夫妻記念アメリカ女性史図書館、イリノイ大学図書館・特別所蔵部、UNLVのライド記念図書館（と法律図書館）から受けた支援に対しても感謝する。さらに、クック郡少年裁判所の失われた事件ファイルを探し出してくれたクック郡巡回裁判所の公文書係であるフィル・コステロと彼のスタッフ、ならびにこれらの人びとと一緒に仕事をする許可を与えてくれたソフィア・ホール判事に対し格別の謝意を表したい。

　本書の一部は、以下のとおり、既に公刊されている。
　「子どものための正義──シカゴにおける少年裁判所の始まり」*Chicago History 27*（winter 1998-1999）: 4 -19頁

著者はしがき

「少年裁判所からの移送の発展」、ジェフリー・フェイガン＝フランクリン・ジムリング編『少年司法の境界線の変遷過程——青少年の刑事裁判所への移送』（シカゴ、シカゴ大学出版会、2000年）、13-43頁

「成長する要扶助者——20世紀前半のシカゴでの家族の維持」*Law and History Review 19*（fall 2001）：547-582頁

「20世紀前半における少年裁判所の発展——『汚点のない構築』という神話を超えて」、マーガレット・K・ローゼンハイム、フランクリン・ジムリング、デビッド・S・タネンハウス、バーナーディン・ドーン編『少年司法の一世紀』（シカゴ、シカゴ大学出版会、2002年）、42-73頁

「『被疑者の極端な若さゆえに』——少年による殺人への法的対応の変化」*Journal of Criminal Law and Criminology 92*（Spring & Summer 2002）：641-706頁

これらの文献を本書に組み入れる許可を与えてくれたことに、感謝する。

本書は 少年裁判所誕生に関する書である。そこで、私を愛し育ててくれた私の両親、グッシー・タネンハウスとジョー・タネンハウスに感謝することは、この本に相応しいことだと思う。私はまた、私の兄弟姉妹であるベス、サム、マイケル、その配偶者（ビル、キャシー、ベッカ）、姪のアニー、ステファニー、リディア、甥のマックスに対し、私を愛し支えてくれたことを感謝する。私は、想像力を大切にする家庭の中で育まれてきた（父グッシーのおかげで、わが家はヘンリー・ジェームスの肖像画をマントルピースの上に飾っていた）。こうして育まれた想像力が本書を企画する上で積極的な役割を演じたことは、間違いない。また特に、子どもの事件に関する新聞の切り抜きを私に送ってくれたベスとグッシー、ならびに本書の構成方針について私と論じ合ってくれたサムに感謝したい。

本書の執筆は、二人の人生と共に歩んできた。私の最初の妻であるジェニファー・ステンフォースは、乳癌と英雄的に闘った後に、1999年9月9日に亡くなった。「ジェーン」の精神は、彼女を知る者全てを感動させた。本書は愛情を込めて「ジェーン」に捧げられる。私の現在の妻ヴァージニア・タネンハウスは、私の人生を再び喜びのあるものにしてくれた。辛抱強く愛し支えてくれた現在の妻ジンジャーとわが家の二匹の「非行犬」ニジェラとオズに、感謝したい。

註

1. この時代の急進的性格については、膨大な文献が存在する。例えば、以下の文献を参照。Robert Kaczowski, "Revolutionary Constitutionalism in the Era of the Civil War and Reconstruction", *New York University Law Review* 61 (November 1986)：863-940；Eric Foner, *Reconstruction: America's Unfinished Revolution, 1863-1877* (New York：Harper and Row, 1988)；William Novak, *The People's Welfare, Law and Regulation in Nineteenth-Century America* (Chapel Hill：University of North Carolina Press, 1996), 235-248；Laura F. Edwards, *Gendered Strife and Confusion: The Political Culture of Reconstruction* (Urbana：University of Illinois Press, 1997)；Amy Dru Stanley, *From Bondage to Contract: Wage Labor, Marriage, and the Market in the Age of Slave Emancipation* (New York：Cambridge University Press, 1998); Akhil Reed Amar, *The Bill of Rights: Creation and Reconstruction* (New Haven: Yale University Press 1998), 137-294. and Bruce A. Ackerman, *We the People: Transformations* (Cambridge, Mass.：Harvard University Press, 1998).

2. Novak, *The People's Welfare*, 235-248.

3. Kathryn Kish Sklar, *Florlence Kelley and the Nation's Work: The Rise of Women's Political Culture*, 1830-1900 (New Haven：Yale University Press, 1995), chap. 7. この時代において、義務的登校法と児童労働法の数が限られていたことについては、Grace Abbott, *The Child and the State*, 2 vol. (Chicago：University of Chicago Press, 1938), 260 を参照。

4. 子どもはまた、アメリカの田舎では農場でも働いていた。しかし、初期の児童労働法は一般に、鉱山と工場という職場についてだけあてはまった。19世紀後半における子どもの労働についての優れた概観としては、Pricilla Fergcuson Clement, *Growing Pains: Children in the Industrial Age*, 1850-1890 (New York：Twayne, 1997), chap. 5. を参照。

5. Thirteenth Annual Report (1869), 42-43. 1870年代に、合衆国国勢調査は子どもの労働者たちの職業を初めて記録した。*Growing Pains,* 133.

6. 「人身保護令状申請書」は1870年11月12日に発行された。n.p., case no. 16472, Secretary of State Archives, Supreme Court Case Files, Springfield, Illinois.

「赤ん坊を風呂の水と一緒に流したくないのであれば、全ての青少年をこれまで以上に厳しく扱いたくないのであれば、少年裁判所を廃止し、子どもと成人をともに管轄するひとつの刑事裁判所しか持たなかった産業革命の時代に戻りたくないのであれば、我々は、わが国の少年裁判所で毎日出会う何千人もの青少年をこれまで以上に適切に扱う必要がある」。
　　──ユージン・A・ムーア判事（2000年1月13日）

はじめに

　1999年にミシガン州のオークランド郡で行われた、13歳の少年ナサニエル・アブラハムに対する第一級謀殺の公判は、アメリカの100年間に及ぶ少年司法の状態に対して国際的な注目を集めることとなった[1]。ナサニエルは僅か11歳の時に22口径のライフル一丁を盗み、1997年10月29日に面識のないロニー・グリーン・ジュニアの頭を撃った。ナサニエルはグリーンから約60メートル以上離れた丘の頂から発砲し、その命を奪った。この銃撃から2日後に、ナサニエルがライフルを発射しているのを見たという隣人からの通報を得て、警察はハロウィーンの仮装をしたナサニエルを登校中のグラマースクールから連行し、警察署で母親の同席の下に尋問した。逮捕時点で、ナサニエルはポンティアック警察にとって見ず知らずの子ではなかった。というのも、この6年生の子は強盗、住居侵入、暴行を含む20を超える犯罪の容疑者だったからである[2]。ナサニエルはライフル発射を自供したものの、特定の人物に向けて発砲した点については否認した。

　オークランド郡の検察官は、発砲は偶然によるものだというナサニエルの主張を退けた。ナサニエルを警察に通報した隣人もまた、ナサニエルが以前自分に向けてライフルを発砲したことがあったと申し立てた。さらに、検察官は別の証人も発見した。その証言によれば、ナサニエルは人を撃つと言っていたことがあり、グリーンの死の直後に人を殺したことを自慢していた、とのことであった。1997年にミシガン州で発効した新しい法律集に基づいて、検察官は当時11歳であったこの少年を成人として起訴した[3]。検察官はナサニエルを第一級謀殺、二件の銃器法違反、それに二つの訴因からなる謀殺の意図をもった暴行で訴追した。第一級謀殺で有罪認定されれば、ナサニエルは仮釈放の可能性のない終身拘

禁刑の判決を受けることとなる。

　ナサニエルの弁護人ジェフリー・フィーガーは、グリーンの死亡は偶然によるもの、すなわち銃を使った「子どもの遊び」の結果であると論じた。いわく、「この子は、小さな男の子です。我々は、ナサニエルがある事柄について有罪であるという事実を争っているのではありません。問題は、彼の扱われ方なのです。我々は、ナサニエルが街頭を歩いて当然だと言っているのではありません。彼は、謀殺を行った25歳の成人のように扱われるべきではなく、11歳の病気の子どものように扱われるべきなのです」、と[4]。フィーガーは「未成年の抗弁（infancy defence）」の一種を用いたのであるが、これは少なくとも14世紀から少年裁判所運動の普及する20世紀初頭まで英米法の重要な一部であった。コモン・ローによれば、7歳未満の子どもは死刑事件での訴追を免除された（18世紀になると、英国議会はこのカテゴリーを多数の財産犯罪にまで拡張した）。というのも、子どもは本来、「重罪を犯す思慮分別（felonious discretion）」を持ち得ないと看做されたからであった[5]。このことは、子どもは犯罪を遂行するための「必要的故意（necessary intent）」を形成する能力がない、ということを意味した。7歳から14歳までの子どもは、必要的故意を有する能力がないと推定された。しかし、州はこの推定の反証を挙げることもできたし、もし上手くいけば、その子どもを訴追することもできたのである。14歳以上の子どもは成人として公判に付された。フィーガーの主張によれば、ナサニエルは軽度の知的障害の子どもとして、知的水準が6歳から8歳の子どもの水準しかないので、殺人をするための必要的故意を形成できないということであった。したがって、ナサニエルは謀殺について有罪ではあり得なかった[6]。

　検察官はこの少年を、自らの行動を理解する計画的殺人者として描いた。検察官の主張によれば、ナサニエルは誰かを殺すと打ち明けたのちに、その計画を実行に移したのであった。陪審団は、4日間にわたる評議の後、評決を下した。ナサニエルは、第一級謀殺については無罪とされたが、第二級謀殺については有罪を認定された。この評決は次のことを意味した。すなわち、陪審員は、ナサニエルにはグリーンを殺害ないし傷害する故意があったか、それとも自らの行動により死亡または傷害の結果が惹起されるという高度の危険性の創出を認識していたかのいずれかであるという点は認定したが、グリーン殺害の計画があったかまでは認定できなかった、ということを意味した[7]。陪審員長であったダニエル・J・ストットルズは、「ナサニエルは銃器の危険性を認識しているという印象を

持ちました」と説明した[8]。

　法廷テレビ放送によってその全てが放映された公判により、ナサニエル・アブラハムはアメリカ少年司法の問題の多い現状を示す広告塔に仕立て上げられた。アムネスティ・インターナショナルは『青少年に対する裏切り行為——合衆国の司法システムにおける子どもに対する人権侵害』と題する報告書の表紙に、オークランド郡の法廷に出廷したアフリカ系アメリカ人の子どもを写したAP通信社の写真を再掲した。アムネスティ・インターナショナルのこの報告書は、合衆国が批准した「市民的および政治的権利に関する国際規約」や「拷問禁止条約」などの条約や、1989年国際連合の「児童の権利に関する条約」のような合衆国が反対票を投じた条約に違反していることを理由に、合衆国を批判した。アブラハムの公判の時点において、合衆国とソマリアを除く192の全ての国連加盟国が、「児童の権利に関する条約」という画期的な人権条約を批准していた。アムネスティ・インターナショナルが指摘したように、1995年だけで170万を超える非行事件を処理するアメリカの少年司法システムは過剰であり、過度の施設収容に依存しており、残虐で異常な刑罰を科し、適切な精神保健サービスを提供せず、均衡を失するほど多くの少数人種や少数民族の事件を処理していた。この監視機関によれば、これらの慣行の全てが国際人権法に違反するものであった[9]。

　青少年を少年裁判所から成人の刑事司法システムへと移行する傾向は、アメリカの少年司法の現状よりもはるかに気掛かりなものであった。例えば1990年代には、青少年の暴力に対する関心の増大を反映して、40を超える州が、子どもを成人として審理することを容易にする法律を制定した[10]。この法律の施行によって、これまで以上に多くの子どもが成人受刑者と一緒に拘禁されることとなったが、そうした状況下において子どもは性的虐待を受ける可能性が高まり、適切な教育の機会を受ける可能性が低くなった。さらに、刑事司法システムで扱われる子どもたちは、仮釈放の可能性のない終身拘禁刑と死刑を含む厳しい刑が科された[11]。1990年代の合衆国は、少年時に行った犯罪を理由に死刑を執行したことで知られる、僅か六つの国（他の五つは、イラン、ナイジェリア、パキスタン、サウジアラビア、イエメン）のうちのひとつであった。法律学の教授であるビクター・ストレイブが述べたように、「少年犯罪者に対する死刑は、本質的にアメリカ独特の慣行になってしまった。なぜかと言えば、国際連合の『児童の権利に関する条約』やその他のいくつかの国際的な条約や協定の明文規定を理由に、アメリカ以外のあらゆる地域の国々では少年に対する死刑が法律上廃止されているからであ

る」[12]。合衆国は、かつては子どものための正義を保障する国際的な改革運動のリーダーであったのに、今やはぐれ者国家になってしまった。

　子ども期への信頼と、それに由来する、子どもは発達上成人と異なるが故に別個の裁判所を必要とするという結論は、消滅しつつあるように思われた。社会学者デビッド・ガーランドが示したように、20世紀末に至り合衆国は「犯罪コンプレックス」に陥った。アメリカ人は高い犯罪率を常態的なものとして受容し、情緒的なやり方で犯罪を政治問題化し・告発し、被害者の権利と公衆の安全に焦点を絞り、司法システムの有効性に疑惑を抱き、犯罪学者の権威を見くびり、そしてますます個人の安全のために民間部門に頼った。ガーランドが主張するように、「この世界観は、いったん確立されると、すぐには変わらない」。そのかわり、「犯罪に対する人びとの態度——この態度の中には、人びとが抱く恐怖や憎しみばかりでなく、人びとの常識的な語り方や理解の仕方も含む——は、犯罪学の調査や公的データに依拠せずに、文化的な脚本によって支えられ再生産されるところの、確立した文化的事実となる」[13]。そのような社会に住んでいる人びとは低下しつつある犯罪率と被害者化率を無視しがちであり、それと同時に、司法システムの有効性とそれを研究する専門家の妥当性を疑問視する。かくして、合衆国における少年の犯罪率は1994年以降劇的に低下したときでさえ、各州はこれまで以上に懲罰的な法律を制定し続け、また三つの州では、少年時に行った犯罪を理由に当該行為者に死刑を執行したのである[14]。

　こうした犯罪に対して極めて過敏な風潮——この状況下において、ニューヨーク・タイムズ紙の見出しは大胆にも、「犯罪不安は、失われ行く若さへの不安に勝る」と告げた——の中でほとんど忘れられていることは、少年裁判所こそはアメリカが最も影響力を及ぼした法的発明物のひとつであるという点である。最初の少年裁判所は1899年にイリノイ州クック郡で設立されたのだが、それは30年ばかりの間にヨーロッパ、南米、そしてアジアの各国の政策形成者たちのモデルとなった。これらの国々の児童救済運動家たちが少年裁判所に注目したのは、子どもを刑事司法システムからダイバージョンする方法を学ぶためであり、また子どもの事件に懲罰的でないやり方で対処するためであった。犯罪学者フランクリン・ジムリングが記したように、20世紀が終わろうとしている現在までに、「アングロ・アメリカの法制史において、産業化された民主主義諸国の多様な法システムの中であまねく受け入れられた法制度は、少年裁判所以外に存在しなかった」[15]。それにもかかわらず、アメリカの少年裁判所の将来には疑問が投げかけ

られ続けた。高名な法律学教授バリー・フェルドを含む数人の子どもの権利擁護者たちでさえ、少年裁判所の廃止を主張した[16]。

　人びとは裁判に注目していた。裁判所庁舎には、アル・シャープトン師によって率いられた抗議者もいた。シャープトン師はナサニエル・アブラハムの起訴は人種的な動機に基づくものだと非難していた。このような状態で、ユージン・ムーア判事がこの13歳の少年に刑を言い渡さなければならなかった。ムーアは、少年裁判所の判事として30年を超える経歴があり、全米少年・家庭裁判所判事協議会（National Council of Juvenile and Family Court Judges）の前会長であった。ミシガン州法のもつ特殊性に依るのだが、ムーアには三つの選択肢があった。第一に、ナサニエルに少年としての刑を言い渡して、最重警備の少年拘置センター（juvenile detention center）に収容することができた。しかしこの場合、ナサニエルの更生が実現されておらず、また公衆の安全に重大な脅威をもたらしていても、21歳になる前に彼を釈放しなければならないこととなる。第二に、ナサニエルに成人として刑を言い渡し、直ちに8年から25年の間成人の刑務所に送ることができた。第三に、少年刑と成人刑の併科刑を用いる選択肢があった。この併科刑により、ナサニエルを最初は少年拘束施設に収容し、併せて成人としての刑を科す可能性を留保することが可能になるであろう。検察官は、判事にこの第三の選択肢を行使するよう求刑した。

　ムーア判事は、待ち望まれたナサニエル・アブラハムに対する刑の言渡しを行うにあたり、ある歴史的教訓から始めた。ムーアは次のように言明した。

　　1999年に、我々は、アメリカにおける少年裁判所創設100周年を祝った。少年裁判所は、1899年にシカゴ市クック郡で始まった。その起源は、産業革命期のイングランドにまで遡る。産業革命期において、二つの集団が手を携えて、子どもに対する虐待と闘った。第一の集団は、有罪認定された者を処罰する際に、子どもを成人と同様に扱う刑事司法システムに反対した。すなわち、成人と子どもが同様に処罰されることに反対したのである。第二の集団は、子どもを奴隷のように大変安価な労働力として利用することを憂慮した。ほとんど食事を与えられず、学校はなく、大規模な寮での生活。1日18時間労働が、子どもに対して日常的に行われていた虐待であった。

　　子どもをこうした虐待から保護することが、アメリカにおいてシカゴ市クック郡少年裁判所をもたらしたのである。

ムーアは、アメリカ少年司法のいくつかの基本原理を再び強調するために、少年裁判所の100周年を強調した。彼の説明によると、少年裁判所の創設者は「個別化された司法（individualized justice）」を信条としたが、それは「子どもは成人と異なることを認識していたからだった。子どもはまだ経験が浅く、未熟で、十分に発達していなかった。したがって、性格と行動にはまだ可塑性があり、更生が可能であった。『更生（rehabilitation）』が少年裁判所の決まり文句となった。子どもを終身にわたって閉じ込めておきたいと考える者などほとんどいなかった」。さらにムーアは次のように述べた。「子どもの将来の犯罪行動から社会を保護したいのであれば、その子どもの更生に役立つことを行った方が良く、そうすれば、子どもは少年裁判所によって釈放されるときには別人になっている、という認識が当時は存在したのである。こうすることによってはじめて、あなたも私も、子どものさらなる犯罪活動から保護されることになるのだ」。しかし、少年裁判所は設立当時から十分な資源を与えられてこなかった、とムーアは嘆いた。その結果、「わが国の少年裁判所は、多くの非行少年の行動を変えることに失敗した」。この失敗の故に、改革者たちは、「『有罪』であることを十二分に確信しない限り、少年裁判所は『その子どもを変えようと試みる』べきではないと主張する」に至ったのであった[17]。合衆国最高裁判所もこの点に同意し、1967年の画期的なゴールト事件判決で、少年裁判所に係属した子どもは、成人が刑事司法システムにおいて有するデュー・プロセス保護条項をほぼ完全に受ける権利（それには弁護人依頼権が含まれる）があると判示した。

　ムーア判事が脱線して少年裁判所の歴史にまで踏み込んだことは、多くの論者にとって常軌を逸したことのように思われた。しかし、21世紀における政策選択に真正面から向き合う際には、アメリカ少年司法の歴史と制度を徹底して理解することが確実にかつ具体的に役立つ、というのが本書の主張である。実際、歴史について深く理解することなしにナサニエル・アブラハム事件を判断することは愚かだ、と言いたい。というのも、少年司法の将来をはっきりと思い描くのに役立つ有益な過去を捨てることになるからである。したがって、本書はこの過去を再検討するが、それは少年裁判所の起源についての三つの相互に関連する問題に答えるためである。第一に、少年裁判所なるものを発想し、建設することがどのようにしてできたのか。第二に、初期の少年裁判所はどのようにして実際に活動したのか。そして第三に、少年裁判所はどのようにして正統性を獲得したのか（言い換えれば、各々の市や郡がひとつの少年裁判所を持たなければならないことが「当然

のことに」思えるようになったのは、いつの頃だったのか）。これらの問いへの回答は、シカゴ少年裁判所の歴史の中に見出すことができる。というのも、シカゴ少年裁判所はモデル裁判所の役目を果たしただけでなく、その創設者、職員、対象者および論評者の全ての力によって、少年司法の運営がより普遍的な形になっていったからである。加えて、第一世代の少年司法の実務家たちは、我々が今日でも直面する多くの問題に取り組んだ。歴史を学ぶことにより、現在の問題に対する明確な解答が提供されるわけではないが、歴史を学ぶことで、我々は今なさねばならない厳しい選択を一層綿密に練ることができ、また、そもそも少年に対する別個の司法システムを我々はなぜ確立したのかを思い起こすことができるのである。

　本書は、少年司法に関する既存の文献に対し、二つの重要な貢献をする。第一に、少年裁判所に関する標準的な説明では、少年裁判所は1899年にシカゴにおいて女神アテナのように完成された形で生まれ、ゴールト事件判決に至るまで何ら大きな変化もなく進んできた完璧な構築物として記述するのだが[18]、しかし本書は、こうした説明とはかなり違う一連の発見事実を提供する。本研究の全ての章が明らかにするように、少年司法の構造、諸規則、および自己観念における重大な変化は、設立当初から少年裁判所の歴史の一部であった。少年司法は付加されながら成長してきたのであり、また経験を重ねながら行われてきた少年司法の成長は、地方の政治から大きな刺激を受けたのである。この発見は歴史家にとってなんら驚くにあたらない。なぜなら、発見は、発見以前に存在していた創造神話と比べれば遥かに意外性が少ないからである。重要なことは、我々がこの史実の発見によって、「少年裁判所の設計者が社会福祉の要素を犯罪統制に連結させたために、少年裁判所が概念的に台無しになってしまったのか否か」という決定的に重要な問題を再検討するよう迫られる点である。バリー・フェルドによれば、こうした混合によって、「社会福祉を刑罰への関心に不可避的に従属させるという、本来的に不安定な組織」が生み出された[19]。しかし、本書が解明するのは、それよりも遥かに複雑で、しかも前もって決定されることのない歴史、つまり、社会福祉への考慮が刑罰への関心に勝ることがしばしば見られたという歴史である。したがって本書は、社会福祉と犯罪統制との間に適切なバランスを見つけようと努めている21世紀の政策形成者にとって、修正された準拠枠を提供する。

　第二に、本書は、法制度の歴史を長期にわたって論証する。本書は、ある種のリーガル・リアリズムを思い起こさせる分析や、20世紀前半に行われた統治に関

する制度論的研究を提供するが、これらの研究手法は、裁判上の意見の中で使用される言葉よりも、法の制度や法の形式の方が重要であると主張するものである。この手法は、2004年よりも1934年にとってより適したもののように思えるのだが、少年司法の歴史（そして、アメリカ法一般の歴史）では、制度の発展をその社会的な文脈の中で検討することがあまりなされてこなかった。その結果、少年司法が用いる弁論術や非行少年の描写に関する研究は数多くあったが、少年司法システムの日々の活動に関し、その試行錯誤的発展状況を解明する徹底的な検証はなかった[20]。本書は、アメリカにおける最初の少年裁判所の発展に関して、こうした視点を提供する。その際に、本書は、一方で後見人としての州の役割と、他方で子どもとその親の権利との間に存在する固有の緊張関係を明るみに出す。本書はまた、少年非行の対処方法をめぐる現代の対立——個人と家族の順応とコミュニティの再組織化のいずれを目的にした方が良いかという問題を含む——の起源を明らかにする。

　本書の歴史探訪は、19世紀後半に、世界最初の少年裁判所をシカゴに創設しようというルーシー・フラワーとジュリア・レースロップが率いた改革運動をもって始まる。第一章は、立法者がどのようにして非行少年に対する裁判管轄権を州の既存の児童福祉システムから切り分けたかを明らかにする。このように、少年裁判所は社会福祉と犯罪統制に取り組むという二元的目標——それは今日なお少年司法において相互に関連し合っている問題点である——をもって設立された。

　第二章以下が示すように、アメリカの少年司法は発展途上の制度である。この独自のシステムに付されるのはどのような子どもか、またそれと同じく重要なことだが、この裁判所の対象者を決定する権限を有するのは誰であるべきか、この問題を決することがずっと少年司法発展の中心にあった。20世紀初頭において、立法府議員、黒幕政治家（machine politicians）、慈善家、改革者、法廷弁護士、判事、検察官、警察、保護観察官、宗教指導者、ソーシャル・ワーカー、教師、校長、精神保健の専門家、親や他の家族構成員、コミュニティの住民、そして子ども自身が、アメリカ的自治の中で少年裁判所が果たすべき適切な役割を明確にするための苦闘において重要な役割を演じた。当時、少年司法の境界線は、今日変化しているのとほとんど同様に、絶え間なく変化していた。

　第二章では、1899年に世界で最初の少年裁判所が前途有望でありつつも、いかに不完全な形で始まったかが明らかにされる。そこでは、例えば非公開審理のごとき進歩主義的少年司法の「顕著な特徴（defining features）」——それは、その後

1910年代から1920年代になって初めて、大都市の少年裁判所の標準的実務になっていったのである——がどのようにして付け足されたのかが記される。第三章では、シカゴ少年裁判所における要扶助ケースの取扱いを復元するが、その際に、要扶助少年のための「施設収容を伴う福祉プログラム（institutional welfare programs）」と「家庭に基礎を置く福祉プログラム（home-based welfare programs）」が20世紀初頭にどのように運用されたのかが比較される。そこではまた、母親に対する扶助費（mothers' pensions）、すなわち要扶助少年補助金や要扶助少年家庭補助金といった連邦の福祉プログラムの前身がなぜに少年裁判所から次第に外されていき、最終的に進歩主義的少年司法の「顕著な特徴」にならなかったのか、についても探求する。第四章は、20世紀初頭にシカゴ少年裁判所をめぐって遂行された政治的な闘争と法的な闘争に焦点を当てる。少年裁判所の支援者たちは、こうした闘争を利用して新しい制度を正当化したが、この周期的に繰り広げられた戦いはまた、少年司法のための進歩的理想像を構成する多くの要素が、第一次世界大戦後に至るまでひとつに合体されなかったことの理由を説明するのに役立つ。

第五章では、少年精神病質研究所（Juvenile Psychopathic Insitute）の活動を検証するが、当研究所は1909年に開設され、この種の研究所としてはわが国で最初のものであった。そこでは、同研究所初代所長ウィリアム・ヒーリーと、彼が青少年の発達や少年非行の原因を理解する上で果たした貢献に対して焦点が当てられる。ヒーリーの調査は、心理学的検査を進歩主義的少年司法の「顕著な特徴」に仕立て上げるのに役立った（ただし、子どもや青少年を対象とした臨床的活動は推奨されはしたものの、推奨された程実際には実施されなかった）。この章の結びでは、ヒーリーの研究がいかに少年司法から注意を逸らし、1920年代に少年司法の有効性への関心を引き起こし、皮肉にも、ベビー・ブーム世代の親たちが医療モデルを自分たちの子育て実践の一部として採用することに寄与したかを分析する。

第六章は、1930年代に同時発生的に起こった、子どもを少年裁判所から引き離すことを求めた動きについて記述する。第一は、社会学者で社会活動家でもあったクリフォード・ショウ（Clifford Shaw）と少年調査研究所（Institute for Juvenile Reseach）での彼の仲間たちによって率いられたもので、犯罪多発地域の住民と協同して、住民自身による非行予防プログラムを開発した動きである。第二は、クック郡刑事裁判所の主席判事であったデニス・サリバンによって率いられたもので、重大かつ暴力的な犯罪で訴追請求された子どもに対する少年裁判所管轄権

を制約しようと試みた動きである。こうして、わが国が20世紀最初の「犯罪コンプレックス」を経験した大恐慌の間に、コミュニティに基礎を置いた革新的非行予防プログラムを強調した新しい形の児童救済運動が根付いた。しかしそれと同時に、イリノイ州最高裁判所は、シカゴ少年裁判所から、重罪の嫌疑で訴追された10歳以上の子どもに対する第一審管轄権と専属管轄権を剥奪した。

　「むすび」では、ナサニエル・アブラハムに対するムーア判事による刑の言渡しの話に戻り、この少年の運命を決定するにあたってムーアが引き合いに出した歴史の使い方を分析する。本書の狙いは、ムーア判事の量刑意見と同様に、合衆国における少年司法の将来を考えるためのひとつの歴史的枠組みを提供することにある。本書は、後見人としての州が果たすべき適切な役割、子どもとその親の権利、そして、21世紀において社会福祉と犯罪統制の均衡をとる方法を検討するための新しい観点を提供する。歴史は我々に明白な解答を提供することはできないが、少なくとも我々がより良い政策上の問いを立てるための手助けにはなり得る。

註

[1] 以下のナサニエル・アブラハム事件についての記述は、David S. Tanenhaus and Steven A. Drizin, "Owing to the Extreme Youth of the Accused：The Changing Legal Response to Juvenile Homicide," *Journal of Criminal Law and Criminology 92*(Spring & Summer 2002)：641-706 から作成した。

[2] Jim Dyer, "Children Accused of Killing Children; Young Life Lost, Younger One in Jeopardy,"*Detroit News*, February 10, 1998, A1.

[3] Judge Eugene A. Moore, "Sentencing Opinion: People of the State of Michigan v. Nathaniel Abraham,"*Juvenile and Family Court Journal* 51（Spring 2000）：6.

[4] Bryan Robinson, "Fieger Surprises Court, Emerging as Thirteen-Year-Old's Cocounsel in Murder Trial," この文献は、www.courtv.com/trials/abraham/101999_fieger_ctv.html にてオンラインで入手可能である。

[5] Anthony Platt M. and Bernard L. Diamond, "The Origins of the 'Right and Wrong' Test of Criminal Responsibility and Its Subsequent Development in the United States: An Historical Survey,"*California Law Review* 54(1966)：1233-1234.

[6] William Claiborne, "Thirteen-Year-Old Convicted in Shooting; Decision to Try Youth as an Adult Sparked Juvenile Justice Debate,"*Washington Post*, November 17, 1999, A3.

[7] Associated Press, "Boy, Thirteen, Convicted of Second Degree Murder,"*Chicago Tribune*, November 17, 1999, 19.

はじめに

[8] Keith Bradsher, "Michigan Boy Who Killed at Eleven Is Convicted of Murder As Adult,"*New York Times*, November 17, 1999, at A1.
[9] "Betraying the Young: Human Rights Violations against Children in the US Justice System,"Amnesty International(November 1998), 8-36, 60.
[10] Keith Bradsher, "Fear of Crime Trumps the Fear of Lost Youth," *New York Times*, November 21, 1999, sec.4, p.3. また、*The Changing Borders of Juvenile Justice : The Transfer of Adolescents to the Criminal Court*, edited by Jeffrey Fagan and Franklin E. Zimring(Chicago：University of Chicago Press, 2000). をも参照。
[11] *Changing Borders of Juvenile Justice*, 40.
[12] Victor Streib, "The Juvenile Death Penalty Today：Death Sentences and Executions for Juvenile Crimes, January 1, 1973-August 31, 2002"（草稿は著者が保有しているが、www.law.onu.edu/faculty/streib/juvdeath.htm にてオンラインで入手可能である）.
[13] David Garland, *The Culture of Crime：Social Order in contemporary Society*(Chicago：University of Chicago Press, 2001). 163-164.
[14] 1994年から1997年までに、殺人、強姦、強盗、および加重暴行を理由とした少年の被逮捕者の数は22％下落した。David P. Farrington and Rolf Loeber, "Serious and Violent Offenders," in *A Century of Juvenile Justice* edited by Margaret K. Rosenheim, Franklin E. Zimring, David S. Tanenhaus, and Bernardine Dohrn(Chicago：University of Chicago Press, 2002), 206. 合衆国最高裁によると、憲法は子どもが16歳になる以前に遂行した犯罪について死刑に処されることを認めない（Thompson v. Okalahoma, 487 U.S. 815［1988年］）が、しかし、死刑犯罪を遂行した16歳以上の子どもに対して死刑が適用されることを認めている。1994年以来、テキサス、ヴァージニア、およびオクラホマの各州が、人びとを18歳の誕生日の前に遂行した犯罪を理由として死刑に処してきている。Streib, "The Juvenile Death Penalty Today."
[15] Franklin E. Zimring, "The Common Thread：Diversion in the Jurisprudence of Juvenile Courts,"in Rosenheim, Zimring, Tanenhaus, Dohrn, *A Century of Juvenile Justice*, 142.
[16] Barry C. Feld, *Bad Kids：Race and the Transformation of the Juvenile Court*(New York：Oxford University Press, 1999).
[17] Moore, "Sentencing Opinion,"3-4.
[18] 例えば、Christopher P. Manfredi, *The Supreme Court and Juvenile Justice*(Lawrence, University of Kansas Press, 1998)and Feld, *Bad Kids* を参照。
[19] Feld, *Bad Kids* 15.
[20] 例えば、Anthony M. Platt, *The Child Savers：The Invention of Delinquency*, 2nd ed. (Chicago：University of Chicago Press, 1977)［訳者追記：邦訳として、藤本哲也＝河合清子訳『児童救済運動──少年裁判所の起源』（中央大学出版部、1989年）がある。］, James Gilbert, *A Cycle of Outrage：America's Reaction to the Juvenile Delinquent in the*

1950s(New York : Oxford University Press, 1986), Victoria Getis, *The Juvenile Court and the Progressives*(Urbana : University of Illinois Press, 2000), and Anne Meis Knupfer, *Reform and Resistance : Gender, Delinquency, and America's First Juvenile Court* (New York : Routledge, 2001)を参照。

第 1 章

　我々はシカゴに『児童裁判所（children's court）』を持つべきである。また、我々は『児童裁判所裁判官』を持つべきであり、その裁判官は児童裁判所の業務だけに専従しなければならない。
　　　　　――フレデリック・ワインズ、イリノイ州慈善委員会事務局長（1898年）。

児童裁判所の構想

　「わが州の子ども」というテーマで行われた「慈善事業に関する第三回イリノイ州年次会議」で、フレデリック・ワインズは次のように宣言した。「わが州の刑事司法システムにおいて我々が持つべきものは、成人のケースであれば犯罪とされ得る法違反行為を行った子どもを管轄するために大都市に設置された、完全に別個の裁判所システムである」[1]。慈善家のルーシー・フラワーや、女性として初めて慈善委員会委員を務めたジュリア・レースロップといったこの会議のオーガナイザーは、少年裁判所法成立をイリノイ州の次期議会における立法上の優先事項にするための一助として、この2日間のイベントを利用した[2]。1898年11月にカンカキーにある東部精神病院で開催されたこの「慈善事業に関する第三回イリノイ州年次会議」は、イリノイ州における児童救済事業の過去と未来を一緒に論じる場となった。1870年の州慈善委員会創設以来委員を務めていたワインズのような改革者が、メアリー・バーテルミのような新参者と協議した。バーテルミは、この会議の直前にノースウェスタン・ロースクールを卒業したばかりだったが、四半世紀後には女性として初めてクック郡少年裁判所の統括判事になった人物である。

　この会議の出席者は未だ存在していない法制度について話し合ったという事実を、銘記しておくことが重要である。児童裁判所がどんな形になるのか、また児童裁判所がどのように活動するのかは、明らかでなかった。事実、フラワーとレースロップがこの会議で推奨しようとした立法提案は、まだ起草すらされてい

なかった。児童裁判所を構想することがいかにして可能になったのか、児童裁判所の支持者は自らのビジョンを制度的現実にするためにどのように運動を進めていったのかを、本章では検討する。ルーシー・フラワーやジュリア・レースロップが先頭に立って進めた、イリノイ州における「子どものための正義を求める道徳的改革運動」は10年を超える年月を要し、1899年に世界最初の少年裁判所法である「要扶助少年、遺棄少年および非行少年の処遇と監督の規制に関する法律（Act to Regulate the Treatment and Control of Dependent, Neglected and Delinquent Children）」の成立として結実した[3]。この先駆的法律は、立法過程で大幅に修正されたが、要扶助少年と非行少年の双方に対する州の責任を主張し、結果として児童福祉に関する関心を犯罪統制と結びつけた。この法律は、合衆国の大部分の州にとってばかりでなく、ヨーロッパ、南米、アジアの諸国にとっても模範的な法律としての役目を果たした[4]。

　社会福祉セツルメントの指導者であるグレアム・テイラーによって「少年裁判所の母」と命名されたルーシー・フラワーは、1888年にシカゴ市において、16歳未満の全ての要扶助少年・遺棄少年・非行少年の事件を審理するための「親の役目を担う裁判所（parental court）」[訳注2]の創設を最初に要求した[5]。ボストン市民として生まれたフラワーは、孤児となった後1830年代に東部の名士の家の養子となった。彼女はウィスコンシン州の学校で教鞭を執り生計を立てていたが、州都マディソン市の著名な弁護士ジェームス・モンロー・フラワーと結婚した後、1873年に彼と一緒にシカゴ市に移り住んだ。それはシカゴ大火の2年後のことであった。ルーシーの夫は法曹界で身を立てたが、彼女は自らの関心を慈善に向け、シカゴ無縁故者ホームや片親児童保護収容施設の評議員会の委員を務めた[6]。フラワーは、社会的影響力を持つシカゴ市婦人会（Chicago Woman's Club）の会長を1890年から1891年にかけて務めるなど、同市のプロテスタント慈善文化にひとたび巻き込まれるや、シカゴ市の貧しい子どもたちの悲惨な状態を知るとともに、ジュリア・レースロップをはじめとする人たちと重要な友情を築いて行った。

　フラワーとレースロップとの親交は、女性による二つの重要な改革の伝統がひ

[訳注2]「親の役目を担う裁判所」とは、親にとって代わって、子どもの福祉を扱う権限をもつ裁判所のことをいう。1888年に、ルーシー・フラワーは、本裁判所の構想を打ち出したが、これはその後、1899年のクック郡の"juvenile court"の原型となった。

とつにまとまったことを象徴するとともに、シカゴ市の慈善家たちと当時出現しつつあった少年司法システムとの間に密接な繋がりを作るきっかけとなった。フラワーは、歴史家キャスリーン・マッカーシーが「金メッキ時代（Gilded Age）のパトロンたち」訳注3と呼んだ女性慈善家の世代の一員であった[7]。こうした「金メッキ時代のパトロンたち」は上流社会の女性たちであり、例えばフラワーが運営委員会の委員を務めた孤児院のように、シカゴ市の慈善施設の建設を気前よく支援した。他方、レースロップはフラワーより20歳年下で、ヴァッサー・カレッジの卒業生の一人として、アメリカ史におけるカレッジ教育を受けた女性の第一世代に属した。レースロップは、確かにシカゴ市のエリートたちと親交があったが、シカゴ市のニア・ウェスト・サイドにある有名な社会福祉セツルメントである「ジェーン・アダムス・ハル・ハウス」を自らの住処とした。レースロップは、結婚と主婦業とパート・タイムの慈善活動という古くからみられた組み合わせではなく、常勤職としてソーシャル・ワークを選んだ。慈善家と児童福祉専門家とのこうした強力な同盟は、児童裁判所の創設を求める改革運動を実行可能なものにしたばかりでなく、20世紀に入ってからも良好に続いた「シカゴ市のエリートと少年司法システムとの間の密接な関係」を作り出した。同市の慈善運動コミュニティの支持がなかったならば、少年裁判所は特にその初期の時代において活動することが困難であったであろう。

　類似の観点から何度も考えられ、議論されたことのある「犯罪と貧困の問題」の解決を目指す社会運動は、1880年代から1890年代にかけて大西洋を挟んだヨーロッパとアメリカとで起こったのだが、フラワーとレースロップが率いたシカゴ市の改革運動は、この社会運動のアメリカ版であった[8]。都市住民の社会生活に関するこうした関心は、賃金経済の拡大や市場プロセスの拡散や大規模工業化の勃興に対するひとつの反応として発展した[9]。改革者たちは、近代都市に広がる無秩序の存在が個人責任によって適切に説明できるとは考えなかったし、自由主義国家構築の基礎である自由意思の観念を疑問視した。彼らは、人は各自の人生を基本的に形成するためのあらゆる選択を行使できるという見解に、異議を唱えた。それに代えて、改革者たちは犯罪と貧困が環境的な問題であると再定義し、これらの根本原因を発見し根絶するために徹底的な調査が必要であるとした[10]。

　19世紀後半には「暗黒地帯（dark places）」[11]に向けてこうした調査が行われた

訳注3 「金メッキ時代」とは、南北戦争後から19世紀終わりごろまでのにわか景気の時代のことである。

が、若い男性と彼を取り巻く世界（この世界には刑罰システムも含まれる）が、調査のテーマとしてたびたび取り上げられた。このテーマは、ヘンリー・メイヒュー、ジョン・ビンニー著『ロンドンの監獄と監獄生活の光景（The Criminal Prisons of London and Scenes of Prison Life)』(1862年)——この本では、「15歳から25歳までの年齢層には、他の年齢層に比べ多数の犯罪者が見出される」ということが明らかにされた[12]——に一部由来する。メイヒューとビンニーの説明によると、「人間が自己主張を始める15歳から25歳までの期間は、親による統治であれ、政治による統治であれ、社会による統治であれ、あらゆる形態の統治にとって最もやっかいな時期である。支配行為に耐えることができず、また耐えようともしない不服従の人は、一切の権威を無視するようになり、己れ以外の法を尊重しない」[13]とされた。少年の後半期に対する関心は、この不安定な年頃に関する徹底的な研究につながり、20世紀初頭には心理学者G・スタンリー・ホールがこの年頃を「青年期」と名づけることになった[14]。

　新しく起こった児童発達学は、青年期にある者は「その性質とニーズにおいて、成人に類似しているというよりむしろ幼児に似て」おり、したがって子どもとして扱われるべきである、という論を巧みに唱えた。しかし、児童救済運動家を憤慨させ、刑事司法システム全体が如何に機能しているかについて疑問視させたのは、警察署やジェイルに留め置かれている幼い子どもたちの存在であった[15]。例えば、政治的な志を抱く弁護士ジョン・アルトゲルトはシカゴ市の司法システムを調査して、矯正院に収容されていた7,566人のうち263人（3.5%）が14歳以下であり、しかもその中には11歳に満たない子どもが20人含まれていたということを、1882年に発見した[16]。アルトゲルトによると、これらの子どもたちの過半数はホームレスか、街頭浮浪かの理由で拘束されたのであって、決して拘禁されるべきではなかった[17]。

　『わが国の刑罰装置とその犠牲者』という短編の中で、アルトゲルトは刑事司法システムを「巨大な製粉場」に例えた。アルトゲルトが言うには、「巨大な製粉機は、あの手この手を使って製粉用の穀物を充填し、外の世界を呑み込む言わば大渦巻であり、自らの犠牲者を粉々になるまで渦の中で動かし続ける」[18]、と。この機械は、罠にはめられて閉じ込められた子どもたちのように「性質上犯罪者でない多くの者」に「犯罪者の体験」をさせることによって、犯罪者とするのである[19]。

第1章

　犯罪者への転落は逮捕から始まる、とアルトゲルトは言う。彼は、逮捕がどのような感じを与えるものかを、読者に想像するよう問いかける。「ちょっとここで読むのを止めて、自分に無理やり手錠がかけられるのを、少しの間想像してみてください。そして、どんな感情が自分の中に湧き上がってくるかを、考えてみてください」。アルトゲルトは続けて言う。「社会的地位を貶める結果生じさせる行為への屈服は、多くの青少年に犯罪経歴の準備をさせることになります」[20]。次に、法違反をした少年は警察署に連行され、そこで「あらゆる種類の不道徳な人びと」と一緒に夜を過ごすことになる。それは文字通り、将来の犯罪仲間への自己紹介なのである[21]。

　長い夜が終わり、被告人となった少年は警察裁判所治安判事（police magistrate）のもとへ出廷することになる。裁判段階では、事件のほぼ3分の1が不適切な逮捕を理由に解放される。これらの者たちは、自由になったとはいえ、逮捕された経験やジェイルで悲惨な夜を過ごしたことのトラウマに未だ苦しんでいた。治安判事は、軽微な法違反行為——大半は風紀紊乱行為——で起訴された少年に罰金を科し、その罰金が払えない場合には、少年は矯正院送致を言い渡され、そこで1日25セントずつ社会への償いを働いて返すのである。この返済には1週間から半年を要することになり、被収容少年に家計上依存している家族を打ちのめすはずである[22]。

　より重大犯罪で告発された少年は、大陪審[訳注4]にかけられる。少年が保釈金を支払えない場合には、大陪審の次の開廷期日までジェイルに身柄を拘束され続けた。大陪審は大抵1ヶ月に12日間しか開廷せず、ひとつの陪審員団が任期を満了するとメンバーを一新するので、事件が審理されるのに待つ期間は、数日、数週間さらには数ヶ月になることもあった[23]。大陪審が正式起訴状を出した（すなわち、起訴相当とするに足る十分な証拠があると判断した）としても、被告人は、今度は公判が開かれるまで待たされ続けることになるのである。

　1898年5月のクック郡大陪審陪審員の報告書によれば、19世紀後半までに、大陪審は大体開廷後最初の2日間を「男子少年の事件」に充てていた。それは、「10歳から16歳までの様々な犯罪——いくつかは重大であるがほとんどが軽微なもの——を犯した男子少年の事件」であった[24]。このような「軽微な」事件に関わった少年が刑事司法システムを通過して行くことを見通して、陪審員は過去の

[訳注4] 刑事事件において、起訴を相当とするに足るだけの証拠があるかどうかを審査する陪審。

31

陪審員と同じようにひどく動揺させられた[25]。同報告書は次のことを指摘した。

　10歳の少年の事件を取り上げよう。少年は店頭にあった一足の靴を盗んで捕まった。店では、客を引き寄せるべく靴を人の心を誘惑するように並べていた。我々が発見したところでは、少年は警察署に一晩留め置かれ、そこから囚人護送車で治安判事裁判所に移送され、審理された後、大陪審にかけられた。それから12日間郡のジェイルに留め置かれたが、それは次の大陪審の開廷を待つためであった。留め置かれている間、少年はひとつの居房の中に閉じ込められ、この間ずっと成人の犯罪者や飲んだくれと接触させられた。概して、少年は彼の年齢や彼が犯した違法行為に不相応な扱いを受けたのであった。[26]

　報告書の著者の観点からすると、「このシステムでは——システムと呼べればの話だが——、少年の法違反行為者と筋金入りの犯罪者との相違が全く認識されていない。皆が同じ道を辿り、しかも一緒に扱われる」[27]という点が問題であった。
　刑事司法システムが少年たちを害することに対するこのような懸念から、大陪審員は16歳未満の多くの少年事件を棄却するに至った。「シカゴ裁判所の重鎮」のマレー・フロイド・タレー判事が後になって説明したところによれば、「少年裁判所が設立される前は、犯罪で検挙された全ての少年事件は、通常刑事裁判に付された。16歳未満の少年事件の、毎月少なくとも15件以上が大陪審に送致された」[28]。タレー判事は続けて言う。「大陪審に送致された少年事件の少なくとも75％以上が、通常、少年が未熟な年齢だという理由で大陪審により棄却された。しかしながら、大陪審によって釈放された75％の大半が結局は再犯を行ったかどで大陪審の下に戻り、その後起訴された、という残念な事実を認めなければならない」。タレー判事の説明では、再犯の原因を「つきとめることは難しくない。少年が大陪審によって釈放されてからも、警察署やジェイルでの経験がもつ有害な効果は少年に残るのであった」[29]。かくして、アルトゲルトと同じくタレー判事も、刑事司法システムが犯罪者を製造している、と論じたのであった。
　1890年代初めまでには、多くの裁判官やシカゴ市のジェイルの看守たちは成人と一緒に収容されている年少者への懸念を公然と口にするようになった。例えば、カーステン判事は、12歳未満の子どもを自分が担当する法廷に送致しないよう、幾度も警察官に指示した。カーステン判事は、窃盗の罪で起訴された12歳未満の三人の少年たちを放免した後で、「少年たちをブライドウェル[訳注5]（すなわ

ち、シカゴ市のジェイル）に送ることはできない。また、刑事裁判所に少年たちを留めて置くつもりもない」[30]と説明した。ホイットマン看守も、幼年者を自分の下へ来させるつもりはなかった。アーサー・ドイルという7歳の男子少年が「30セント相当の果物を盗んだ」として逮捕され、次の大陪審開廷までブライドウェルに送られてきたので、ホイットマンは「アーサー・ドイルの釈放に向けて」働きかけた[31]。ホイットマンはベイカー判事と面会して、「こんな子どもが、多くの筋金入りの犯罪者と一緒に留め置かれることは、実に恥ずべきことです。(中略）アーサー・ドイルは有罪判決を受けるに十分な年齢に達していません。またアーサー・ドイルは留置によって知ってはならない多くのことを学習するだけです」と、説明した。ベイカー判事は、自らアーサー・ドイルと面会し、少年を自宅へ送り返すことに同意した。

　刑事司法の多くの実務家や批評家を悩ませたのは、子どもが成人と一緒に収容されていることばかりでなく、子どもが犯罪教育しか受けていないという点だった。1886年にシカゴ・キリスト教女子青年会を共同設立したアデレイド・グローブスは、アルゲルトの著作や「わが国の刑罰機構」に関する彼の講演に刺激を受けてのことだと思われるが、1886年にシカゴ市のジェイルを視察して回ることにした。彼女は「ごく幼い男の子たちが、殺人犯や無政府主義者、筋金入りの犯罪者と一緒に同じ獄舎に収容されている」[32]のを見て衝撃を受けた。グローブスは、現世でも来世でも、このような男の子たちを救済することこそが、自らの使命であると決意した。グローブスは、シカゴ・インター・オーシャン紙の編集者への手紙のなかで、同胞たるシカゴ市民に対して、「ジェイルでの刑期を服役し終えて、少年がジェイルから釈放されるとき、少年に何がなされるべきなのでしょうか」と問いかけた[33]。何らかの適切な教育を受けなければ、少年は魂を喪失した人間になり、社会への脅威になるだろう、とグローブスは警告した。そこで、グローブスは出所後の少年たちに読み書きや歌を教えるばかりでなく、日曜日は彼らに聖書を教えて過ごすことにした。とともに、グローブスは少年たちの窮状を訴えるべく、いくつもの地方紙の編集者たちに手紙を出し続けた。グローブスはまた、出所後の少年を教育する一人の教師に給料を支払い、ジェイルに収容された少年のための手工訓練学校設立のキャンペーンをシカゴ市婦人会と協力して行った。

訳注5　原語は "the bridewell"。刑事収容施設を指す普通名詞として使われている。

ジェイル収容少年たちの実情を暴露した新聞記事は、ジェイル内での学校建設に対する公衆の支持を形成するのに役立った。シカゴ・ヘラルド紙は、「ブライドウェルに収容されたことで、少年たちは犯罪者になった」という見出しの記事の中で、「若き法違反行為者たちにのしかかってくる影響には、身体的にも道徳的にも健全なものは微塵もない。(中略)そこは少年たちにとって矯正の館などではなく、異常と腐敗と退化の館である」と報告した[34]。またその記事は、「少年たちを僅かに目覚めさせておくと思われる唯一のものは、約5,000冊の本を所蔵する監獄内の図書室である」と指摘した。しかしながら、少年たちは「最低で、極めて有害な物語以外は全く読みたがらない。つまり、彼らにとっては扇情的であればあるほどいいというのだ」と。新聞は次のように問いかけた。

　近年シカゴ市において、年は若いが堕落した犯罪者が数において急速に増加しているばかりでなく、構成比においても、犯罪の程度においても急速に悪化しているという事実は、何ら驚くべきことではなかろう。このような事態を毎年毎年持続させ、悪化の一途を辿るがままに放置しておくとともに、僅かな経費で改革が可能であるにもかかわらず、また事実を暴くことのできる最適な人物たちによって真相が解明され、醜悪な有様が繰り返しかつ説得力ある形で示されているにもかかわらず、ほんの些細な改革の試みでさえなされないでいる——こうした状態は、繁栄と成長と進取に富んだシカゴのような都市にとって、赤っ恥で、最悪の汚点と言うべきだろう。[35]

　ヘラルド紙は、犯罪の根本原因について環境重視の見解を支持し、「これらの少年は犯罪を行ったというよりも、犯罪による被害を受けたと言った方が真相である」と断じ、さらに続けて、「少年を取り囲む諸事情、——それは、少年が犯行に及ぶ以前に受けてきた他者からの作用や他者との接触であり、究極的には、少年たちが故郷と呼ぶシカゴ市ということになる——によって与えられた被害は、ブライドウェルのような道徳的にも物質的にも腐り切った巣窟へと少年を追いやることによって、コミュニティが少年に対して行ってきた犯罪の完成を見た」と、述べた[36]。かくして、ヘラルド紙によれば、シカゴ市の青少年の現状に対して責任を負うのは、シカゴ市自身ということになるのである。
　ヘラルド紙の指摘によれば、宗教的覚醒がこうした事態に変化を生じさせた。ブライドウェルのクローフォード所長は聖職者たちに会い、1891年には1,000人

を超える17歳未満の者たちが私の施設に収容されたと語った。クローフォードと会った「わがシカゴ市の精神的指導者」と呼ばれる聖職者たちは、その後、「成人犯罪者との強制的・持続的な接触によりシステム的に行われる少年犯罪者の悪化が有するところの道徳的悪性」について説教を行った。こうした説教のひとつの結果として、「少年犯罪者のための手工訓練学校の設立と設備充実をシカゴ市議会に求める請願書が、何千人にも及ぶ最良の市民たちによって作成され、署名された」。シカゴ市議会はその提案を支持したものの、市議会議員たちは「その目的に使える財源が全くなく、その訴えは当分の間頓挫してしまった」[37]と主張した。

　1897年になってついにシカゴ市が予算を割り当てるや、教育委員会は施設収容児童の教育を目的としたジョン・ウォージィ手工訓練学校を開校した。その2年後男子少年寮が完成したことにより、少年を成人犯罪者から分離して収容することが可能となった[38]。こうした展開において強調されたのは、子どもを成人犯罪者から分離することと同時に、彼らにしかるべき教育を施すことの必要性であった。

　とは言え、依然として子どもと成人とは同一の司法システムで処理され続けた。アルトゲルトやグローブスのような人たちの感動的な著作や講演、新聞の暴露報道は、少年の事件を刑事司法システムで処理することの問題性に注目を集めるのに役立ちはしたが、少年のための独立した司法システムを要求する改革運動が合体するのは、19世紀の最後の数年まで待たなければならなかった。

　1890年代、シカゴ市婦人会は、ブライドウェル内における学校の設立だけに止まらず、少年裁判所の創設をも提唱する著名な団体として登場した[39]。子どもを刑事司法システムからダイバージョンするために必要な政治的支援と法的手段を見つけ出すべく、同婦人会の代表を勤めるルーシー・フラワーは、その後1912年に連邦児童局の初代局長を勤めることになるジュリア・レースロップと緊密に協力して活動した。

　1890年の段階では、シカゴ市に児童裁判所を設立する可能性は、遠い先のことに思われた。とは言え、翌年イリノイ州議会に提出された法案は、少なくともカトリックとプロテスタントの児童救済運動家たちが同意の上進んで協力するであろうということを示唆していた。この法案は、（カトリック・）シカゴ巡回・救護協会会長のティモシー・ハーレイ（Timothy Hurley）が起草した。同法案によれ

ば、イリノイ州法により法人格を付与された全ての非営利の児童福祉団体に対する要扶助少年の収容権限が、郡裁判所に与えられることになっていた[40]。フラワーは、その法案を支持した。というのも、その法案により裁判官は、要扶助ケースをより柔軟に扱えるようになるからであった。既存の補助金制度の下では、裁判官にはほとんど選択肢がなく、数少ないトレーニング・スクール[訳注6]か職業補導学校に子どもたちを収容する権限しかなかった。例えば親戚の家にいるなど、施設に収容されない要扶助少年を支援するために支出できる公的財源はなかった。しかしながら、ハーレイが提出した法案は法律にならなかった。この失敗から、フラワーは将来の児童福祉立法に賛同する団体を自らが強力に連携させなければならないことを学んだ[41]。

　1892年、ジョン・アルトゲルトが知事に当選したことは、幸先の良い展開であった。改革熱心な民主党員であるアルトゲルトは、積極的に刑事司法システムに内在する問題を暴いてきたが、知事の初仕事のひとつとしてジュリア・レースロップを州慈善委員会委員に任命した。州委員としてレースロップは、重要な政治的コネクションを深めるとともに、イリノイ州の102の郡全てのジェイルと救貧院を視察して名を馳せた。彼女は、視察で得た経験を生かして、児童福祉に対する人道的アプローチ推進論を最初は地方で、ついで全国で提唱した。

　レースロップが州委員として名声を博したのに対し、フラワーの方は、児童裁判所の将来の立法へ向けて女性団体の支持を取り付ける活動を行った。フラワーは、社会福祉に関心のある40人ほどの上流社会の女性や専門職にある女性を会員とする「エブリデイ・クラブ（Every Day Club）」を設立した。彼女たちは昼食会を開き、自分たちが行った調査を一緒に議論するために専門家を招待した[42]。フラワーは後になって、世界で最初の少年裁判所法を可決させる運動における重要な局面で、裁判官や聖職者の支持を得るのにエブリデイ・クラブを利用した[43]。

　フラワーはまた、少年事件の取扱い方法について独自の調査を行った。1895年に、彼女は生まれ故郷のボストンを訪れ、革新的な児童福祉システム、特に少年事件におけるプロベーションの活用について調査した。プロベーションの実務は、南北戦争時にマサチューセッツ州で非公式に始まった。戦争当時、ボストン

[訳注6] "training school" は、日本で言えば少年院の一種であると思われるが、当時の状況が明確でないため、「トレーニング・スクール」と訳出した。

第 1 章

は、子どもの里親委託のごとき児童福祉の反施設的アプローチをイリノイ州が採用したならば、自分たちは失職するのではないかと恐れていたからである。こうした職業補導学校ロビーの懸念は、立法の最終的な形に影響を与えることになろう。

その時、フラワーとレースロップは、議会に提案される少年裁判所法案が整えば、当法案が確実に立法上の優先事項となるべく、活動していた。1898年11月に二人が主催した「わが州の子どもたち」と題した会議は、児童裁判所構想への支持を勢い付ける一因となった。シカゴ市のオール・ソウルズ教会で伝道活動を行うユニテリアン派聖職者であるジェンキン・ロイド・ジョーンズ師が当会議の議長を務め、参加した仲間たちに対して、「立法府に提出すべきとの意見の一致ができさえすれば、私たちの要求は実現するのだから」、互いに承認できる同意にまで到達しようと迫った[52]。ジョーンズは次のように断言した。「この会議では共和党も民主党も、プロテスタントもカトリックも、田舎も都会も関係ない。よそ者だろうと、生粋のシカゴ市民だろうと関係ない。またそうあってはならない」。「一致団結すること」によってはじめて、会議の参加者たちは成功するであろう、と[53]。ジョーンズの団結の求めに応じて、参加者は少年裁判所法案の支持を得るために、シカゴ法律家協会や女性団体や児童福祉協会とともに活動する委員会の設立に同意したのであった。

グレンウッド職業補導学校長のオスカー・ダッドレイのような職業補導学校の経営者は、この会議の施設収容反対の流れ——特にジョーンズ師の基調講演では、職業補導学校を指して「存続の危機に瀕した、自然に反する悪」である、と形容されていた[54]——に対して懸念を表明した。ダッドレイは、里親家庭が子どもたちにとって最良の場所であるという点ではジョーンズと一致したが、全ての子どもが里親家庭で生活する準備が整っているとは限らないと考えていた。ダッドレイの説明では、「職業補導学校には行わなければならない仕事がある」。というのも、「子どもたちの中には、里親家庭に適応できるようになるまで訓練を受けなければ、そこに委託できない類いの者が存在するからである」[55]。翌年ダッドレイは、議会に提出された児童裁判所法案を修正するために戦った「職業補導学校ロビー」のリーダーになった[56]。

この会議の終わりには、児童裁判所法案の起草が以前にも増して要請された。法案作成は、ハード判事と彼の所属する調査委員会に一切委ねられることになっており、そして1899年1月のイリノイ州議会の開会までには1ヶ月余りしかな

かった[57]。もしシカゴ市が20世紀の転換期までに児童裁判所が設立されることを望むならば、ハードと調査委員会は直ちに実行に移す必要があった。同時に、疑い深い職業補導学校ロビーの存在ゆえに、慎重な行動も求められていた。

　1898年12月10日、ハード判事は、シカゴ市中心部にあるワシントン・ストリートの自分の庁舎で、シカゴ市の社会福祉セツルメント、女性クラブ、慈善団体、学校、大陪審員団協会、法律家協会の代表と会合を開き、法案可決のための最良の方針について議論した[58]。シカゴ市選出の共和党州議会議員で、来るべき法案の提出に既に同意していたジョン・C・ニューカマーも同席していた。この会合の参加者は、イリノイ州児童施設・救護協会会長のヘイスティングス・ハートを選び、試しに草案を起草させた。ハートは二つの草案を提出し、ハード判事と法律家協会委員会は、さらに3週間かけこの草案に加筆修正を行った。
　ハード委員会は、「法律家協会案」として知られることになる法案──「要扶助少年、遺棄少年および非行少年の処遇と監督の規制に関する法律」──を議会提出の案として決定した。その後、高名なカーター判事に吟味してもらうべくその写しを渡した[59]。法案にカーターのお墨付きをもらうと直ぐに、ルーシー・フラワーは、1899年1月14日にエブリデイ・クラブの午餐会を手配して、シカゴ市の巡回裁判所判事たちに法案を示し、支持を得ようとした。フラワーは聖職者にも同様の午餐会の場を設け、彼らが信徒に対して「シカゴ市における児童裁判所の必要性」について説教を行えるようにした。こうして舞台は整った。州議会下院議員ニューカマーと上院議員セロン・ケイス（ケイスもシカゴ市選出の共和党議員である）は、2月のスプリングフィールドでの州議会にこの法案を提出し、これを受け、州議会は上下各院の司法委員会に法案を付託した。
　この法案は、「許可することができる」という文言を使用することで、法案の第一の目的がクック郡に児童裁判所を設立することにある旨を明確にした[60]。50万人を超える住民の住む郡（当時、160万人の居住者を有するクック郡のみがこの基準を満たしていた）において、巡回裁判所判事は、「裁判官の中から一名以上を指名して、（中略）本法の対象となる少年事件全てを審理させる」ことができる。16歳未満の要扶助少年、遺棄少年、非行少年を包含する少年のケースは、「『少年法廷』と呼ばれる（中略）特別な法廷」で審理されるものとし、「全ての発見事実は『少年記録（Juvenile Record）』として知られる独立した記録簿に保存されるものとした[61]。さらに、当裁判所は便宜上少年裁判所（juvenile court）と呼ばれるこ

とになった」。こうして、フラワーが「親の役目を担う裁判所（parental court）」と構想し、ワインズが「児童裁判所（children's court）」であらねばならないと宣言した裁判所は、「少年裁判所」として知られるようになった。

　少年裁判所は新しい裁判所ではなく、むしろ少年事件について「第一審管轄権」を持つ巡回裁判所の一部門と考えられるだろう。治安判事や警察裁判所治安判事もまた、少年事件を少年裁判所に移送するよう求められる[62]。ケースを一元化したこのような処理は、イリノイ州最高裁判所判決の論理を拡張するものだった。すなわち最高裁判決では、州が親として行動する権限は要扶助少年に対してだったが、本法案では、その権限を法違反行為少年のケースにまで拡張したのだった[63]。また、法案で使用される「要扶助」少年と「遺棄」少年の定義は、州の職業補導学校法に用いられる定義に類似したものであった[64]。少年非行の定義について法案は、「非行少年という用語は、イリノイ州の法律、ないしは市や村の条例に違反した16歳未満の全ての少年を含む」と定めた[65]。かくして、法律が制定された暁には、16歳未満の全ての少年は、援助を必要とする一群の階層中の一構成員として取り扱われ、また、犯罪で起訴される場合を除く全ての少年のケースは、「衡平法裁判所実務での扱いとほぼ同じ」様式で処理されることになった。他方、犯罪で起訴される重大事件の場合には、少年は「陪審裁判を受ける権利」を持つことになる[66]。

　さらに法案は、「一人以上の善良な思慮分別のある者を、保護観察官に就くよう任命ないしは指名する権限」を少年裁判所に与えるよう、提案した[67]。保護観察官は一切の公給を受けず、その職責には少年の家庭を調査すること、法廷において少年の利益を代弁すること、「裁判所の指示を受けて公判前および公判後に少年を監督すること」を含むであろう[68]。歴史家スティーブン・シュロスマンが述べたように、「少年裁判所が上手くいくか否かは、プロベーションによって与えられる保護の質に左右されることを、少年裁判所の著名な提唱者たちは認めていた」。というのも、「プロベーションだけが、少年裁判所を貧しい少年や成人のための教育使節団に変えることができるからである」[69]。少年に対するプロベーション措置は、少年裁判所の裁判官に施設収容の代替措置を提供するとともに、非行少年を単に処罰することに代えて、彼らを更生させるための個別的処遇計画を工夫する可能性をもたらした[70]。

　法案を概観すれば、起草者が新たに提案された児童裁判所を、州内に既に設けられている児童福祉の制度構成に対していかに慎重に適合させようとしていたか

が、明らかになる。例えば、職業補導学校ロビーへの譲歩として、法案は次のように言う。

　本法におけるいかなる規定も、女子少年の職業補導学校助成に関する法律、男子少年トレーニング・スクールの認可・助成に関する法律、イリノイ州矯正施設設立に関する法律、法違反行為をした女子少年のための州立施設に関する法律を一部でも無効にするものと解釈されてはならない。また、これらの施設への収容には、上記の法律が以前と変わらずに適用されるものとする。[71]

　既存の児童福祉の構造の上に少年裁判所を付け加える決定により、20世紀初頭に少年裁判所と施設管理者との間で繰り広げられた司法管轄権をめぐる対立、すなわち、少年司法システムにおいて少年に対する監護権・監督権を誰が持つのかという問題をめぐる対立が招来された。

　職業補導学校ロビーへの譲歩がなされたにもかかわらず、その構成員や他の反対者たちは、法律家協会法案の隠された動機に異議を唱えた。この法案が下院で審議される直前に、シカゴ・インター・オーシャン紙は、「子どもの奴隷」という見出しのセンセーショナルな第一面記事を掲載した[72]。その記事は、子どもを刑事司法システムからダイバージョンすることを支持し、子どものための特別裁判所の設立については「異論がない」と主張した。しかし、これに続けて、特別な裁判所の設立はダイバージョンさせる上での「最低限の手段に過ぎない」とも述べた。この法案は「二、三の団体の利益」を配慮して起草された、と記事は断定した[73]。

　法案の反対者たちは、「子どもの売買」に対する公衆の関心を引こうとしていた。子どもの売買は1850年代にまで遡るのだが、当時チャールズ・ローリング・ブレイスのニューヨーク児童救護協会が、中西部の農場で養育することを目的にニューヨーク市の密集したゲットーから浮浪児を集め、船で輸送することを開始した。それ以降、児童救済活動に対する批判者たちは、子どもを希望する応募者をこれらの民間団体がどれほど注意深く選考したのかを問題にするとともに、子どもの新しい家庭を調査するための適切な追跡訪問を実施しないならば、子どもが搾取されたり、虐待を受けたりする可能性がある、と憂慮した。批判者たちが恐れたのは、少年収容ホーム斡旋団体（home-finding societies）が浮浪児のために家庭を探すという本来業務を行わずに、子どものいない家庭のために子どもを探

すことになることだった[74]。

インター・オーシャン紙に引用されたある「著名なシカゴ市の内科医」は、安価な労働力を必要とする農場経営者にシカゴ市の民間団体が要扶助少年を売って金儲けをしていると主張した。内科医は、「これらの『団体』の中には、取引の両当事者から金を受け取っている団体もある。子どもを『譲渡』したことで郡から金をもらうと同時に、不幸な子どもを——実際には奴隷として——受け取った人からも金をもらっている」と説明した[75]。こうした民間団体の代表が、提案されている裁判所のプロベーション職員となるのではないかと、内科医は懸念した。プロベーション職員という資格で彼らは州権力に一層近づき、貧しい子どもたちを「要扶助」と宣告させることが可能となろう。ひとたびこれらの子どもたちへの監護権（custody）を獲得すれば、民間団体は多額の利益を得るために彼らを売ることが可能になるだろう。

立法に対する批判者は、法案第8条「子どもは救貧院に留め置かれてはならない」を、悪意あるたくらみの証拠として引用した。第8条は以下のとおりである。

　郡の支援を受けている子どもをファミリー・ホームに預けるために、裁判所が団体へ当該子どもの監護を委託する場合には、裁判所は、郡が当該委託業務に対して支弁する合理的な報酬額（必要経費も含む）を定めるものとする。ただしその場合、認められる報酬は、子ども一人の事案につき合計50ドルを超えてはならない。[76]

このような金銭の支弁は、子どもの奴隷化を金儲けの手段として助長するばかりでなく合法化するものであると、批判者たちは警告した。

インター・オーシャン紙の記事の指摘によれば、この法案により、民間団体は自らの道徳をシカゴ市の労働者階級に押し付けることになる。例えば同紙は、州議会の「著名な」議員による次の発言を引用した。「自分の小さな娘が顔を洗わず、髪を巻かず、櫛でとかさないまま通りに出してしまった母親は、一人あたり50ドルで慈善を行っている『団体』の粗探しに遭って、自分の子どもを失いかねないことになる」[77]。この批判は、シカゴ市の多様な民族集団や社会階級の間に存在した公共道徳問題——例えば、日曜閉店法（すなわち、日曜日のアルコール販売を非合法とする法律）や、子どもを労働市場の代わりに学校に送ることを親に要求

する義務的登校法——をめぐる緊張関係を煽る狙いがあった[78]。

　職業補導学校ロビーは、少年裁判所で開かれる少年事件の非公開審理を法案第3条が求めている事実を、共謀のさらなる証拠として取り上げた。ロビーが指摘するように、法案は、「ある事件が審理されているときには、裁判所職員や証人以外の者、および当該事件に直接利害を有する者は全て法廷から退出するものとする」と、規定していた[79]。このように法廷を非公開にすれば、「子どもを『団体』によって取り上げられている母親の耐え難い苦痛」を新聞が報道できなくなる、とロビーは警告した[80]。非公開性はまた、南北戦争前の時代に動産奴隷（chattel slavery）の反対者を沈黙させるのに用いられた、かの悪名高い「発言制限」ルール（gag rule）の新バージョンを暗示していた。

　子どもの奴隷制を警告するこの記事は、法律家協会法案の支持者を防戦に回らせ、法案可決の可能性を危うくした。法案を成立させるために、法案の中の最も議論の余地のある特徴は削除され、その他の条項も職業補導学校ロビーと彼らを支持するシカゴ・インター・オーシャン紙に譲歩して修正されることになった。子どもの奴隷制という用語は、州の措置の正統性に異議を申し立てるのに効果的に用いられたのであった。

　児童救済運動家たちは自分たちの法案を救ったものの、職業補導学校ロビーを説得するために「非公開」審理条項や第8条全ての削除を含む、多くの変更を受け入れなければならなかった。インター・オーシャン紙の代表で、「子どもの奴隷」の記事を書いた人物と目されるジョン・レーンは、第8条の全面削除を提案したが、これにより、民間団体はファミリー・ホームに子どもを預けることに対する金銭の受領ができなくなった。第8条の全面削除は同時に、子どもたちがこれまでと変わらず郡の救貧院に収容されることを意味した。レースロップのような児童救済運動家が大いに嫌悪したこの実務は、第一次世界大戦まで廃止されることはないであろう[81]。加えて、法案で提案された里親の養育に対する支払い条項削除により、職業補導学校ロビーは、イリノイ州の要扶助少年保護の分野で民間施設が主導的な役割を担い続けることを確実なものにした[82]。その結果、イリノイ州は20世紀初頭において、全米の中で要扶助少年の施設収容率が最も高い州のひとつになった[83]。

　法案で提案された少年裁判所の審判管轄権も、制限された。オスカー・ダッドレイは、職業補導学校やトレーニング・スクールに今後収容されるはずの子ども

を少年裁判所による監護と監督から除外するよう、法案を修正した。このことは、これらの施設に収容された子どもに対する審判管轄権を少年裁判所が失うことを意味した。こうした施設に収容された子どもに対する審判管轄権の喪失は、20世紀初頭になるとますます物議を醸すことになるのだが、他方で回復困難であることも判明するであろう。審判管轄権の喪失はまた、1899年に児童救済運動家が少年裁判所を既存の構造の中にパズルの一片のごとく組み込まなければならなかったという事実を、思い起こさせる役目を担うものであった。

　民間施設へ収容された子どもを視察する州の権限もまた、縮小された。下院議員のデニス・サリバンは、視察権限の修正を勧告した唯一の議員であり、「篤志家による慈善団体や公的慈善団体によって子どもが援助されている施設」に対しては、州公務員が訪問できないように法案の修正を促した[84]。この修正は、カトリックの施設をプロテスタントの州公務員による監視から守る企てであったというのが、最も真相に近いだろう。

　似たようなやり方で、カトリックの子どもが信仰を奪われるのを防ぐために、保障条項（safeguard）が加えられた。カトリック系慈善団体の代表のハーレイとプロテスタント系慈善団体の代表のヘイスティングス・ハートは共同で法案を修正したが、その内容は、「少年裁判所は、子どもの収容を委託するに当たって、可能な限り子どもの親と同じ宗教的信仰を有する者に子どもの世話と監護をさせるものとする。さもなければ、当該子どもの親と同じ宗教的信仰を有する人びとにより管理される団体に委託するものとする」というものであった[85]。この文言は、当該措置に対するユダヤ教徒の支持はもちろんのこと、カトリックの支持を取り付けるのにも役立った。

　修正案は、シカゴ・トリビューン紙を含む支持者を喜ばせたと同時に、批判者をも満足させた[86]。インター・オーシャン紙は、同修正案が同紙の述べた「批判通りにほぼ全ての項目が」修正されたことを喜んだ[87]。3月23日に、上院は32対1の票で可決したが[88]、下院では法案の投票がなかなか進まなかった。法案の進捗状況を監視するためにシカゴ市婦人会の代表として派遣されたジュリア・レースロップは、「法案の責任者であるニューカマー議員は、大変心配していました」と後になって回想した[89]。結局、19世紀最後の会期の最終日の1899年4月14日に、下院は全会一致で可決した。

　フラワーとレースロップは10年の共闘の後に、束の間ながら一息つくことができた。彼女たちは、「子どもは無垢であり、公権力に責任がある」という自分た

ちの理想を法律に規定することに漸く成功した。彼女たちは、少年裁判所で審理される要扶助少年と非行少年に対する責任を州が負うことを通じて、児童福祉の促進と犯罪の統制という二つの目標を結合させた。全米で二番目に大きく、急速に成長する都市であったシカゴ市は、犯罪を行ったという理由で訴追された少年ばかりでなく、要扶助少年や遺棄少年のケースもまた、今や独立した司法システムの中で手続を進めることができた。思いやりのある裁判官であればその裁量を行使して子どもを罰するのではなく、更生させるために個別化された処遇を適用するであろう。だが、子どものための正義を確保しようというフラワーとレースロップの努力は、まだ始まったばかりであった。二人は、特に法律家協会法案の立法および修正を可決するための長い闘いの後、このことを十分過ぎるほど理解していた。合衆国で最初の少年裁判所を設立し、それを正統なものにし、子どもの保護が引き続き裁判所の使命の一部であり続けることを確実にするためには、民間団体や慈善家たちの持続的な支援を含む、さらなる多くの活動が要求されることになる。

註

[1] Frederick H. Wines, "Address,"*Fifteenth Biennial Report*, Board of State Commissioners of Public Charities(Springfield, Ill. : Phillips, 1899), 336.

[2] フラワーとレースロップの生涯を最もよく説明している文献には、Harriet S. Farwell, *Lucy Louisa Flower, 1837-1920: Her Contribution to Education and Child Welfare in Chicago*(Chicago : Privately Printed, 1924), とJane Addams, *My Friend Julia Lathrop* (New York: Macmillan, 1935)がある。

[3] "An Act to Regulate the Treatment and Control of Dependent, Neglected, and Delinquent Children,"in *All the Laws of the State of Illinois*(Chicago: Chicago Legal News, 1899) : 83-87.

[4] Herbert H. Lou, *Juvenile Courts in the United States*(Chapel Hill : University of North Carolina Press, 1927), 23-25.

[5] Graham Taylor, *Pioneering on Social Frontiers*(Chicago: University of Chicago Press, 1930), 450.

[6] Farwell, *Lucy Louisa Flower*, 5.

[7] Kathleen McCarthy, *Noblesse Oblige: Charity and Cultural Philanthropy in Chicago, 1849-1929*(Chicago: University of Chicago Press, 1982), 46. また、Maureen A. Flanagan, *Seeing with Their Hearts: Chicago Women and the Victims of the Good City, 1871-1933*(Princeton, N.J.: Princeton University Press, 2002)も参照。

8 犯罪についてあまり詳細に議論してはいないものの、19 世紀後半と 20 世紀前半の欧米の社会政策について最も包括的に説明した文献としては、Daniel T. Rodgers, *Atlantic Crossings: Social Politics in a Progressive Age*(Cambridge, Mass.: Harvard University Press, 1998)がある。

9 アメリカで賃金労働が優位を占めたこととその文化的な意味については、Amy Dru Stanley, *From Bondage to Contract: Wage Labor, Marriage and the Market in the Age of Slave Emancipation*(New York: Cambridge University Press, 1998)を参照。市場プロセスの拡大への欧米諸国の対応については、Rodgers, *Atlantic Crossings* を参照。工業化が社会思想に与えた影響を含む、アメリカの進歩主義一般については、Richard Hofstadter, *The Age of Reform, From Bryan to FDR*(New York: Knopf, 1955);Samuel P. Hays, *The Response to Industrialism, 1885-1914*(Chicago: University of Chicago Press, 1957)およびRobert H. Wiebe, *The Search for Order, 1877-1920* (New York: Hill and Wang, 1967)を参照。

10 この現象についての秀逸な説明としては、以下の文献を参照。David Garland, *Punishment and Welfare, A History of Penal Strategies*(Brookfield, Vt.: Gower, 1985)、特に第二章;David Rothman, *Conscience and Convenience: The Asylum and Its Alternatives in Progressive America*(Boston: Little, Brown, 1980);および Michael Willrich, "The Two Percent Solution: Eugenic Jurisprudence and the Socialization of American Law, 1900-1930," *Law and History* 16 (fall 1998) : 63-111. ウィルリッチが強調してきたのは、「根本」原因の探求には生物学的説明ならびに社会的説明が含まれたということである。かくして、多くの進歩主義的な改革者たちは解決策を実施していたが、その解決策は環境を改善すること（例えば、子どものために遊び場をつくること）から、精神的に欠陥のある者を植民地に移住させたり断種することといった優生学的な実践までにわたっていた。ウィルリッチが主張するところによると、改革者たちは環境的な解決策と優生学的な解決策は補完しあうものであると考えた。

11 「わが国の暗黒地帯」は、刑罰システムについて書かれた有名な英文の暴露記事であり、1894 年 1 月にデイリー・クロニクル紙で公刊された。Garland, *Punishment and Welfare*, 64 を参照。

12 Marin Wiener, *Reconstructing the Criminal: Culture, Law, and Policy in England, 1830-1914*(New York: Cambridge University Press, 1998), 24 に引用。

13 Ibid.

14 G. Stanley Hall, *Adolescence: Its Psychology and Its Relations in Physiology, Anthropology, Sociology, Sex, Crime, Religion, and Education*, 2 vols.(New York: Appleton, 1904).

15 Janet E. Ainsworth, "Re-Imagining Childhood and Reconstructing the Legal Order: The Case for Abolishing the Juvenile Court", *North Carolina Law Review* 69 (1991) : 1101 ; Elizabeth S. Scott, "The Legal Construction of Adolescence" *Hofstra Law Review* 29

(winter 2000): 547-598.
16 John P. Altgeld, *Live Questions Including Our Penal Machinery*(Chcago : Humboldt, 1890), 164.
17 Ibid., 181-182. アルトゲルトによると、矯正院が収容していたのは、8歳の者1人、9歳の者5人、10歳の者14人、11歳の者25人、12歳の者47人、13歳の者68人、そして14歳の者103人であった。
18 Ibid., 162.
19 Altgeld, *Live Questions*, 153.
20 Ibid., 189.
21 Ibid., 187.
22 Ibid., 2.
23 "Report of the Members of the Cook County Grand Jury," November 16, 1898, Chicago Historical Society, Chicago 2.
24 Ibid.
25 1898年5月クック郡大陪審報告書の作成者は、1897年11月以降の5冊の大陪審報告書の抜粋を再掲載した。"Report of the Members of the Cook County Grand Jury," 3-5.
26 Ibid.
27 "Report of the Members of the Cook County Grand Jury," 2.
28 Timothy D. Hurley, *Juvenile Courts and What They Have Accomplished*, 2nd ed.(Chicago: Visitation and Aid Society, 1904), 30 に引用。
29 Ibid.
30 "Will Not Make Criminals," 1892年ごろの某月某日の名称不明の新聞記事, in Lucy Flower and Coues Family Scrapbooks, vol.3, Chicago Historical Society, Chicago.
31 "Seven-year-old in Jails," 1892年ごろの某月某日の名称不明の新聞記事, in Lucy Flower and Coues Family Scrapbooks, vol.3.
32 Julian M. Lucas to Grace Groves Clement, December 8, 1922, Clement(Groves)Papers, Chicago Historical Society, Chicago.
33 A.D.G., "A Vital Question,"*Chicago Inter-Ocean*, June 6, c. 1884, Clement Papers に抜粋している。
34 "Boys Made Criminal by Confinement at the Bridewell," *Chicago Herald*, c. 1893. in Lucy Flower and Coues Family Scrapbooks, vol.3.
35 Ibid.
36 Ibid.
37 Ibid.
38 Joan Gittens, *Poor Relations: The Children of the State in Illinois,1818-1990*(Urbana: University of Illinois Press, 1994), 103; Victoria Getis, *The Juvenile Court and the Pro-*

第 1 章

[38 cont.] *gressives*(Urbana: University of Illinois Press, 2000), 32-33.

[39] 合衆国における少年司法の創設と普及において、女性団体の果たした重要な役割については、Elizabeth J. Clapp, *Mothers of All Children: Women Reformers and the Rise of Juvenile Courts in Progressive Era America*(University Park: Pennsylvania State University Press, 1998) を参照。

[40] 法案は、Timothy D. Hurley, *Origin of the Illinois Juvenile Court Law: Juvenile Courts and What They Have Accomplished*, 3rd ed. (reprint, New York: AMS, 1977; Chicago: Visitation and Aid Society, 1907), 139-140 に再録されている。

[41] Farwell, *Lucy Louisa Flower*, 29.

[42] Ibid.,26-27. また、Mary M. Bartleme, "A Judge Speaks," *Illinois Voter* 12(June 1932), in Graham Taylor Papers, Newberry Library, Chicago.

[43] "Every Day Club," 手書きの記録をタイプライターで打った某月某日の原稿。Flower and Coues Family Scrapbooks, 1858-1921, vol.3.

[44] Eric C. Schneider, *In the Web of Class: Delinquents and Reformers in Boston, 1810s-1930s*(New York: New York University Press, 1992), 58.

[45] Grace Abbott, *The Child and the State*, vol. 2(Chicago: University of Chicago Press, 1938), 330.

[46] Lucy L. Flower to Louise de Koven Bowen, c. May 1917, Louise de Koven Bowen Scrapbooks vol.2, Chicago Historical Society, Chicago.

[47] Ibid.

[48] "Harvey B. Hurd"*Courts and Lawyers of Illinois*, vol.1, edited by Frederick B. Crossley (Chicago: American Historical Society,1916), 294-297.

[49] 19世紀の終わりまでに、カリフォルニア州、デラウェア州、コロンビア特別区、ニューヨーク州、メリーランド州、ノース・カロライナ州、ニューハンプシャー州、オレゴン州、ペンシルヴェニア州、テネシー州全てが自分たちの州内にある児童福祉施設に支出金を出していた。

[50] Flower's letter to Bowen, Bowen Scrapbooks, vol.2.

[51] Hurley, *Origin of the Illinois Juvenile Court Law*, 18.

[52] "Address,"*Fifteenth Biennial Report*, Board of State Commissioners of Public Charities (Springfield, Ill.: Phillips, 1899), 321.

[53] Ibid.

[54] Ibid., 288.

[55] "Address,"*Fifteenth Biennial Report*, Board of State Commissioners of Public Charities (Springfield, Ill.: Phillips, 1899), 324.

[56] ポール・ジェラルド・アンダーソンは「業界ロビー」という語を用いた。Anderson,"The Good to Be Done"(Ph. D. diss., University of Chicago, 1988), 2: 80.

[57] 州議会は2年ごとに開かれるので、1899年の会期が19世紀最後の会期となるはずだった。
[58] Hurley, *Origin of the Illinois Juvenile Court Law*, 22; Memorandum by Julia Lathrop, May 3, 1917, Bowen Scrapbooks, vol. 2. レースロップによれば、次の代表者たちが出席していた。ハード判事とオリン・カーター判事(シカゴ法律家協会)、ヘイスティングス・H・ハート(児童施設・救護協会)、ルーシー・フラワーとエレン・ヘンロティン(シカゴ市婦人会)、ジェーン・アダムス(福祉事業団)、ティモシー・ハーレイ(カトリック系慈善団体)、ジュリアン・マック(ユダヤ系慈善団体)であった。ハーレイによれば、次の人たちもその場にいた。州下院議員ジョン・C・ニューカマー、公立学校校長A・G・レーン、郡のジェイル看守ジョン・L・ウィットマン、ボストンで勤務していた保護観察官で当時シカゴで青少年対象に働いていたカール・ケルセイ、保険外交員で、当時クック郡大陪審の開廷期間の陪審員長であるフランク・G・ソウルであった。
[59] Hurley, *Origin of the Illinois Juvenile Court Law*, 22.
[60] 提出法案は ibid., 26-30 に再掲されている。
[61] ibid., 28.
[62] 権限行使を命じる文言は、法案の最終版では、権限を付与する文言に置き換えられることになった。このようにして、警察の判事や警察裁判所治安判事は、少年事件を少年裁判所に移送することはできるが、しなければならないということではなかった。しかし、1901年の少年裁判所法改正により、そのような移送はしなければならなくなった。
[63] *Petition of Ferrier*, 103 Ill.367(1882)、および *County of McLean v. Laura B. Humphreys*, 104 Ill. 379(1882).
[64] 以下の定義が法律家協会法案に採用された。本法の目的に照らして、要扶助少年、遺棄少年とは、次に掲げる一切の少年を言うものとする。①理由が何であれ、極貧であったり、住むところがなかったり、放任されている少年。②支援を求めて社会に依存している少年。③習慣としてこじきをしているか、施しを受けている少年。④売春宿に住むか、悪徳か評判の悪い人物と住んでいることがわかった少年。⑤親、後見人、その他少年のケアをすることになる人による遺棄、虐待、堕落のために家庭が不適切になっている場所の少年。⑥行商したり、品物を売ったり、街頭で歌ったり楽器を演奏していたり、公衆に娯楽を提供していることがわかった8歳未満の少年。Hurley, *Origin of the Juvenile Court Law*, 26-27 に引用。
[65] ibid., 27.
[66] ibid., 28.
[67] ibid., 29.
[68] ibid.
[69] Steven L. Schlossman, *Love and the American Delinquent: The Theory and Practice of "Progressive" Juvenile Justice, 1825-1920* (Chicago: University of Chicago Press, 1977), 61.

[70] 個別化された処遇の意義については、Rothman, *Conscience and Convenience* の第二章と第六章参照。

[71] Ibid., 39. イリノイ州は「法違反行為をした女子少年のための州立施設」をジェネバに設立した。

[72] "Child Slaves,"*Chicago Daily Inter-Ocean*, February 28, 1899, pp.1-2.

[73] ibid., 1.

[74] ブレイスおよび児童救護協会については以下の著作を参照。Charles Loring Brace, *The Dangerous Classes of New York, and Twenty Years of Work among Them*(New York: Wynkoop and Hallenbeck, 1872); Marilyn Irvin Holt, *The Orphan Trains: Placing Out in America*(Lincoln: University of Nebraska Press, 1992);LeRoy Ashby, *Endangered Children: Dependency, Neglect, and Abuse in American History*(New York: Twayne, 1997), 第三章; および Stephen O'Connor, *Orphan Trains: The Story of Charles Loring Brace and Childlen He Saved and Failed*(Boston: Houghton Mifflin, 2001)。子どもを里親に委託することに関して19世紀の関心をよく説明している著作として、*Foster-Home Care for Dependent Children*, United States Children's Bureau publication no.136(Washington, D.C.: Government Printing Office, 1926)、および *State of Illinois Report of the Joint Committee on Home-Finding Societies*(Springfield, Ill. : Schnepp and Barnes, 1915)。

[75] "Child Slaves,"2.

[76] Hurley, *Origin of the Illinois Juvenile Court Law*, 30-31.

[77] "Child Slaves,"1.

[78] イリノイ州は州で最初の義務的登校法を1883年に可決したが、その執行が徹底されるまで20年かかった。以下の著作を参照。Edith Abbott and Sophonisba P. Breckinridge, *Truancy and Non-Attendance in the Chicago Schools: A Study of the Social Aspects of the Compulsory Education and Child Labor Legislation of Illinois*(reprint, New York: Arno Press, 1970; Chicago : University of Chicago Press, 1917)の特に第三章を参照。アボットとブレッキンリッジが認めたように、義務教育法が首尾よく施行されるまでは、州は児童労働法の制限、少年裁判所の設立、怠学者の教育のための親学校の運営を行う必要があった。

[79] Hurley, *Origin of the Illinois Juvenile Court Law*, 28.

[80] "Child Slaves," 1.

[81] Lathrop Memorandum, Bowen Scrapbooks, vol. 2.

[82] ロビーは、提出法案の第10条および12条を修正することで、この目的を達成した。ハーレイの以下の著作を参照。*Origin of the Illinois Juvenile Court Law*, 33-34.

[83] Kenneth Cmiel, *A Home of Another Kind: One Chicago Orphanage and the Tangle of Child Welfare*(Chicago: University of Chicago Press, 1995), 15; Paul Lerman, "Twentieth-Century Developments in America's Institutional Systems for Youth in Trouble,"in

A Century of Juvenile Justice edited by Margaret K. Rosenheim, Franklin E. Zimring, David S. Tanenhaus, and Bernardine Dohrn (Chicago: University of Chicago Press, 2002), 80.

[84] Hurley, *Origin of the Illinois Juvenile Court Law*, 39.

[85] ibid., 38.

[86] "The Dependent Children's Bill,"*Chicago Tribune*, March 10. 1899, p.6.

[87] "Juvenile Court Bill Amended,"*Chicago Inter Ocean*, March 10, 1899, p.4.

[88] 州議会による法案可決の分析としては、Getis, *The Juvenile Court and the Progressives*, 42-44 参照。

[89] Lathrop, Memorandum, May 3, 1917, Bowen Scrapbooks, vol. 2.

第 2 章

「少年裁判所の真の歴史は合衆国の法令集に散在する条文や、それらの編纂作業を起点とはしていない。それはむしろ実務における新しい精神と方法論を具体化し、組織化したことから始まるのだ」
——サミュエル・J・バロウズ、国際刑務所会議合衆国委員（1904年）。

モデル裁判所の建設

　1899年7月3日、南北戦争の退役軍人で、10年以上巡回裁判所に在職していた高名な裁判官リチャード・タシル（Richard Tuthill）閣下は、11歳のヘンリー・キャンベル[1]の事件を非形式的に裁決することによって、少年裁判所の近代への扉を開いた。その時、シカゴ市のための「親の役目を担う裁判所」というルーシー・フラワーのビジョンは現実のものになった。キャンベル少年とその両親は、少年裁判所に出頭した最初の家族だった。この事実は、「子どもは子どもとして扱われるべきである」[2]という原則に従って、シカゴ市における要扶助少年・遺棄少年・非行少年たちの処遇と監督を大変革させる予兆だった。初代の裁判所主任保護観察官のティモシー・ハーレイは「裁判官の心証における思考や理念は常に、人格の改善（reformation）ではなく、人格の創造（formation）であるべきである。いかなる子どもも見せしめの目的で罰せられるべきではないし、子どもは罰することでは決して改善されえない。合衆国における親権は、刑事上の権限の代わりに行使されるべきである」[3]と説明している。
　キャンベルのケースは、シカゴ市中心部の郡庁舎三階にある法廷で審理が行われたが、これは公開のイベントとなった。なぜならば、少年審判傍聴へのアクセスを制限することとしていた法律家協会法案におけるプライバシー条項は、その法案の可決を確実にするために取り除かれてしまったからである。結果として、法廷は見物人で満杯となったが、そこには報道記者もいた。彼らは読者に向けて、レナ・キャンベルがどのようにタシル判事に語ったのかを描写した。息子が

窃盗罪で逮捕されたレナは目に涙を浮かべ、ヘンリーが「根っからの悪い子」ではなく、「他の子のせいで窃盗をする気になった」のだと判事に語った。彼女と夫のフランクは、ヘンリーを「いかなる施設にも送って」欲しくなかった。そして判事に対し、ヘンリーの「ニューヨーク州のロームに住む祖母が彼を引き取り、養育するつもりです」[4]と告げた。シカゴ・デイリー・ニュース紙によると、「タシル判事は両親に念入りに質問し、悪さの原因となった環境からヘンリー自身が逃れることを望んでおり、最終的にヘンリーを祖母の下に送るべきということに同意した」[5]。

タシル判事は歴史的初日を閉じるに当たり、「新しい裁判所の目的に感銘を受けた様々な慈善施設や矯正施設の職員、少年矯正に関する傑出した研究者、警察署長、法廷に集まった非常に多くの関心を持つ市民」を執務室に入れた。彼らは実務的な問題、つまり、審理を待つ子どもたちの身柄をどこに置くべきなのか、シカゴ市や郡がこれらの身柄拘束された子どもたちの保護の費用を払うことになるのかどうか、裁判官とにわかに集められた保護観察官はいかにして新しい法を執行すべきか、という点について議論した[6]。タシルは説明した。「もし予想される多大な利益を我々が得たいと望むならば、この仕事を遂行するに当たって子どもに思いやりと愛が注がれなければならない。その任務は、主として裁判所に対してケースを集めることになるあなた方にかかっている。あなた方が私に報告するときは、詳細を調べ、できる限り全ての情報を与えてくれることを特に望んでいる」[7]。彼は最後に「裁判所に子どもを連れてくることは、最後の手段としてのみ用いられるべきだ」[8]ということを強調した。

クック郡少年裁判所の開設日には、新しい少年法の実務上の限界ばかりでなく、その発展性の感触も得られた。ヘンリー・キャンベルのケースは、最初に扱うケースとして最適のものだった。なぜなら、このケースにより、ヘンリーにとっての最善利益が何であるかに焦点を当てるための司法的裁量を、少年裁判所法がタシル判事に提供していることが明らかになったからである。裁判官は、その少年が犯罪に対する刑罰として少年矯正施設に収容されるよりもむしろ、祖母の監護と監督の下に置かれるべきであると命令することができた。一方で、後の裁判官執務室の会議が明らかにしたように、タシルは新しい裁判所を運営するのに役立つ公的資源をほとんど持っていなかった。後に進歩主義的少年司法の証とされた特徴の多くのもの——つまり、審理の非公開、記録の秘匿、少年観護所 (detention home)[訳注7]、そして専門的なプロベーション職員——は、まだ作られて

はいなかった。したがって、世界で最初の少年裁判所は、審判や記録が公開された形で開設されたが、保護観察官の給料も、少年観護所を維持するために支払う公的資金もなかった。シカゴ市で最初の少年裁判所庁舎が建設されるには、8年を超える期間を要した。こうして世界で最初の少年裁判所は将来有望ではあるが、やや不完全な状態で始まったのであった。

　このように、少年裁判所は試運転とも言える状態だった。なぜなら少年裁判所の構想は、19世紀後半の相互依存性が増大した社会における国家の役割について根本的な疑問を提起させたからである[9]。ヨーロッパやアメリカの進歩的な改革者は、自由意思、デュー・プロセス、社会関係に対する国家介入の抑制による利益という古典的な法概念に異議を唱えた。エリック・フォーナーが指摘するように、進歩主義者は、社会意識の強い積極行動主義国家への信念を記述するために、「使い古された『リベラリズム』という用語——それは以前、制限された政府と自由放任主義経済のための簡潔な表現であった——を再定義しようとしていた」[10]。進歩主義者の考えでは、国家が社会的市民権という積極的権利を与えたのは、「人間の完全な発達のために必要な社会的条件」を提供する社会生活を通して、市民とりわけ子どもたちが自由を達成できることを保障するためであった[11]。

　主に労働者階級の都市居住者の日常生活にまで国家の介入範囲を拡張する進歩主義者の取組みは、少年裁判所のような新しい制度と「公衆」との間の適切な関係について厄介な問題を提起した。少年裁判所の発案者には、子どもたちを厳しい刑事司法システムから移すことばかりでなく、公衆の烙印付けから守る意図もあった。少年裁判所の審理は傍聴人や報道機関に対して閉ざされ、少年記録は非公開であり、私選弁護人や陪審員は少年裁判所に出る幕がない、と彼らは考えていた。しかし少年裁判所を、特に疾風怒濤の思春期にある子どもを守るための避難場所とするまでの行程は、さらに20年以上を要することになる[12]。

　リチャード・タシルは、モデル裁判所を建設するには、自分が賢い判事であるだけでなく、発足したばかりの制度の後援者でもあり、資金調達者でもなければならないと認識していた。先祖が1630年代にマサチューセッツ湾に辿り着いたと

訳注7 "detention home" は、第五章にあるように、少年精神病質研究所が少年観護所の一部に付設された後は、そこで個々のケースの調査・診断・処遇方針の決定も行うようになり、鑑別の機能も有するようになったが、設立当時はまだそのような機能は有していなかったため、ここでは「少年観護所」と訳した。

いうタシルは、英国国教会員でかつフリーメーソンの第32階級会員として、シカゴ市のエリートに属していた。共和党所属の法律家である彼は1873年にシカゴ法律家協会に加入し、2年後にはシカゴ市検事となり、1880年にチェスター・アーサー大統領によってイリノイ州北部の地区検事に任命された。1887年にはクック郡巡回裁判所判事に昇進したが、その後第一次世界大戦の間まで彼はこの職を改選されることになる[13]。

少年裁判所に対する財政的支援のみならず支持の獲得にも取り組む中で、タシルは既にカトリック・プロテスタント慈善組織連合（coalition of Catholic and Protestant charity organizations）、シカゴ法律家協会（Chicago Bar Association）、シカゴ市婦人会の支持を獲得していた。これらの団体はみな、1899年の初めには法律家協会法案のロビー活動を実施していた。加えて、市長はティモシー・ハーレイを、タシルの主任保護観察官として指名した。巡回・救護協会の代表でかつシカゴ市法務部補佐官であったハーレイは、タシル判事と協力してシカゴ市の治安判事たちに対し、新法――新法では、子どものケースを少年裁判所に移送することを認めはしたが、義務づけてはいなかった――に関する知識を授けた。ハーレイとタシルは、裁判所開設を進める日々の中で、ケースを新しい裁判所に移送することが健全な政策であると納得させるために、シカゴ市の治安判事たちと面会した[14]。

新法では少年審判を報道機関に対して非公開にできなかったために、少年裁判所は発案者が望んだ以上の公共的空間になってしまったのだが、タシルはこの無料の宣伝方法を用いて、少年非行原因における環境論的理解を擁護した。シカゴ・トリビューン紙が少年裁判所開設から2週間もたたないうちに掲載した裁判所に関する日曜特集記事「少年法は善き法である」において、タシルは生来的な犯罪者が存在するという考え方を憤慨して退けた。「生れながらの犯罪者だって。バカげている。生来的な犯罪者などいない。もし私がそのようなものを信じていたら、神に対する信仰をなくしているよ。社会が犯罪者をつくる。つまり、環境と教育が犯罪者をつくるのであって、犯罪者は生まれながらにして犯罪者なのではない」[15]。もしも環境が犯罪者をつくるならば、里親家庭や学校、そして少年裁判所のような制度を通して、社会は子どもたちをこの堕落の道から逸れさせる（あるいは救い上げる）ための手伝いができる、と彼は論じた。

そのトリビューン紙の記事は、タシル判事の環境説に対する信念を強調するために、14歳のポーランド系少年であるトーマス・マチェスキーのケースを彼がど

う扱ったかに注目した。トーマスは南シカゴの鉄道操車場の貨物列車から穀物を盗んだことを理由に逮捕されたが、20世紀初期においてこの種の行為は、トーマスのような少年を少年裁判所行きにするありふれた違法行為だった。開設当初の10年間で少年裁判所に出頭した少年の過半数が、何らかの窃盗を行っていた。この時期における少年非行の全事件11,641件のうち1,656件（14.2%）もが、穀物、石炭あるいは商品を貨物列車から盗むことに絡んでいたとされる[16]。多くの子どもたちがまた、その他の鉄道関連の法違反行為で逮捕されていた。例えば「線路徘徊、列車投石、貨物列車放火、貨物列車侵入、線路上への火薬設置、信号機破壊、鉄道操作場のフェンス破壊、駅への入り浸り行為、『走行列車への無断昇降行為』、その他いくつかの類似の罪」であった[17]。なお、『走行列車への無断昇降行為』は男女を問わず行われたが、それは走行中の列車への飛び乗りや飛び降りを意味する。

　タシル判事は、トーマスの調査を行うにあたり、彼の清潔さについて尋ねることから始めた。「君が手を洗ってから、どのくらいが経ちますか」。記者によると、「その若い非行少年は、指摘された自分の手を考え込むように眺め、それからタシル判事のきれいな指を盗み見た。あまりの違いに狼狽したのであろうか、彼は汚れた自分の手をコートの下に隠そうとしたのであった。その判事の質問には、囚われの身にあるこの若者に関する残りの調査結果が、巧みに含まれていたのだろう」[18]。取り巻く環境によって文字通り汚されてきたこの「不潔な」少年と比べて、彼が純真さを取り戻せるように働いている身なりのきちんとした裁判官の印象は、二人が非常に異なる社会環境の中に生きていることを明らかにしていた。

　その記事が示したように、少年裁判所は「不潔な者たち」をシカゴ市のオフィス街に運んできていた。数年後、シカゴ公開商品取引所は、クラーク通りにある取引所の建物に少年裁判所が一時的に移転してきたので、建物を明け渡す事態にまで発展した。取引所はその後起こった賃貸借契約違反を巡る訴訟において、少年裁判所が「不快な者たち」をその建物に連れて来て、その空間を商売に「不向きなもの」にし、事実上自分たちを「立ち退かせた」と主張した。すなわち、「不道徳で堕落し、みだらで堕落した習慣におぼれていて、常に不潔であり、病気に苦しめられ、ひどく不快なにおいを放ち」ながら、これらの不快な者たちは建物のエレベーター、玄関、階段にあふれ返った。加えて、少年たちを護送する車や警察官が建物の前に集まり、「公衆はその場所が、賭場として手入れを受け

ていると信じるに至った」などと主張した[19]。少年裁判所の対象少年の多くは移民で、労働者階級に属していたが、取引所は彼らとは関わりたくもなかった（あるいは関われたくもなかった）のである。

　トーマスを逮捕した警察官が、彼の父親は死んでおり、洗濯婦をしている母親は九人の子どもたちを養うのに精を出していると判事に伝えた。彼女は仕事の休暇を取って裁判所に出頭する余裕がなかった。警察官は、トーマスが以前にも石炭と穀物を列車から盗んだが、逮捕を逃れていたことを指摘した。そこでタシルは、自分の「清潔な手を（中略）彼のみすぼらしい肩に元気づけるように置いて」、「顔をあげなさい、さあ」と言った。報告にあるように、彼が触れることには魔法のような効果があった。つまり、「法という強大な権力の手で広大なシカゴ市から拾いあげられたこの浮浪児は、ある種の以心伝心によって、自分が友人の目をのぞきこんでいるような感覚になっていることに気づく。そして友達のいない犬がやさしい声を聞いて尻尾を振っているのと同じように、少年は態度を変えるのである」。こうして判事が触れた結果、トーマスは罪を認めた。「は、はい。私が盗りました」[20]。

　タシル判事は人であふれ返った法廷の全ての者に向かって、何か付け足すべきことがあるかと尋ねた。開所してからの数年間は、おおよそ150人から300人の人びとが法廷の中にいたであろう。だが法廷は奥行きがほぼ約18メートル、幅約13.5メートル、そして高さは約7.5メートルだった。ある論評家の指摘では、群衆は「全ての椅子と窓台を占領し、法廷外に設けられた柵の内に集められ」ていたとのことである。「審理待機中の子どもたちは後方の書記室に留め置かれ、審判が始まると職員によって一人ずつ連れられて、興奮気味で不安気な父親や母親たちの騒然として落ち着きのない集団の間を縫って、裁判官の前にまで連れてこられた」[21]。タシル判事の質問に対して、皆は押し黙ってしまった。「では――ゆっくりと、絞り出すような言葉だった――、私はこの少年をポンティアックに送るのが最善だと思う」と彼は告げた。州の矯正施設でその少年は「学校教育の恩恵を受けるだろうし（中略）」とタシルは説明した。すると、この緊迫した瞬間に「たくましい顔立ちの若者が聴衆から一歩前に出て」少年非行の環境的要因についての熱烈な演説を行い、判事がまさに下そうとしている判決に抗議したのだった[22]。

　「新進気鋭の」弁護士と表現されたその若者は、タシルに向かって、自分はトーマスを知らないが、「彼の出身階層の人びと」のことはよく知っていると告

げた。このような移民家族出身の男たちは非熟練労働者であり、仕事を見つけられないことが多いと彼は説明した。彼は付け加えた。「移民家族は概して大人数で、8人から10人もの子どもがいることも稀ではありません。彼らは二・三の小さな部屋に詰め込まれています。ここで彼らは生活し、食事をとり、眠るのです。およそ家と呼ぶには相応しくないこうした場所の貧しさは、実際を知らない者には想像を超えています。子どもたちは極めて激しい欠乏に駆られて、盗める限りの盗みを働くために送り出されるのです」。彼は裁判官に対して、これらの家族がその穀物をどうしているのか知っているのかと尋ねた。だが、彼は答えを待たずに続けた。「調理したり炒めたりする様子さえなく、その穀物は貪るように食べ尽くされます。穀物は彼らの命の糧なのです、判事。彼らは盗むか、さもなくば餓死するかなのです。私はこの少年が犯罪者であるとは信じません。ただ環境が彼を犯罪者に赴かせているだけなのです」[23]。この演説は、当時の写実主義文学作品から1ページを切り取ったものだが、都市の貧困に関する冷徹な評価を示していた[24]。

　タシルは、ひとつの取引を申し出ることによって、その弁護士の猛烈な抗議に応じた。それは、もしも彼が「トーマスを引き受けて、そして自尊心のある立派な市民になるよう支援することに同意する」ならば、判決を猶予しようというものだった[25]。それは理想主義的な若い弁護士が拒否できない申し出だった。報道記者から少年に何をしてやるつもりかと尋ねられたその弁護士は、「トーマスを清潔にして服を着せ、それから私の母親のところへ連れていく。彼女なら彼に何をなすべきか知っているだろう」[26]と答えた。

　この新聞記事は、経済的に恵まれない子どもたちの養育に対する社会的責任を、少年裁判所が再配分できるという革命的な可能性を示していた。しかし、重要な当事者たち、特に少年のケースに関係する女性たちは、その記事の話から抜けていた。例えばトーマスの母親は、この法廷ドラマにおいて何の役割も果たしていない。もしも彼女がこの裁判官と弁護士の間の取引に反対していたら、どのようなことが起きていただろう。その少年の保護監督をするのが誰なのかもまた明らかではない。もしも裁判官がケースの解決を急ぐあまり、カトリックの少年をプロテスタントの家族の監督下に委託してしまったらどうなるだろうか。法律家協会法案に反対した者は、そのような状況が起こりうることを恐れていたのであり、法案を修正して、子どもが自分と同じ信仰を持つ家族の下に委託されることと、また少年裁判所の手続が少なくとも報道機関に対して開かれることの二点

を確実なものにするのに一役買った。

「少年法は善き法である」のような記事は、多くの重大な法律的問題には目を瞑っていたが、新しい裁判所の使命を宣伝するのに役立った。20世紀初頭を通じて、シカゴ市の新聞は、少年裁判所がどんな具合に機能しているか、成人の刑事司法システム内で子どものケースを処理する以前のシステムと比べて少年裁判所がどんなに改善されたものなのか、といった事柄について読者を啓発した。少年裁判所を統括するタシルとその後任者たちは、反復して起こる攻撃から裁判所を守るためだけでなく、シカゴ市や郡からの予算支出を擁護するために、この金のかからない新聞報道をいかに利用するかについても学んだ。

1899年10月の終わりに、シカゴ法律家協会は、シカゴ市の子どもたちの状況に関する報告書を刊行した。当報告書は少年法を称賛し、タシルを統括判事に選んだのは「非常に適切な選択」だったと表明した。報告書はまた、公的機関と報道機関に対し、新しい裁判所の長所に関する情報を広めるよう求めた。報告書はその結びに、クック郡の州検事補のアルバート・C・バーンズがイリノイ州検事協会に対して行った演説を引用した。バーンズは少年裁判所について、「もしも執拗で異常な圧力によって、あるいは少年裁判所法の規定を実行に移すための手段の不足によって、あるいは有益な立法を促進する代わりにむしろそれを頓挫させようとする人びとの攻撃によって妨害されることがなければ、我々の刑事司法の歴史における新時代の幕開けとなり、イリノイ州の人びとにとって輝かしい日の始まりとなるだろう」[27]と、宣言した。少年法がイリノイ州の名声を高めたというバーンズの主張は、いかに自らの州が先頭に立って児童福祉の分野を発展させてきたのかを自慢するために少年裁判所の支持者が用いる一般的なレトリックとなった。

少年裁判所の支持者たちは、シカゴ美術館や自然史野外博物館と同様に、その裁判所を文明化の象徴や生粋のシカゴ市民の誇りの証として示した[28]。タシルは誇らしげに次のように述べた。

> 子どもたちの適切な保護に役立つあらゆることに常に機敏で熱心なイリノイ州の善良な女性たちが、少年裁判所運動の先導者だった。彼女たちは人民の代表者を説得するために明けても暮れても働き、彼女たちの働きの成果である法案成立により、イリノイ州は文明国家の最も崇高な義務、すなわち国内全ての

遺棄少年や非行少年の親代わり (in loco parentis) になるという義務を行使する用意がある点で、全米首位の座を占めることになった[29]。

「イリノイ州の善良な女性たち」が少年裁判所創設で果たした役割を、タシルが承認したことはもっともなことだった。なぜなら、彼女たちは創設後も先頭に立って少年裁判所を支援し続けたからである。

例えばルーシー・フラワーは、新しい裁判所が先駆的な仕事を始めるのに必要な資金を調達するとともに、少年裁判所委員会 (Juvenile Court Committee [JCC]) として知られることになる別組織をシカゴ市婦人会が設立することを提案した。その組織によって、15人の保護観察官の賃金が支払われ、少年観護所が運営されることになったのである。しかしながらフラワーは、夫が病気になり二人でカリフォルニアに移った1902年までしか裁判所の運営に携わることができなかった。彼女の娘が後に書いたように、「母は慣れ親しんだ家、愛した友人たち、刺激的な生活、そして母自身が特に長い間関心を持ち続けたことから遠く離れて、移住先で余生を楽しんだ」[30]。児童救済活動からのフラワーの引退は、金メッキ時代のパトロンであった彼女の世代が、政治の場面から去っていくことを象徴していた。モデル裁判所の建設は、1903年に最初のJCC会長になったジュリア・レースロップと、彼女の仲間である進歩主義者たちに任されることになる。

JCCは、身柄拘束を受ける子ども向けの少年観護所を設立する公的資金がなかったため、ウェストアダムズ通り625番地にある既存施設を運営した。その施設は、少年裁判所が最初に開廷されたシカゴ市中心部の郡庁舎から約三キロ以上も離れていた。JCCの事務局長のエミリー・ワッシュバーン・ディーン (Emily Washburn Dean) は、後年、この初期の仕事がどんなに不満がたまるものだったか、と思い出を語っている。クック郡は、週2日開廷する少年裁判所に子どもたちを移送する上で、JCCに古い乗合馬車と二頭の馬を寄贈した（少年裁判所は1907年まで週5日はケースを審理しないことになっていた）。しかし、その馬車にがたが来たので、駅者は子どもたちの安全を懸念した。相談を持ちかけられた郡の職員は、これはシカゴ市の所管事項であり、警察署長に会うべきだとディーンに告げた。今度は、署長が彼女をシカゴ市建設局に紹介し、さらに建設局は市長に紹介した。今度は、市長は彼女に、それはやはり郡の所管事項だと言った。6週間の堂々めぐりの末、結局JCCは自費で新しい馬車を購入することになったのである[31]。

しかしながら、その馬車の車体はJCCの小さな馬にとってはあまりに重過ぎることが分かった。JCCは多くの働きかけの結果、シカゴ市からより大きな馬を手に入れることができた。その馬は消防署のものであったが、その時は既に引退していた。ディーンによると「その足はとても長く、あまりに速く移動するので、もう一頭の小さな馬を引きずって早死にさせたようなものだった」[32]。どうやらその馬は、半鐘の音を聞きつけるなり一番近い火事場まで駆けつけたこともあったらしい。JCCはもう一度自分たちの資金を使って二頭の新しい馬を購入し、シカゴ市を説得して専用の馬小屋を寄贈してもらった。だが、「馬房があまりに小さくて、馬たちが昼夜寝そべることもできないことが分かった。そこで、委員会は馬小屋と飼料を借りる以外になす術がないことを理解した」[33]と、ディーンは的確にも書き記している。

　ディーンのこの逸話は、少年裁判所の運営が始まった当初はいかに行き当たりばったりなものであったかを我々に思い起こさせると同時に、少年裁判所の運営継続上JCCがいかに重要な役割を担っていたかを明らかにする。しかし、JCCは一体どのようにして保護観察官に給料を払い、馬や馬車を買い、馬小屋を賃借するための資金を調達することができたのだろうか。資金の一部は、ルイーズ・ド・コーヴェン・ボーエン（Louise de Koven Bowen）のような慈善活動家の多額寄付によるものであった。ボーエンは、シカゴ市ループ地区の中心の土地に投資して莫大な財産を築いたエドワード・ハイラム・ハダックの孫娘であった[34]。縁故関係に恵まれたルイーズ・ボーエンは、レースロップの強い要請により、資金調達を助けるためにJCCの会長職を引き受けた。

　ボーエンは20世紀のルーシー・フラワー、つまりシカゴ市の児童福祉改革運動を導いた献身的な慈善活動家になったのだった[35]。JCCはボーエンの主導により、資金調達のため文化的イベントの後援をした。一例を挙げれば、1904年2月3日にシカゴ音楽堂で演奏されたシェイクスピアの連作歌曲集がある。この催し物の主催者はシカゴ社交界の名士録さながらであった。そこには、マーシャル・フィールド・ジュニア夫人、サイラス・マコーミック夫人、ポッター・パルマー夫人、ジュリウス・ローゼンウォルド夫人が含まれていた[36]。この種のイベントは、財源を調達しただけでなく、大衆が思い描く少年裁判所をシカゴ市の指導的市民と結びつける一助にもなった。とは言え、シカゴ公開商品取引所の職員たちにとっては、その建物を少年裁判所の対象者と一緒に使うことに耐えられなかった。

第 2 章

　JCC は、少年観護所に無制限に出資するつもりはなかった。それは経費のかかる試みであり、委員会は必要となる資金調達に苦労していた。JCC の委員たちはまた、少年裁判所が極めて重要な公共サービスを提供しているので、公的に融資されるべきだと信じていた。数年間のロビー活動の後、最終的にイリノイ州議会は少年観護所の設立・維持権限を郡行政委員会委員に与える法案を可決し、これをうけて、少年観護所は1907年 8 月に開所した少年裁判所の建物の中に設置されることになったのである[37]。

　シカゴ市教育委員会と JCC に支援された少年観護所が、被収容者に対して学校教育を提供したことは意義深い。非行少年を収容するジョン・ウォージィ手工訓練学校でかつて教鞭をとっていたフローレンス・シュリー（Florence Scully）が、少年観護所の子どもたちを教えた。それは骨の折れる仕事だった。「というのも、滞在期間が 2 日間の少年もいれば 2 週間の少年もおり、あるいはたった 2 時間しかいない少年もいたからである」。その上、「彼らは年齢も、普通学校教育を受けた程度も様々だったし、何ら教育を受けていない者もいた」。したがって、シュリーはそれぞれの子どもごとに個別に働きかけなくてはならなかった。彼女はまた「粘土細工、ラフィアヤシの繊維を使った作業、裁縫、設計や製図のような非常に多くの手仕事」を導入した。彼女はこれらの作業を、「大半の少年たちのひどく劣った読み・書き・算盤能力を向上させるという難題の動機付け」として用いていた。彼女の仕事が成功したことを受けて、教育委員会は、非行のある女子少年には教師を、家庭にいる要扶助少年には幼稚園教師を派遣した[38]。

　しかしながら、裁判所自体は混雑のため1913年に郡庁舎へ戻され、従来の少年裁判所の建物は「少年観護所としての利用に供せられることになった」[39]。そこでは子どもたちの収容と学校教育だけでなく、健康診断・医学的検査と看護が提供された。少年観護所と少年裁判所との分離は、1920年代初期にシカゴ市ウェストサイドで新しい少年裁判所と少年観護所が建設されるまで続いた。移転した建物は1923年11月に開所したが、少年観護所――三階建ての建物で、約14,000平方メートルの運動場を部分的に囲む形で建っている――は、依然として郡行政委員会委員の管轄下にあり、少年裁判所に管理運営権限はなかった[40]。少年観護所は、管理運営上少年裁判所と分離されていたが、裁判所の近くにあった。それは、相互に関係する少年司法システム機関は同じ場所にあるべきだという専門家の意見を反映していた。

　他の都市は、少年裁判所に少年観護所を併設するシカゴ市の先例に必ずしも従

わなかった。『少年裁判所の活動』という連邦児童局の報告書において、キャサリン・レンルートとエマ・ランドバーグは1920年代初期の10都市について報告しているが、「子どものための特別な観護所」[41]を持っていたのは6都市（バッファロー・デンヴァー・ロサンゼルス・サンフランシスコ・シアトル・セントルイス）しかなく、ボストン・コロンビア特別区・ニューオーリンズ・ミネアポリスはそのような施設を有してはいなかった。また二人は、調査した10都市のうち8都市では、「警察署かジェイルに子どもを拘束していることが報告された——この種の身柄拘束は稀であると報告した都市もあった一方で、比較的一般的に行われていると報告した都市もあった——」ことを知って、失望した[42]。少年観護所の使用は1920年代初期までに、少なくとも都市部の少年裁判所ではかなり標準的な実務慣行になっていたが、全米規模では多くの場合子どもは依然として警察署かジェイルに収容されていた[43]。

　少年観護所は20世紀初頭の少年裁判所に付加された物の中で最も目に見えるものだったが、専門的なプロベーション職員の充実も、これと同じ程度に重要であった。例えばシカゴ市では、公的資金が拠出されれば、少年司法分野で長期間働くという経歴が才能ある個人にとって一層魅力的に映ることになるだろう、とJCC委員は信じた。同時に彼らは、少年司法システムで扱う子どもの増加に従い彼らの行動に気を配るために、専門職員が配置され専門的に管理されるプロベーション部門が必要となることを承知していた。

　ジュリア・レースロップなどのJCCの有力委員の中には、保護観察官の給料を公的資金から拠出することは、彼らの仕事がパトロンである州の言いなりになってしまう恐れがあるため危険だ、と忠告する者もいた。少年裁判所への公的支援を求めることと、他方で少年裁判所の運営に対して統制を保っておきたいということとの間のこうした緊張が、州の権限と民間運営がしばしば驚くべき様式で混交する異種混交的な少年司法システムを作り上げることになった。公権力の責任と民間運営とが混交する最適例は、プロベーション部門が裁判所内において公的支援を受ける一部門になったことの中に、はっきりと表れている。プロベーション部門の発展の歴史は、進歩主義者が少年裁判所の仕組みの改良に取り組む際の青写真として役立つようになった。

　保護観察官は、「少年裁判所の右腕」であった。というのも彼らは、家庭の調査、隣人・教師・雇用主への聞き取り、子どもをどう処すべきかの裁判官への提

言、審理時における子どもの代理、プロベーション期間中における子どもの監督を行うからであった[44]。学者は、このような保護観察官による家族の社会生活への介入を、「治療国家（therapeutic state）」——そこでは、公権力の職員が「逸脱者」の社会的行動を「正常化する」ために働く——の始まりであると説明してきた[45]。この理解によれば、法と衝突した子どもは、自身の生活に国家が干渉するきっかけを作るばかりでなく、国家の介入と広範囲にわたる監督に対して家庭の門戸を開いたことにもなる。かくして、子どもばかりか、家族全員が広範囲にわたるケースワークの対象になった。すなわち、そのケースワークにおいては、転職すること、新居を見つけること、よい主婦になること、多種類の食事作ること、アルコールをやめること、セックスを慎むことといった要求を含めることができた[46]。これらの命令に従わなかった場合には、保護観察官は裁判所の権限に訴えてその家族を離散させることもできた。

　しかしジュリア・レースロップが悲しげに述べているように、シカゴ市では保護観察官一人当たり平均50人から150人の子どもを担当するという過重なケース負担量があった。そのために、「『役職上の親』などと幾分ユーモアを持って呼ばれた役割以上のものを、多数の群がる子どもたちに対して果たすよう」保護観察官に期待することは、非現実的であった[47]。実際、過重なケース負担量のために、シカゴ市やその他の大都市の保護観察官の中には、家庭を訪問する代わりに、セツルメント・ハウスや図書館に集めた子どもたちとグループで面談する者さえいた。

　加えて、少年裁判所はプロベーション実施上、明らかに人種による色分けをしていた。通例、保護観察官が自分と異なる人種の子どもの家庭訪問を行うことはなかった。例えばシカゴ少年裁判所ではその開設当初から、黒人の子どもを担当する保護観察官は、裁判所に一人だけ配属されていた黒人のエリザベス・マクドナルドだった[48]。彼女は裁判所に対して、黒人の子どもの担当を自ら志願していた。同様に、ニューオーリンズ市の少年裁判所では、黒人の子どもは全て「自ら希望した同じ人種の保護観察官によるプロベーションに付されたため、彼らのケースが調査されることは稀だった」[49]。このような具合で、イリノイ州は、全対象少年の家庭調査にいつでも関心を示したわけではなかった。

　シカゴ市では、黒人の子どものケースに関する少年裁判所の処理が、次第に厄介になっていった。シカゴ市の黒人人口は20世紀初期にかなり増加し、1900年に全人口の2％未満だったのが、1930年には約7％になった。シカゴ市サウスサイ

ドに「黒人地帯」が築かれていくにつれて、ほとんどの民間児童福祉施設は「有色人種の」子どもを受け入れることを止めた。例えば、1860年に設立されたシカゴ市保育・片親児童保護収容施設（後のチャピン・ホール）は、1914年まで「有色人種の」子どもを受け入れていたが、それ以降は彼等を受け入れなくなった。歴史学者のケネス・クミールが報告したように、「白人の黒人に対する敵意は、第一次世界大戦における人種暴動後にわき起こった。1917年から翌年にかけて南部からの移住がシカゴ市の人種構成を変え、援助を必要とする黒人の子どもの数を急増させた。チャピン・ホールがアフリカ系アメリカ人を扱うのを止めたのは、まさにこのような風潮の中でのことだった」[50]。1910年代の終わりまでに、カトリック系であれプロテスタント系であれ、民間施設は子どもを受け入れるに当たってカトリックやプロテスタントといった信仰だけでなく、「肌の白さ」も基準にしていた。民間施設は、あからさまに肌の色による差別を行うことによって、要扶助性と非行性のボーダーラインにある黒人の子どものケース処理の際に少年裁判所が利用できる選択肢を制限したのであった。

　1910年代初めに、少年司法システムの対象となる黒人の子どもの人口比が不釣り合いに高くなるにつれて、少年司法システムにおいて人種が持つ重要性は一層明らかになってきた。少年司法システムの対象になる黒人少年の数は、「全人口に占める黒人の割合の2倍をやや上回り、黒人の女子少年では約3.5倍であった」。しかしながら、少年非行の増加率は、シカゴ市におけるアフリカ系アメリカ人の全般的な人口増加よりもはるかに緩やかであった。人種関係に関する主要な研究が指摘するように、「黒人の男子・女子少年を合わせた非行率は1913年の7.9％から1919年には9.9％になったが、同じ時期の黒人人口は100％以上増加した」[51]。さらに、子どもが犯す法違反行為の類型について、人種間で大きな差異は示されなかったようだった。少年裁判所で女子少年のケースを扱う審判員のメアリー・バーテルミは、シカゴ市における人種関係を調査する委員会に対して、次のように証言した。「私は18歳未満の女子少年が犯した全ての法違反行為を担当しています。担当した限りではありますが、私は白人と有色人種の者の法違反行為は、ほとんど同じであると主張したいと思います」。男子少年のケースに関しても、主任保護観察官は同意見だった。彼は、「私の経験ではありますが、有色人種の非行少年が裁判所に連れて来られる場合の行為と、白人の非行少年が裁判所に連れて来られる場合の行為には、何ら大きな違いはないと言いたい。例外があるとすれば、法違反行為としては、窃盗が他の法違反行為よりかなり多数を

占めているように思われることです」[52]と告げた。

　1927年には、少年裁判所で扱う全ケース中、アフリカ系アメリカ人の子どものケースの比率が初めて20%を超えた。その年を通じて、シカゴ少年裁判所が審理した2,197件中495件が、黒人の子どもに関連していた[53]。また裁判所自身も、黒人の子どものケースは、「白人」の子どものケースと区別して扱わなければならないと報告した。裁判所の年報において、主任保護観察官のハリー・ヒル（Harry Hill）は、次のように説明した。

　　有色人種の要扶助少年・遺棄少年に対して十分な保護を提供できないことは、裁判所が対応すべき最重要問題のひとつになっている。白人の要扶助少年・遺棄少年が手にできる社会的資源に比べ、有色人種の要扶助少年・遺棄少年が手にできる社会的資源は欠如しており、そのため状況は厄介になっている。実際に、こうした有色人種の少年グループの収容を認める施設が地域社会内で見出せない状況にある。[54]

　シカゴ市の極貧な黒人地区には施設がなく、民間施設も「有色人種の」少年の受け入れを拒否していた。このため、少年裁判所はユダヤ系やイタリア系やポーランド系の少年のケースの場合よりも時間をかけずに黒人少年を州立の聖チャールズ男子少年学校に送致した[55]。実際に、裁判所は黒人の要扶助少年のケースを、まるで重大な法違反を行った少年であるかのごとく処理した。こうしたケースの扱いは、軽微な法違反行為を行った「外国人」少年のケースの処理と対照的だった。外国人の非行ケースでは、少年矯正施設が過剰収容のために、裁判所は法違反を行った白人少年を要扶助少年の施設へ送致した。

　非行少年向け施設に黒人の要扶助少年を送致することは、いくつかの悪い結果を招いた。第一に、聖チャールズ男子少年学校では、戻るべき適切な家がない場合には、黒人少年のパロールを遅らせた[56]。早期に入所送致される一方で釈放が遅延された結果、黒人の要扶助少年はかなり長期にわたって、非行少年収容施設に収容されることとなった。事実、1920年代後半までには、黒人少年は聖チャールズ男子少年学校の入所者のほぼ4分の1になった。第二に、この頃から行われた再犯率に関する研究により、「再犯者になる可能性は、施設収容が長期化するにつれてより大きくなる」ということが明らかになった[57]。したがって少年裁判所は、黒人の要扶助少年を非行少年さながらに扱っていただけでなく、彼らが再

犯者になる手助けまでしていたのかもしれないのだ。

　黒人女子少年のケースについては、少年裁判所はさらに選択肢が限られていた。ヒルが指摘したように、状況は「絶望的」だった。と言うのも、「ジェネバにある州立女子トレーニング・スクールが、彼女らを受け入れる唯一の施設だったからである。（中略）そして、その施設は、本来収容されるべき女子少年のうちほんの一部しか受け入れない」。彼は付け加えた。「有色人種の女子非行少年はジェネバのトレーニング・スクールへの送致決定後収容が認められるまでに、少年観護所で6ヶ月もの期間収容されることがよくあった」[58]。収容スペース不足を理由に、裁判所は「有色人種」の要扶助少年・遺棄少年の多くを「不適切な家庭」に戻さざるを得なかった。「家庭が子どもにとって望ましくない状況でも、ほんの僅かでも上手くいく見込みがあるならば、裁判所はそこで処遇を行わざるを得ない」ため、戻したのだった[59]。それゆえに、黒人の女子非行少年は長い間少年観護所で過ごし、また女子の遺棄少年・要扶助少年はほとんど社会福祉サービスを受けられなかった。

　かくして、少年裁判所に出頭する黒人の子どものケース数は、20世紀初頭の間に年々増加していった。それにつれ、裁判所職員は担当ケースを処理する際の選択肢が限られていることに不満を持つようになった。世紀の変わり目において、「外国人」家族出身の子どものケース処理で最も重要な考慮すべき事柄は、宗教だった。その一方で、ヨーロッパ移民が徐々に白人系アメリカ人になるとともに、より多くの「有色人種の」人びとが北部や中西部のアメリカ都市に移住していくにつれて、第一次世界大戦後には肌の色による区別は一層確固たるものとなり、人種の重要性も一層顕著で現実的なものになった。

　確かに、20世紀初頭においては保護観察官数不足により、家庭に対する少年裁判所の監督能力は弱体化されたが、それでも家庭に対する調査権限はなお存在していたし、また進歩主義者はこの権限を十分に生かすべくプロベーション部門の拡大を望んだ。1905年、レースロップは、不適当なプロベーション問題に対して二つの解決策を提案した。第一に、クック郡に対し保護観察官への給与財源を要求した。第二に、郡から給与を与えられることによって保護観察官が郡の言いなりにならないことを保証するために、公務員人事委員会（Civil Service Commission）が全ての応募者に対して能力に基づく採用試験を行うべきであると主張した。委員会は成績順に最も能力ある採用候補者のリストをまとめ、そのリストから、少年裁判所裁判官が保護観察官を選任することになった。この人事方式は、

最新のソーシャル・ワーク理論で訓練された者だけを雇用することにより、裁判所を専門機関化することを約束した。

　JCC はこの人事方式を可能にするために、少年裁判所法の修正法案を起草した。1905年2月に、シカゴ選出の共和党議員であるチェスター・チャーチが JCC 作成の法案を提出した。法案は満場一致で州議会の両議院において可決され、クック郡の州検事として名を馳せた共和党員の州知事チャールズ・S・デニーンによって署名された。新法によれば、巡回裁判所判事は郡行政委員会に対して、次年度に少年裁判所が主任を含めた保護観察官を何人必要としているかを通知し、それを見た郡行政委員会委員が適切な採用人員と給与額を決定することになっていた[60]。

　ジュリアン・マック（Julian Mack）は、タシルの後任として1904年に少年裁判所の統括判事になり、この新法を実際に執行する責任を負っていた。マックはハーバード・ロースクールを卒業し、ノースウェスタン大学とシカゴ大学で法律学を教えていた。後になって彼はまた、少年裁判所の理論と実務を解説する権威あるローレビュー論文を執筆し[61]、加えてシカゴ大学の学外教育機関であるシカゴ社会科学研究所の少年司法に関する複数の講座で教鞭を取った。これらの講座は、裁判所に配属される予定の、専門的に訓練された中核的な保護観察官の養成を意図していた。

　シカゴ市民で構成される委員会も保護観察官任官試験を開発し、受験者に対し少年裁判所法の知識だけでなく、スペリング能力、計算能力、ならびに受験者が就くことになる仕事に対する理解度もテストした。さらに、受験者にいくつかの事例を提示して、知識を実際の場面に応用できるか否かについてもテストした。ユダヤ人であるマック判事は、現職の保護観察官全員がその試験を受けなければならないと決めた。それはカトリックとプロテスタントの保護観察官の間の微妙な均衡を乱す恐れのある決定だった。幸運なことに、保護観察官全員がマックの決めた試験で高得点を取り、プロベーション部門における政治的に微妙な宗教上の均衡を維持することができた。

　人事発令権者を誰にすべきかも含め、プロベーション部門の職員配置のあり方はまた、創設者の間に存在した少年裁判所の使命に関するイデオロギー的な緊張を曝け出した。少年裁判所の最も重要な目的は有害な刑事司法システムから子どもたちをダイバージョンすることだという見解（犯罪学者のフランクリン・ジムリングが『ダイバージョンの正当化根拠』と名づけたもの）の点では、創設者たちは一致し

ていたが、少年裁判所が子どもとその家族の生活に介入すべき程度に関しては、意見の一致を見なかった[62]。マックは、少年裁判所は少年とその家族に対して必要なサービスと監督を施すことにより、社会的市民権を促進する機関であるべきだと考える介入主義的アプローチを擁護した[63]。

　少年司法に関して競合するビジョン間の緊張は、シカゴ師範学校社会学教授のヘンリー・サーストン（Henry Thurston）が主任保護観察官の地位に就くために課された独自試験で最高点を取った際に、明らかになった。試験結果から、マック判事はアイルランド系カトリックの法律家ジョン・マクマナマン（John McManaman）に代えてサーストンを主任保護観察官に指名した。マックは裁判所を介入主義的な方向へ持って行こうとしていたが、ジョンはマックのその方針を酷評し、「公権力の職員が家庭を覗き見て、生活基準――行動と道徳に関する基準――を確立しようと企てており、全ての人びとをその基準によって評価しようとしている」[64]という懸念を表明していた。マクマナマンから、法律的素養の訓練も一切受けずに JCC で働いていたサーストンへの交代は、少年司法を支持するカトリック系の人びとの間に高まっていた疑念を強めただけだった。

　少年裁判所の最初の主任保護観察官であったティモシー・ハーレイは、マックに批判的であったものの、少年裁判所を消滅させることでなく、裁判所を律することを求めた。例えば1905年のオレゴン州ポートランドにおける全米慈善・矯正会議年次大会において、ハーレイは、少年裁判所で子どもの代理人を務めるべき公選弁護人の導入とともに、審理の一層の形式化を要求した。マック判事は、カトリックの改革者に譲歩する努力をした。例えば彼がジョン・マクマナマンを任命したのも、少年裁判所に出頭する子どもの弁護人として務めてもらうためだった。恐らく、こうした懐柔策が功を奏した結果、カトリック系改革集団の中に増大しつつあった不信感による妨害を受けず、ハーレイのような改革者が、少年裁判所法の追加修正条項――追加修正条項は1905年と1907年に可決され、少年裁判所の管轄権は拡大された――を支持することができたのであろう。

　これらの修正条項によって、全ての未成年者は裁判所の被後見人（ward）になる可能性が生じた[65]。今や、要扶助少年・遺棄少年・非行少年と認定された少年は、21歳に達するか、処分が終了するまでは、少年裁判所の保護を受けた状態が続くことになる。このように裁判所による規律的統制期間が長期化したことにより、少年裁判所の保護観察官が子ども――施設からパロールに付された子どもも含む――に働きかける機会は拡張されることになったのである。

マック判事と主任保護観察官のサーストンは、特にパロールとプロベーションの対象少年の行動に関心があった。彼らの関心は、裁判所に保存されている統計から生じた。例えばサーストンは、1904年から1906年に裁判所に出頭した非行少年の40％近くが再犯者であることを発見した[66]。これらの非行少年が少年司法システムの権威を公然と侮り、ひいては、他の若者に法を遵守するよう説得する少年司法システムの力を低下させるが故に、彼らの存在は少年司法システム全体の正統性に対して脅威になる、とサーストンは信じた。サーストンの指摘によれば、再犯事例は全て、「そのような非行少年の仲間内で何度も繰り返される傾向があった」。これが起こらないようにするには、「プロベーションに付されても一向に改善の努力をしない少年少女は直ちに身柄を拘束され、教育的感化力によって改善のチャンスが与えられるべきである」[67]と、彼は主張した。

　サーストンによれば、「固執的累犯者（persistent repeater）」は、少年裁判所に対する社会の人びとの支持を削ぐ恐れがあった。彼は次のように警告した。「良識ある人びとは誰しも、少年少女が正しいことを行う機会を進んで与える。しかし、子どもがその機会を繰り返し放棄した暁には、仮に子どもが正しいことを行うには刑事裁判手続が必要だとしても、良識ある人びとには若者をしっかり統制すべきだと主張する権利がある」と[68]。この重大な時期において少年裁判所が社会の人びとの支持を失ってはならないことを、サーストンは重々承知していた。少年裁判所はいまだ実験段階にあり、まだ地方統治の常設機関ではなかった。

　「少年問題」を解決できないことを理由にして、公衆が少年裁判所に反対し始める可能性は常に存在する心配事であった。なぜならば、少年裁判所は当初から、重大で暴力的な法違反行為で告訴された子どもたちを含む、極端に難しいケースを扱っていたからである。実際に、1899年の運営開始後僅か数ヶ月の間に少年裁判所に出廷した子どもたちの約40％が、既に法違反を行っていたのだった。これらの子どもたちの多くはトレーニング・スクールか職業訓練学校への収容歴があり、中には州立ポンティアック矯正施設に収容されていた例も存在した[69]。その上、1905年改正のイリノイ州少年法により、少年裁判所は「17歳未満の全男子少年と、18歳未満の全女子少年」[70]のあらゆるケースに対して、排他的第一審管轄権を持つことが認められた。この改正法は、少年裁判所の審判対象となる年齢の上限を従来の16歳未満から引き上げた。改正法では、少年裁判所は全ての子どものケースを審理すべきであるという一般原則の中から法違反行為に関連するケースを除く、という例外を一切認めていなかった。かくして、少年裁判

所は重大で暴力的な法違反行為者も審判の対象とし、殺人により告訴された子どもも含むことになったのである[71]。

　しかしながら、20世紀初頭において、シカゴ少年裁判所の判事たちは排他的第一審管轄権をあらゆるケースに行使した訳ではなかった。第一に、彼らは、イリノイ州少年法の合憲性について懸念を持っていた。その中には、イリノイ州最高裁判所が、少年法の非形式的な手続は子どもとその家族に十分なデュー・プロセスによる保護を提供していない、という判決を出す可能性も含まれていた。第二に、シカゴ少年裁判所の判事たちは、イリノイ州の刑事責任年齢（1905年少年裁判所法改正後も10歳のままで、変更されていない）より高い年齢で犯罪行為を行った者に対する第一審管轄権を有するのは、少年裁判所ではなく刑事裁判所であるという宣言を行う機会を、イリノイ州最高裁判所に与えたくなかった[72]。代わりに、彼らは州検事と「紳士協定」を結んだ。協定では、少年裁判所が重大で暴力的な法違反行為者のケースのほとんどを審理するが、一部のケースでは刑事司法システムにおいて訴追する機会を州検事に与えることを認めるものだった。競合する管轄権を持つこの非形式的な少年保護司法システムの下で、州検事はイリノイ州の刑事責任年齢に達している全ての子どもを訴追することが可能になった[73]。

　シカゴ少年裁判所は、プロベーション期間中に重大犯罪を行った年長の少年のケースの場合に、改正法では当該少年が21歳になるまで少年裁判所の管轄に属しているにもかかわらず、当ケースについては管轄権限を行使しないという選択を行った。かくして、裁判官は、全ての子どものケースを少年司法システム内に留めるための争いを行うことなく、「消極的移送（passive transfer）」の形式を用いた。つまり、少年裁判所は何の行動もとらないで、子どもが成人として公判に付されることを許容したのである[74]。

　少年裁判所は毎年数件のケースを刑事裁判所に移送したが、それは少年裁判所の審判日程表の１％にも満たなかった。三番目の少年裁判所統括判事のメリット・ピンクニー（Meritt Pinckney）は次のように説明した。

　　子ども、特に男子少年の中には、時として極めて不道徳で、繰り返し法違反行為を行う者が存在する。彼のような悪行や非行を行う年齢に達していない子どもたちが、非行少年向け施設の中で彼との接触を強いられることは公平でないであろう。それ故、極めて稀で特別な場合には、子どもは訴訟記録移送令状

(mittimus)でもって刑事裁判所へ移送される[75]。

　少年裁判所から刑事裁判所へ移送されたケースのほとんどは、再犯でしかも年齢が最低でも16歳の男子少年であった。中には初犯ケースも僅かにあったが、それは17歳に程近い年齢の男子少年のケースで、彼らが行った犯罪には「場当たり的な強盗、拳銃の携帯、多額の窃盗、強姦」が含まれていた[76]。

　しかしながら、移送ケースは、少年裁判所が全ての子どものケースを審理すべきであるという原則に対する例外であった。こうしたケースの中でエドワード・スタークのケースは、重大で暴力的な法違反行為で告訴された子どものケース以上に典型的なものだった。彼が犯してきた子ども時代の法違反行為は、少年裁判所の創設以前に始まったもので、それが20世紀になっても続いていた[77]。エドワードが10歳だった1897年に、ある聖職者が、地方当局にも知れ渡っている彼の家庭のことを心配するようになった。隣人たちはエドワードの両親を「常習的な大酒飲み」と思っており、その地区の警察官のジョン・フェランは、「この家族の出身者で、シカゴ市史上最悪の盗人の何人か」を逮捕していた。イギリス系プロテスタントの父親と、アイルランド系カトリックの母親は夫婦間の難問を抱えており、エドワードにはほとんど注意を払わなかった。遺棄された男子少年を救う試みとして、その聖職者はエドワードに対する要扶助の申立てを行った。

　クック郡裁判所の審理において、六人の構成員からなる陪審員はエドワード・スタークを要扶助少年であると評決し、裁判官は彼をイリノイ州ディケーターにある男子少年聖メアリートレーニング・スクールへ送致した。当時クック郡は、大司教パトリック・フィーハンが1882年に設立したその私立学校に対して毎月補助金を支払っていた。その学校で有名な「フィーハンビル」において、エドワードは良質な教育と適切な宗教指導を受ける予定であった。

　しかしながら、エドワードは施設側の養育方針になじめず、逃走した。その2年後シカゴ市で高級服を一着盗んで逮捕されたことで、彼の自由は幕を閉じた。1899年7月24日、13歳のエドワードは、少年裁判所に出廷した108番目の子どもになっていた。

　このエドワード・スタークの人生の概略から明らかになるのは、少年裁判所の創設以前から、少年の両親・聖職者・警察官の間につながりがあったことである。少年裁判所は設立されてからも、自らの仕事を遂行するためにこうした以前からの社会的つながりに頼っていた。例えば1890年代半ばにスターク家の「有名

な盗人たち」を逮捕した警察官ジョン・フェランは、少年裁判所設立当時は第11区の保護観察官であった。彼は最早制服を身につけず、武器も携帯せず、バッジもつけていなかったが、そんな経歴の彼が、エドワードにとっては誠に無念なことに、担当保護観察官になったのだった。その後数年にわたって、エドワードが再三再四法違反を繰り返すごとに、二人の人生は多くの場面で交錯していくことになる。

　タシル判事はエドワードをポンティアックに送り、彼はそこで8ヶ月を過ごした。エドワードが矯正施設にいる間に、両親は彼を見捨てた。その後、彼はパロールに付され、以前住んでいた近所の「善良な市民」と一緒に生活することになった。両親から見捨てられた子どもが少年裁判所に再び送致されることになるには、2ヶ月もかからなかった。このとき、彼は「不良交友」を理由に警察官に逮捕されていた。警察官と出くわした時、エドワードは他の二人の少年と午前3時半に路地にいるところだった。少年たちは皆逃げ出し、エドワードだけが捕まった。今度は、タシル判事は彼をジョン・ウォージィ学校へ送致し、彼はそこで翌年を過ごすことになった。

　その後、同じ循環が再び始まった。パロールに付されたエドワードは別の里親家族の元へ送られ、その4ヶ月後には再び裁判所にいた。今度は他人への投石で逮捕されていた。保護観察官のフェランはタシル判事宛ての報告書の中で、「エドワードは逮捕されたとき（中略）自分はジョン・ケインだと偽り、エドワードなど知らないとも言った」と書いている。偽名を使って波乱に満ちた過去を隠すことは、名の知れ渡っていた15歳のエドワードにはほとんど不可能なことだった。

　エドワードのケースの連続性によって示唆されたのは、設立当初の少年裁判所にとっては、それ以前から存在していた子どもに対する行動規制システムを少年裁判所がいかに集約できるかが重要だ、という点である。少年裁判所設立以前は成人同様、少年をシカゴ市内に11庁ある警察裁判所のいずれかに出頭させることができた。しかし今では、エドワードは逮捕されるなり、彼のことを熟知している保護観察官を擁する少年裁判所のシステムへ入ることになる。このことが、エドワードが少年裁判所設置前後の空隙をすり抜けることを難しくした。しかし、それでも彼にさらなる非行を思いとどまらせることはできなかった。

　エドワードは漸く非行から脱することができた。転機になったのは、ジュニアビジネスクラブへの入会であった。その後数年のうちに、そのクラブは彼に海軍

の就職口を見つけ、彼がシカゴ・エジソン・カンパニーの倉庫係に就職する援助をした。その後エドワードがどうなったかは知る由もないが、少なくとも彼は、難しい青年期を生き抜き、新しい裁判所の成功談と考えられるようになった。

　ヘンリー・サーストンは、1905年の主任保護観察官就任後、エドワードのようなケースを扱った裁判所の保護観察官の取組み、とりわけ彼らの「使命に燃えた熱意」を称賛した。しかし、プロベーション部門の運営について調査した後で彼は、「その現状は容認できない」[78]と断言した。個人の知識と少人数の職員間の協働に依存したインフォーマルなシステムでは、最早4,000人以上のプロベーションに付された子どもたちとの接触を保つには十分でないと思われた。サーストンは「個々の保護観察官の日記以外に記録されることなく」、子どもたちがシステムの中をさまよい歩くのを防ぐ、より洗練されたシステムが求められると結論づけた。そうしたシステムがなければ、子どもたちは「裁判所の保護下にいる間どうやって暮らしていけばよいのか、またその後彼らの身に何が起こるのか」、それを決定することはほとんど不可能だろう[79]。

　サーストンは、少年裁判所による改善の成功率を算出するために、子どもたち一人一人の経歴に関する正確な記録を求めた。記録保存の仕方が標準化されたことにより、少年非行問題研究に必要な社会学的データを一層体系的に産出することが約束された。これによって、サーストンのような社会科学者も、エドワード・スタークのような子どもに関する個々の経験をまとめて、非行少年像を合成して素描することが可能になった。この知見が今度は非行原因の説明に役立ち、ひいてはひねくれ者の治療法を生み出すことに繋がっていくのであった。

　プロベーション部門を近代化しようというサーストンの取組みは、クック郡の行政委員会委員たちによって阻止された。彼らはサーストンの要求する保護観察官人員を供給せず、業績に応じた給与を支払わず、交通費などの仕事に関係した費用の支弁すらしなかった。その結果、保護観察官一人につき平均して120人の子どもを担当する加重負担となり、これによって、有能な者が保護観察官になることを思いとどまらせた[80]。この事実は、歴史学者デビッド・ロスマンの皮肉な考察、すなわち「要扶助者や逸脱者が持つ自由は、改革主義者の慈悲深い動機によってもたらされたというよりも、むしろ公選された役人の財政上の保守主義に負うところが大であると主張することは、奇妙に聞こえるがもしかしたら正確な結論かもしれない」[81]という考察にも、多少の真実があることを示唆している。

　過剰労働を強いられたシカゴ市の保護観察官は、全米基準から見ても例外では

なかった。例えば、レンルートとランドバーグの報告によれば、「一人の保護観察官が実際に処理できるケース量は50件から75件であることは一般に認められているが、およそこの基準が守られていたのは、調査した裁判所10庁のうち4庁だけだった。（中略）三つの裁判所では、ケース負担は100件を超えていた」[82]。確かに、プロベーションは1920年代半ばまでに少年司法の顕著な特徴になったが、大半の保護観察官は概して薄給で極度の過剰労働だった。

　保護観察官の過剰なケース負担という問題に加え、ジュリアン・マックなどの裁判官はまた、少年裁判所の非効率的な審判日程に苦しめられていた。裁判所での最初の3年間で、マック判事は14,000件を超える審理を行っていた。開廷は週に2日だったが、それはしばしば夜遅くまで続いた。この加重なケース負担は、少年裁判所の対象年齢の引き上げと、裁判所の増大するケース受理の産物だった。ブレッキンリッジとアボットが報告したように、「監督と規律を求められるような行為を行った子ども、なかんずく男子少年は裁判所の保護と裁判官の影響下に置くことが有益だとする信念が、コミュニティ中に広がりつつあるようであった」。加えて、二人は、「予防措置の採用や、子どもを裁判所に出廷させる前に他の全ての処遇方法を試してみることの重要性や、裁判所を最後の砦としてのみ使用することを、あらゆる手段と機会を捉えて力説する裁判官にとっては、当然ながら、この見解が誤りであることは明白である」と、主張した[83]。自分の審判日程を制御するために、マックは、対処の必要のないケースを裁判所に送らせない対策を講じなければならなかった。こうした変更は、自分の審判日程を重大ケースのために充てることを可能にするばかりでなく、裁判官の前に出廷することで被る不必要なトラウマや潜在的な烙印を多くの子どもに与えずに済むことにもつながる。

　少年裁判所法の下では、裁判官は審理申立書が提起された全てのケースを審理する必要がある点が問題だった。マックは審理申立てを制限する方法を見つける必要があったが、それは困難だった。なぜなら、クック郡に住む「善良な者」なら誰でも、郡内に住む全ての子どもに対して審理を申し立てることが可能だったからである。家族の一員、校長、隣人、児童福祉ワーカー、保護観察官の誰もが審理申立書を提出するという事実は、ただ事態を複雑にするだけだった。

　マックは巧妙な改善策すなわち通告システム（complaint system）を考案した。彼は、子どものケースに関係する個人は、公式の審理申立書を提出する代わり

に、裁判所のプロベーション部門に非公式的な通告を行うべきだと提案した。この手続上の変更により、プロベーション部門の職員は司法上の考慮に値するか否かを決定するためにケースの調査ができるようになった。調査の後、保護観察官は次の四つの選択肢を得た。すなわち、①通告に根拠がないようであれば、棄却する、②軽微事案については、別の方法での解決を試みる、③必要ならば子どもに対し正式な審理申立てを提起する、④新たに作られた州法の下において、未成年の要扶助性や非行性に寄与したことを理由に、両親ないしは後見人に対して訴えを提起する、という四つである[84]。この施策では、保護観察官に、どの子どもが裁判所に連れてこられるべきかを決める裁量権を与えた。それは同時に、保護観察官が自分の指示に協力させる手段として、指示に従わない場合には法的措置もあり得るという威嚇の行使を可能にした。

　通告システムは、裁判所のケース負担を調節するための実効的な手段として役立った。統括判事メリット・W・ピンクニーの推測では、例えば1912年に審理申立てにまで至ったのは、裁判所が受理した通告の4分の1だけだった[85]。1920年代までに、犯罪学者のクリフォード・R・ショウとエアール・D・マイヤーズは、警察官時代の任務区域を担当することになった保護観察官の場合、警察官時代に扱ったケースのうち10％以下しか審理申立てをしなかったことを発見した[86]。かくして、少年裁判所の審判を受けたのは、警察も含む少年司法システムに関わりを持った全少年のうち、ほんの数％だけだった。シカゴ少年裁判所は、事実上最後の手段としての裁判所であった。

　他の少年裁判所は、20世紀初頭に、通告システムと類似の制度を導入した。レンルートとランドバーグの発見によれば、「こうした通告類似の制度をかなりの程度利用しかつ統計を入手できた4庁の裁判所においては、少年裁判所への正式な審判請求を行わずに解決された非行ケースの割合は、43％から86％にまで及んだ」[87]。このように、1920年代の半ばまでに、通告システムは、少年観護所やプロベーションと同じく、進歩的な少年司法の顕著な特徴になっていた。

　非公開審理（private hearing）――それは、一般公衆を少年裁判所の審理から遠ざけることを意味する――は、この章で分析される進歩的少年司法の顕著な特徴の最後のものである。既述のように、1899年に制定されたイリノイ州少年裁判所法の制定を支援した者たちは、少年裁判所の審理が見物人に対して閉鎖されることを望んでいた。しかし、職業訓練学校ロビーの活動により、この議論の多い規

定は立法段階で削除された。実際、地方紙は、裁判所が設立された当初のヘンリー・キャンベルのようなケースを記事にしたが、子どもたちに関するその物語には彼らの氏名・住所や、審理申立ての対象となった法違反行為の内容も明らかにされていた。また、見物人も非常にセンセーショナルなケースを見るために裁判所に押しかけて来た。

　進歩主義的な児童救済運動家たちは少年裁判所の正統化に役立つ宣伝の仕方を習得したのだが、それでも彼らは少年裁判所への公衆のアクセスを制限し、裁判官に可能な限り多くの法廷支配権を与えたがった。意義深い例としては、1910年に政治学・社会科学アカデミー年鑑が「アメリカ合衆国における司法運営」の特集号を公刊したときに、その年鑑の中には非公開審理に取り組んだ「非公開の審理——その利点と欠点」という論文が含まれていた。著者は、ボストン少年裁判所統括判事のハーベイ・H・ベイカー（Harvey H. Baker）判事だった。論文のはしがきには、「少年裁判所に今日導入されている公開性の制限は、法違反行為者の名前は公開されるべきでないという新聞各社の申し合わせから、その対極にある、便宜上の非公開審理と呼ぶべきものに至るまで、制限の厳格さにおいて多様である」[88]、と記されていた。少年裁判所創設から10年経った州法の中に、公開性に対するこうした制限が規定されようとしていたことが、多くを物語っていた。だがそれ以上に意味深いことは、非公開の審理とはどういうものであり、なぜそれが良いものになる可能性を秘めているのかの説明が必要だ、とベイカーが考えていた点である。

　ベイカー判事は類推を用いて、少年裁判所裁判官の役割を親や教師や医師のそれと比較し、非公開審理を支持する自分の主張を擁護した。その主な特徴は、「出廷する人数を最小限まで減らす」ことだった。理想的には、裁判官は子どもと1対1で話すべきである、と彼は信じていた。「医師が働く環境に裁判官を最も近づけられる」ことが、非公開審理の主要な利点であった。ベイカーが指摘したように、この類推は次の二つの点で危険だった。すなわち、第一の危険は、裁判官は医師とは違い、子どもから自由を奪い、親から生得的権威を奪う権力を有していること、第二の危険は、非公開の審理は「苦労して獲得し、既に根付いている裁判所手続における完全な公開性原則からの根本的背反」を示していることである。ベイカーが認識していたように、非公開審理のシステムは、潜在的には子どもとその家族のプライバシーを守ることができるばかりでなく、「不適格な裁判官の不注意や奇癖や偏見を覆い隠すこともできる」[89]。

ベイカー判事は、論文の最後に次のような注意書きを記している。「市民が非公開審理に懐疑的な社会においては、非公開審理が経験上完全に検証されるまでの間は、第一に子どもの名前を新聞が報道することは抑制すること、第二に法違反行為少年や少年の証人が一人ずつ証言する場合を除いて、全ての未成年者を審理の席から除外すること、という予備段階を踏みながら、注意深く進むのがよいだろう」[90]と。このように、1910年においてもなお、全国でも指導的な非公開審理の擁護者の一人は、非公開審理が「経験によって完全に検証された」と思えるほど十分な期間実施されてきたと、考えていなかった。非公開審理は、いまだ進歩主義的少年司法の顕著な特徴にはなっていなかったのである。

　しかし1910年代の初めに多くの少年裁判所は、少年非行によって告発された女子少年の非公開審理を行うために女性審判員（referee）を採用した。審判員は裁判官のように行動したが、裁判所の命令に署名する法的権限は持っていなかった。それ故、裁判官は審判員の決定を検討し、非公式に承認する必要があった。これらの女性審判員は、非公開審理を用いることの正統性を示すのに役立った。

　女子少年の非行ケース数は男子少年の非行ケース数よりもはるかに少なかったが（女子少年による非行ケース一件に対し、男子少年による非行ケースは三件以上あった）、女子少年の非行率は、20世紀初頭の間に増加した[91]。アボットとブレッキンリッジの発見によると、シカゴ市における女子少年非行のこのような増加率は、「女子少年非行を惹起しやすい諸条件に関する知識が増え、これら諸条件の影響を受けている女子少年を発見する少年裁判所職員側の技術が向上した」ためだった[92]。この結論から分かることは、少年裁判所の建設と「少年非行」の定義付けとは相互に関連しており、また少年裁判所による「非行少年」の定義の仕方が、少年裁判所に出廷させる少年の選定に役立った、という点である。主として財産犯（つまり窃盗）で告発される男子少年と異なり、女子少年はもっぱら「不道徳」ないしは「素行不良」――これらの用語は性的行為、あるいはスティーブン・シュロスマンやステファニー・ワラシュが「早熟な性的関心による犯罪」と呼んだ事柄の法令上の表現である――で告発されていた[93]。

　思春期の娘の性的関心を監督するために少年裁判所を利用するこのプロセスにおいて、両親は不可欠の役割を果たした。歴史学者のメアリー・オデムとスティーブン・シュロスマンが発見したように、自分の生活と肉体を管理する必要性の高い、性に積極的な娘の躾を少年裁判所が助けてくれることに依存したのは、とりわけシングルマザーたちだった[94]。裁判官は、性に積極的な女子少年が

「堕落した女性」になることを恐れ、プロベーションに向いていると考えられる彼女たちを施設に入れたが、それは男子少年の場合に比べてかなり高い割合であった。このようにして、女子少年は男子少年と異なる理由で少年裁判所に連れてこられ、またケースの処理も異なったやり方で行われたのである。

「早熟な性的関心」のケースは、女子少年は言うまでもなく、男性裁判官を気まずい立場に置いた。なぜなら、裁判所における非行少年の自供は、更生のプロセスにおいて非常に重要な一段階であると考えられていたからである。これは、高年齢の男性が思春期の少女に、混雑した法廷の中で彼女らの性生活について尋ねなければならないことを意味した。アメリカン・イラストレーティド・マガジンに掲載された「子どもたちの公平な取扱い」において、ジャーナリストのヘンリー・キッチェル・ウェブスターは、「白いズックズボンをはき、その黄色い髪に小さく平らな水夫帽を被った、15歳のかわいらしく、ブロンドで無邪気で、汚れのない」女子少年のケースを、マック判事がどのように扱ったかについて書いた。マック判事は、少女がなぜ裁判所にいるのかを静かに説明できるようにするため、自分の方へ近づいてくるよう身振りで合図した。ウェブスターは続けて、「マック判事が尋ねた質問が何であったのかは誰も知らず、彼女が判事に話した長い物語は誰も聞いていない。だが、30分も経たぬうちに少女は泣いているように思われた」と解説している。娘が話し終えると、マックは母親を裁判官席の前に呼び、裁判所が娘を連れていくと告げた。マックは説明した。「我々は、娘さんを立派な女性にしたい。もしも娘さんがそれを欲するなら、彼女は今ここで非常に多くの未練を断ち切らなければならないでしょう。しかし、昔の友人がいる限り、彼女にはそれができません」。取り乱した母親が叫んだ。「あなたが娘を私から奪うなら、私は自殺するわ」。しばし考えた後で、マックは母親を説得しようと意を決した。「もしあなたが今お住いの場所を去り、昔の友人が娘さんを見つけられないような全く新しい場所へ移り、そこで新しい友人を見つけることができるのなら、彼女を連れて行っても構いません。あなたがそうしない場合には、それともあなたが今私の言った通りにするまでは、彼女はジェネバという女性の法違反行為者のための州立施設に行くことになるでしょう」[95]。

男性裁判官が思春期の女子少年に対して性に関する過去を質問するケースが醸し出すばつの悪さは、パレンス・パトリエに基づく州の権力行使の際に果たすべき男性・女性・公衆の適切な役割に関し、問題提起をした。ブレッキンリッジとアボットはシカゴ市のモデル裁判所に関する考察に基づいて、少年裁判所の成功

は、これからの運営に当たり男性・女性の双方がそれぞれ必要不可欠な役割を果たすか否かにかかっている、と結論づけた。「少年の実の両親の保護の代わりを誠実に果たそうとする者なら誰でも、父性と母性の両方の要素を持つとともに、裁判所の組織が完璧の域に達した暁には、終局決定の中に父性的なものと母性的なものの双方の表象を含めるだろう」[96]と、彼らは述べた。さらに彼らは言う。「男性の裁判官が子どもを理解する天才か、それとも親切一途で心から同情的である場合でさえ、必要なのは女性の助言ばかりでなく、女性によって行使される決定権である。それ故、女性が裁判官にならなければならない」[97]と。女性による助言と権限は特に女子非行少年のケースにおいて重要である、と彼らは論じた。

　女子非行少年に対して女性の特別な専門的技術を求める、こうした主張は、19世紀と20世紀において女性が専門的役割を切り拓いていく過程の一部であった。1913年にシカゴ少年裁判所はメアリー・バーテルミを雇用し、少女のケースを審査するための審判員を務めさせた。彼女は1897年以来クック郡における要扶助女子少年の公的保護者（public guardian）として働いていたが、今や、法廷の喧騒を離れた静かな執務室で女子少年のケースを審理することになった。1920年代には、彼女はシカゴ少年裁判所の統括判事を務める最初の女性になる。

　バーテルミのような審判員による女子少年ケースの非公開審理が成功したことのおかげで、全ての少年ケースを閉じられた法廷ないしは非公開の裁判官執務室で審理すべきだという考え方が社会に広まっていった。極めて影響力のある少年司法研究の多くが最初に公刊されるようになった1920年代までに、非公開審理はかなり標準的なものになっていた。例えば、レンルートとランドバーグの「少年裁判所の運営」（1925年）と、ハーバート・ロウの「合衆国における少年裁判所」（1927年）は、「子どもたちのケース審理から公衆を排除することは、少年裁判所手続の基本的特徴として一般的に認められている」[98]と述べている。20世紀の後半において、研究者は「進歩的な少年裁判所」を一般化するために、1920年代のこれらの重要な研究――書籍の多くは1970年代に復刊された――に依拠していたが、この一般化の中には、非公開審理は常に少年裁判所の顕著な特徴のひとつであったという仮説も含まれていた。20世紀後半の研究者のこうした歴史的説明で欠落しているのは、少年裁判所において公衆のアクセスを制限するに至るには、多くの議論を巻き起こした長いプロセスが存在したという点である。こうしたプロセスの痕跡は、非公開審理に関するハーバート・ロウの1927年の論述の中にも

まだ認めることができた。例えば、彼は次のように言っている。「裁判所の活動に関する知識を提供することは、裁判所にとって有利なことである。それはコミュニティの理解と協力を得ることになり、『専断的な法廷 (star chamber session)』だと考える懐疑的な批判から裁判所を自由にすることになるだろう。不適当な非公開性は、不適当な公開性と同じくらいに、裁判所の活動に害を与えかねない。非公開性は秘密主義だ、と見られてはならない」[99]と。

少年裁判所は、モデルとされたシカゴの裁判所も含め、欠点のない建造物ではなかった。それは時間をかけて建設されていったのである。少年裁判所の考え方に形式と実質を注ぎ込むには、一世代以上を要した。この建設過程の長さ——その長さは、アメリカの連邦主義の故に、州によって異なる——が明らかにするのは、少年裁判所の歴史は崇高な基礎的原則からの衰退ないしは堕落だと割り切ってしまえるほど単純な物語ではなかった、という点である。むしろ、少年裁判所の「顕著な特徴」は、時を経て初めて標準的な慣行になっていく一連の付加物であり、進歩の産物であると考える方が一層教訓的である。我々はこの矯正レンズを通して、進歩主義時代の州建設において果たした民間団体や民間施設の持続的影響力を見ることができる。否そればかりでなく、宗教・階級・人種・ジェンダーに関する社会的関心の全てが、どのようにして少年司法の発展や運営の方向性を決めていったのかを考察するのにも役立つ。少年裁判所を工程途上の建築物と看做すこの視点はまた、(次章の主題である) 福祉プログラムの運営といった1910年代に展開する実務のいくつかが、少年司法にとって適切な機能だとは考えられなくなっていく過程も解明する。このように、少年裁判所と出現しつつある福祉国家との関係を検討することは、20世紀初頭の少年司法の進化をより正確に理解する上で不可欠である。

註

[1] "Judge Richard S. Tuthill,"*Courts and Lawyers of Illinois* edited by Frederic B. Crossley, vol.2 (Chicago: American Historical Society, 1916), 453-454 ; "Case in Juvenile Court—Judge Tuthill Listens to the First Compliant Filed under the New Enactment,"*Chicago Daily News,* July 3, 1899, p. 2 ; "New Court Begins Work", *Chicago Tribune,* July 4, 1899, p. 8.

[2] T. D. Hurley, "Development of the Juvenile-Court Idea," in *Children's Courts in the United States: Their Origin, Development, and Results* (reprint, NewYork : AMS, 1973 ; Washington, D.C. : Government Printing Office, 1904), p. 8.

第 2 章

3 Ibid.
4 "New Court Begins Work," 8.
5 "Case in Juvenile Court," 2.
6 Ibid.
7 "New Court Begins Work," 8.
8 Ibid.
9 近代世界の相互連結が現在どう理解されているかに関するすぐれた分析としては、Thomas L. Haskell, *The Emergence of Professional Social Science: The American Social Science Association and the Nineteenth-Century Crisis of Authority* (Urbana : University of Illinois Press, 1977) 参照。
10 Eric Foner, *The Story of American Freedom* (New York : Norton, 1998), 161.
11 Ibid., 153.
12 少年裁判所が常に、州の立法者が思いのままに造り変えることができる制定法上の創設物であったという事実は、各少年裁判所間に多くの違いを与えた。最も根本的な違いは、裁判所が非公式の審理によるシカゴ型の衡平法裁判所の手続を用いるか、ニューヨーク裁判所が 1930 年代までそうしたように、刑事手続の特徴の大半を維持して、刑事司法システムの一部のままであり続けるかということであった。加えて、衡平法裁判所の手続を用いて裁判所の非公式な手続を強調することはまた、それぞれの裁判所が大きく異なった手続を採用することの原因にもなった。それでも 1925 年までには、メインとワイオミングを除くすべての州が、少なくとも少年裁判所法を有しており、そして少年裁判所はアメリカ全土の人口 10 万人以上の都市において運営されていた。Katharine Lenroot and Emma O. Lundberg. *Juvenile Courts at Work: A Study of the Organization and Methods of Ten Courts* (reprint, New York: AMS Press, 1975 ; Washington, D.C.: Government Printing Office, 1925), 1.
13 "Judge Richard S. Tuthill," 453-454.
14 "Judge Tuthill Trying to Simplify the Work of Juvenile Court," *Chicago Daily News*, June 27, 1899, p.3. 裁判所がケースの移送を求めないことによって、その法は潜在的な憲法上の隠れた危険を回避した。Julia. C. Lathrop, "The Development of the Probation System in a Large City," *Charities* (January 7, 1905): 345. 1901 年改正少年裁判所法は事件の移送を強制的なものにした。"Juvenile Court," in *Laws of Illinois* (Springfield, Ill.: Phillips, 1901), 142.
15 "Juvenile Law Is Good," *Chicago Tribune*, July 16, 1899, p. 15.
16 社会学の研究者ソフォニスバ・ブレッキンリッジとイーディス・アボットは 1907 年 7 月 1 日から 1909 年 6 月 30 日までの間に、「盗み」で連行された 908 人中 258 人の少年 (28.4%) が、鉄道からの窃盗であったことを発見した。私はこれらの数字から推定して 1899 年から 1909 年までの期間の鉄道窃盗の概数を算出した。ブレッキンリッジとアボッ

トはなぜこれら移民の子どもが鉄道から窃盗をするのか、文化的な解釈を試みた。二人によると、子どもの親の多くは農民で、彼らは鉄道を母国における共有地のように考えており、したがって、かつて農民であった彼らに対し、「なぜ無人の貨車から持ち去った物を家の鶏やハトの飼料に供してはならないのか、なぜカバーのかけられていない車から落ちた石炭を家に持ち帰ってはならないのか」ということについて理解させることは、概念的に難しかった。このように、これら鉄道からの「盗み」の事件の多くは、文化の違いによる財産権の概念の衝突を示していたのであろう。Sophonisba P. Breckinridge and Edith Abbott, *The Delinquent Child and the Home* (reprint, New York: Arno Press, 1970 ; New York : Charities Publication Committee, 1912) : 32, 68.

[17] Ibid. 32.

[18] "Juvenile Law Is Good," 15.

[19] *Chicago Open Board of Trade v. The Imperial Building Company*, 136 Ill. App. 606(1907).

[20] Ibid.

[21] Henry W. Thurston, "Ten Years of The Juvenile Court of Chicago," *Survey* 23(Feburary 5, 1910) : 661.

[22] Ibid.

[23] Ibid.

[24] 例えば『ジェニー・ゲアハート』においては、セオドア・ドレイザーが家族の疲弊について描写している。その疲弊により、少年は鉄道作業場から石炭を盗み、逮捕されることになる。Theodore Dreiser, *Jennie Gerhardt*(reprint, New York: Bantam, 1993 ; New York : Harper, 1911), chap. 6.

[25] "Juvenile Law Is Good," 15.

[26] Ibid.

[27] "Chicago Bar Association Committee on Juvenile Courts Report," Octobar 28, 1899, Chicago Historical Society, Chicago, 6.

[28] これらの施設の重要性について、Helen Lefkowitz Horowitz,*Culture and the City: Cultural Philanthropy in Chicago from the1880s to 1917*(Chicago: University of Chicago Press, 1976).

[29] Richard S.Tuthill, "The Juvenile Court Law in Cook County," in *Sixteenth Biennial Report of the Board of State Commissioners of Public Charities of the State of Illinois* (Springfield,Ill, : Phillips, 1901), 334.

[30] Harriet S.Farwell, *Lucy Louisa Flower,1837-1920: Her Contribution to Education and Child Welfare in Chicago*(Chicago: Privately Printed,1924), 39.

[31] Emily Dean,"*Dedication of Oakdale, theWomen's Reformatory at Dwight,*"November 11, 1931, in Emily Washburn Dean Papers, Chicago Historical Society, Chicago.

[32] Ibid., 2.

[33] Ibid.
[34] Mary Lynn McCree,"Louise de Koven Bowen," in *Notable American Women: The Modern Period,* edited by Barbara Sicherman, Carol Hurd Green with Ilene Kantrov, Harriette Walker(Cambridge, Mass: Harvard University Press, 1980), 99-101.
[35] ボーエンはジュリア・レースロップより1年遅く、ジェーン・アダムスより1年早い1859年生まれだが、これらハル・ハウスにおける有名な女性の改革支持者と同じ世代に属する。
[36] "Concert for the Benefit of the Juvenile Court," c. February 3, 1904, Louise de Koven Bowen Scrapbooks, vol. 1, Chicago Historical Society, Chicago.
[37] Anne Meis Knupfer,"The Chicago Detention Home,"in *A Noble Social Experiment? The First Hundred Years of the Cook County Juvenile Court 1899-1999,* edited by Gwen Hoerr McNamee(Chicago : Chicago Bar Association, 1999)52-53.
[38] Thurston,"Ten years of the Juvenile Court of Chicago," 663.
[39] Anne Meis Knupfer, *Reform and Resistance: Gender,Delinquency,and America's First Juvenile Court*(New York : Routledge,2001), chap. 6.
[40] Savilla Millis, *The Juvenile Court Detention Home in Relation to Juvenile Court Policy: A Study of Intake in the Cook County Chicago Juvenile Detention Home*(Chicago: University of Chicago, Graduate School of Social Service Administration, 1927), 19, 22.
[41] Lenroot and Lundberg, *Juvenile Courts at Work*,55.
[42] Ibid.
[43] Florence M.Warner, *Juvenile Detention in the United States: Report of a Field Survey of the National Probation Association*(Chicago: University of Chicago Press, 1933), 89.
[44] Hurvey B.Hurd, "Juvenile Court Law : Minimum Principles Which Should Be Stood For", *Charities*(January 7, 1905): 327-328.
[45] Andrew J.Polsky, *The Rise of the Therapeutic State*(Princeton,N.J.: Princeton University Press, 1991).
[46] Ibid., 16.
[47] Lathrop,"The Development of the Probation System in a Large City," 346.
[48] Anne Meis Kunpfer,*Toward a Tenderer Humanity and a Nobler Womenhood: African American Women's Clubs in Turn-of-the-Century Chicago*(New York: New York Univercity Press, 1996), 71-72.
[49] Lenroot and Lundberg, *Juvenile Courts at Work*, 162.
[50] Kenneth Cmiel, *A Home of Another Kind: One Chicago Orphanage and the Tangle of Child Welfare*(Chicago: University of Chicago Press, 1995), 126.
[51] *The Negro in Chicago: A Study of Race Relations and a Riot in 1919*(Chicago : University of Chicago Press, 1922 ; reprint, New York: Arno Press, 1968), 333.

52 Ibid., 334.
53 Earl R.Moses, *The Negro Delinquent in Chicago* (Washington,D.C.: Social Science Research Council, 1936), 14.
54 Harry Hill," Annual Report of the Chief Probation Officer of the Juvenile Court,"*Charity Service Reports* (Cook County,Ill.,1927), 364.
55 Moses, *The Negro Delinquent in Chicago*, 16.
56 Ibid., 17.
57 Ibid., 275.
58 Hill, "Annual Report," 364.
59 Ibid.
60 "Juvenile Courts―Probation Officers," *Laws of the State of Illinois* (Springfield: Illinois State Journal, 1905): 151-152.
61 Julian W. Mack, "The Juvenile Court, "*Harvard Law Review* 23 (1909-10): 104-122.
62 Franklin E.Zimring," The Common Thread: Diversion in Juvenile Justice," *California Law Review* 88 (December 2000): 2477-2495.
63 アメリカの歴史の文脈における社会的市民権の概念（言い換えれば、市民、最低でも要扶助の市民は、最低限の水準の住まい、食物、教育、そして医療保護を提供されるべきであるという思想）については、Linda Gordon, *Pitied but Not Entitled: Single Mothers and the History of Welfare* (Cambridge, Mass.: Harvard University Press, 1994), and Michael B. Katz, *The Price of Citizenship: Redefining the American Welfare State* (New York: Metropolitan, 2001) 参照。
64 John McManaman,"The Juvenile Coiurt,"in *Eighteenth Biennial Report*, Board of Commissioner of Public Charities (Springfield : Illinois State Journal, 1904): 377.
65 この新しい可能性を反映させるために、法のタイトルを変えることさえ行われた。それは、「現在あるいはこれから先の将来に要扶助になる、遺棄される、あるいは非行に走るかもしれない少年に関して、これらの言葉を定義し、そのような子どもに処遇、監督（control)、扶養、養子縁組、そして後見（guardianship）を提供するための法律」になった。その法律は、「21歳未満の全ての者は、ただこの法律の目的によってのみ、この国の後見を受けるものと看做されるべきであり、そしてこの国の人びとは、以下に定められる裁判所の保護（care)、後見、そして、統制（control）に服するべきである」と宣言した。*Laws of the State of Illiois* (Springfield: Illinois State Journal, 1907), 71.
66 *Charity Service Reports*, Board of Commissioners of Cook County (Chicago : Henry O.Shepard, 1906), 115.
67 Ibid.
68 Charity Service Reports, Board of Commissioners of Cook County (Chicago : Henry O.Shepard, 1907), 103.

⁶⁹ 現存するケース・ファイルで最初のもののうち、ケースナンバー76-176において、これら「非行少年」の39％は、以前に法律に関わる経験があり、うち3分の1が施設で過ごしたことがあった。Cook County Circuit Court of Archives, Richard J. Daley Center, Chicago.

⁷⁰ *Laws of the State of Illinois*(Springfield : Illinois State Journal, 1905), 153.

⁷¹ Helen Jeter, *The Chicago Juvenille Court*(Washington: Government Printing Office, 1922), 14-15. 少年の殺人事件の扱いに関する議論について、David S. Tanenhaus and Steven A. Drizin, "'Owing to the Extreme Youth of the Accused': The Changing Legal Response to Homicide," *Journal of Criminal Law and Criminology* 92(Spring-Summer,2002): 641-706. 参照。

⁷² 可能性のある管轄権の争いについて、ジョーン・ギテンズが書いている。「その中心には、少年裁判所がかつて、刑事責任年齢が10歳と定められている問題に取り組むことなく、16歳までの子どもたち（後に男子少年は17歳、女子少年は18歳に変えられたが）の統制を担っていたという事実がある。刑事責任年齢に関する法規定を変える代わりに、彼らはただそれを無視しただけだった」。*Poor Relations: The Children of the State in Illinois,1818-1990*(Urbana: University of Illinois Press, 1994), 108-109. 少年裁判所と刑事裁判所の間の管轄権の争いは1935年までは解決されることはなかった。第六章参照。

⁷³ David S.Tanenhaus, "The Evolution of Transfer out of the Juvenile Court," in *The Changing Borders of Juvenile Justice: The Transfer of Adolescents to Criminal Court*,edited by Jeffrey Fagan and Franklin E. Zimring(Chicago: University of Chicago Press, 2000), 13-43. グレース・E・ベンジャミンはこの実務を記述するために、"gentleman's agreement" という言葉を用いた。Benjamin,"The Case for the Juvenile Court: Social Aspects of a Simple Legal Problem, "*Chicago Bar Record 16*(May 1935): 233.

⁷⁴ Tanenhaus, "The Evolution of Transfer," 21.

⁷⁵ "Testimony of Judge Merritt W. Pinckney," in Breckinridge and Abbott,*The Delinquent Child and the Home,* edited 208-209.

⁷⁶ Jeter, *The Chicago Juvenile Court*, 89.

⁷⁷ Case number 108, Cook County Circuit Court Archives, Richard J. Daley Center, Chicago. 本文に引用する少年の氏名は、筆者が変更した。

⁷⁸ *Charity Service Reports*, Board of Commissioners of Cook County(Chicago: Henry O. Shepard, 1907), 115.

⁷⁹ Ibid.

⁸⁰ Ibid., 111.

⁸¹ David J.Rothman," The State as Parent: Social Policy in the Progressive Era," in *Doing Good: The Limits of Benevolence*, edited by Willard Gaylin, Ira Glasser, David J. Roth-

man(New York: Pantheon Books, 1978), 81.
[82] Lenroot and Lundburg, *Juvenile Courts at Work*, 171.
[83] Breckinridge and Abbott, *The Delinquent Child and the Home*, 23 -25.
[84] イリノイ州の法（つまり、「子どもを、要扶助性があり、遺棄された、あるいは非行がある状態にしたことに対し責任がある者、あるいは直接にそうなることを促進した者またはそれに寄与した者に対し罰を与える法律。あるいは、そのような場合に刑を猶予してプロベーションに付するための法律」）は、コロラド州の先駆的な立法とは異なり、これらの事件に対する管轄権を少年裁判所に与えなかった。シカゴ市においては、新たに作られた市裁判所がこれらの事件を審理した。
[85] Breckinridge and Abbott, *The Delinquent Child and the Home*, 207.
[86] Clifford R.Shaw and Earl D. Moses," The Juvenile Delinquent," in *The Illinois Crime Survey*(Springfield: Illinois Association for Criminal Justice, 1929), 647.
[87] Lenroot and Lundberg, *Juvenile Courts at Work*,114.
[88] Harvey Humphrey Baker, "Private Hearings: Their Advantages and Disadvantages," *Annals of the Academy of Political and Social Science 36*(1910): 80.
[89] Ibid., 84.
[90] Ibid., 80.
[91] Knupfer, *Reform and Resistance*, 88-89, 187.
[92] Breckinridge and Abbott, *The Delinquent Child and the Home*, 22.
[93] Steven L. Schlossman and Stephanie Wallach, "The Crime of Precocious Sexuality: Female Juvenile Delinquency in the Prigressive Era," *Harvard Educational Review 48* (February 1978): 65-94.
[94] Mary E.Odem and Steven Schlossman, "Guardians of Virtue: The Juvenile Court and Female Delinquency in Early Twentieth-Century Los Angeles," *Crime and Delinquency 37*(April 1991): 186-203 ; Odem,"Single Mothers, Delinquent Daughters, and the Juvenile Court in Early Twentieth Century Los Angeles," *Journal of Social History 25*(September 1991): 27-43; Odem, *Delinquent Daughters: Protecting and Policing Adolescent Sexuality in the United States,1885-1920*(Chapel Hill: University of North Carolina Press,1995); Anne Meis Knupfer, *Reform and Resistance: Gender, Delinquency and America's First Juvenile Court*(New York: Routledge, 2001).
[95] Henry Kitchell Webster, "The Square Deal with Children: Judge Mack and the Work of the Chicago Juvenile Court," *American Illustrated Magazine*(February 1906): 400.
[96] Breckinridge and Abbott, *The Delinquent Child and the Home*, 175(italics added).
[97] Ibid.
[98] Lenroot and Lundburg, *Juvenile Courts at Work*, 124; Lou, *Juvenile Courts in the United States*(Chapel Hill: University of North Carolina Press, 1927), 132.

[99] Lou, *Juvenile Courts in the United States*, 132.

第 3 章

「最初に少年裁判所を実現した国がアメリカであったことは重要である。というのも、それとほぼ同時に、文明社会は、かの大昔からある制度すなわち家庭は万事が上手くいっているわけではないという最初の警告を、アメリカから受けたからである」。
——ロサンゼルス少年裁判所審判員、ミリアム・バン・ウォーターズ（Miriam Van Waters）（1925年）。

家族の維持

　1912年12月23日に、あるハンガリー人の父親が自分の三人の娘（3歳、5歳および7歳）をシカゴ少年裁判所に連れてきて、娘たちの代理として要扶助の審理申立書を提出した。申立てによれば、娘たちの母親は、家庭を捨て、娘たちの蓄えを盗み、そして失踪したということだった。父子家庭の父親として、彼は「働きながら幼い子どもたちを育てるというのは、私への過剰な期待である」と主張できたであろうし、おそらく実際にもそう主張した。クリスマス・イブに、六人の男性からなる陪審員が娘たちを「要扶助少年」であると認定し、次いでメリット・ピンクニー判事がリズレ職業補導学校送致を命じた。また判事は、父親が娘たちの扶助のために月15ドルを送金するよう取り決めをした。かくして、この父子家庭の父親は少年裁判所を利用して、母親のない自分の子どもたちを民間施設が育てるよう手配し、子どもたちは同性だったので、せめてものことであったが同じ職業補導学校の中で一緒に成長することができた[1]。
　この少女たちの父親が1914年2月に亡くなり、5月に彼女たちの母親が再び現れて少年裁判所に監護を申し立てたことによって、この少女たちの要扶助性について新たな問題が提起された。当時、シカゴ少年裁判所はわが国でも最大規模の母親に対する扶助費プログラムのひとつを運用しており、しかも一部の母親たちに、その要扶助少年を家庭で育てるために扶助費を支払っていた。しかし本ケー

スにおいては、この母親は外国人であるため州による救済の有資格者ではなかった。そこで彼女は、自分が母親に必要な能力があることだけではなく、娘たちを扶養するだけの十分な資産もあるということを少年裁判所判事に証明しなければならなかった。母親が提出した審理申立書の中で、自身は夫に忠実ではあるが虐待された母親、すなわち「自分の夫によるほとんど絶え間ない蛮行と虐待の被害者」であり、夫が最初の要扶助の審理申立書を提出したまさにその日に、自分の家と子どもたちから無理やり引き離されたと述べた。彼女はハルステッド通り沿いのレストランで職を見つけて自活した。しかし、ひとたび夫が「子どもたちをリズレ職業補導学校に首尾よく委託できるようになると、彼は妻が当時働いていた職場に来て、わが家に戻るように彼女を誘った」。その直後に、父親は労働災害で重傷を負った。妻はウェスト・サイドにある酒類販売店で職を見つけ、長く続いたが結局回復せずに終わった夫の予後の間、夫婦の生活を支えた。しかし、この予後も1914年2月17日に終わりを告げた。2ヶ月後、今度は母親がピンクニー判事の法廷に出頭し、自分が「これまで常に娘たちにとってよき母親であったこと」、娘たちに「相応しい場所」を提供できること、および、「娘たちを申立人である私の監護に戻すことは、公共の利益と娘たちの利益双方に沿うもの」であることを証言した[2]。ピンクニー判事はこれに同意したが、この少女たちの安全のために娘たちを母親と一緒にその年の終わりまでプロベーションに付した。判事が娘たちを完全に自由にしたのは、娘たちを裁判所の被後見人にした日から、ほぼ2年後のことだった[3]。

　この三姉妹が少年裁判所の手続に乗せられたのは、福祉の歴史がまだ始まったばかりの頃であった。シカゴ少年裁判所は片親のジェンダーを基準として子どもの対処方法を決定する、要扶助ケースに対する二元的対処システム（two track system）を構築した。それは、1911年にイリノイ州が「親に対する扶助資金法（Funds to Parent Act）——州全体に及ぶ、「母親に対する扶助費」に関する最初の立法である——を制定したことから始まった。第一の、「施設収容を伴う」対処方法（institutional track）は、19世紀型家族維持モデルに従ったもので、南北戦争以前から貧困家庭はこのモデルに頼ってきた。経済的に苦しい時期に、親は施設を利用して子どもに短期の保護を与えた[4]。歴史家のケネス・クミールがかつて記したように、19世紀後半の保護収容施設の経営者はこの論理を理解していた。それ故、経営者は「親の災難から切り離される独自の個人として、子どもを考えることはなかった（中略）。むしろ、経営者は子どもを家族という単位に不

可欠な要素として考えた。孤児院は、この単位を維持しようと奮闘した」[5]。かくして、子どもは自分の親からしばらくの間物理的には分離されたものの、彼らはまだ「自然な」家族の一員であると考えられ、状態が改善されれば自らの家に戻ることが期待された。

　第二に、少年裁判所は新しい家族維持モデルを反映した、要扶助少年に対する「家庭に基礎を置いた」対処方法（"home based" track）を確立した。進歩主義的な児童救済運動家たちは、施設収容に頼った19世紀型家族維持モデルを公然と非難した。その理由は、彼らによれば、施設があまりに厳しく型にはめられ、子どもを施設の外の世界で生活するよう訓練しなかったからであった[6]。社会福祉の研究者が長いこと指摘してきたように、1909年の要扶助少年の保護に関するホワイト・ハウス会議は、「家族生活は、文明の最も高貴で最も素晴らしい産物である。それには、精神と個性を形成する大きな力がある。子どもは、急迫で止むに止まれぬ理由によらない限り、家庭を奪われるべきではない」という有名な決議の中で、施設収容を拒絶し、その代わりに新しい家族維持モデルを支持した[7]。その帰結として、家族は可能な限り自分の家庭の中で物理的に一緒にい続けることとなる。

　20世紀初頭におけるシカゴ少年裁判所による家族維持の現実の実務は、「家庭に基礎を置いた」モデルが「施設収容」モデルよりも優れているとの結果から生じたのではなく、むしろ新旧のアプローチが混ざりあってできたものだった[8]。「施設収容を伴う」対処方法に乗せられた子どもは、本章冒頭の三姉妹が最初そうであったように、自分の家族と再び暮らせるようになるまで、トレーニング・スクールか職業補導学校で生活した。これに対して、新しい「家庭に基礎を置いた」対処方法に付された子どもは家庭に留まり、州が母親に支払う金銭によって不十分ではあるが支援された。さらに、親や裁判所が抱く「片親の性別を反映した仮説（gendered assumptions about single parenthood）」が、子どもたちの対処の仕方に影響を与えた。つまり、母親のない子どもは一般的に「施設収容を伴う」対処方法に、父親のない子どもは「家庭に基礎を置いた」対処方法に分類された。何れにせよどちらかの対処方法に付され、ひとたび子どもが裁判所の被後見人になれば、その子どもの福祉に関わる問題の最終的意思決定者は親ではなく判事になり、家族全体も事実上裁判所の管轄に付されたのであった。

　進歩主義的改革者は、家族が近代世界の中で生き残れるかどうかを心配した。

賃金経済の拡大と市場プロセスの普及、大規模な工業化の勃興、急速な都市化、大量の移民は、アメリカ人の生活を根本的にすっかり変えつつあった。家庭というイメージによって象徴される家族は、これらの新しい圧力の下で解体しつつあるように思えた。ロサンゼルス少年裁判所審判員のミリアム・バン・ウォーターズが述べたように、「親子関係そのものが脆弱になり始めた。その結果、もっと幸せな状況下にいたならば決して出頭しなかったであろう何千人もの子どもが裁判所に出頭させられただけでなく、賢明で良き父親・母親とはどのようなものであるべきかについて子ども自身が皆目見当がつかなかった」[9]。はっきり言って、このように事実上親が存在しないに等しい子どもに対して、州は国親としての権限を行使しなければならなかったのである。

　福祉プログラムを運用するには少年裁判所しかない、と進歩主義的児童救済運動家が考えたのはなぜかという問題は考察に値する。そこで、こうした決定がどのようにして家族維持のための二元的システム構築を用意していったのかを検討する前に、この問題を考察しておこう[10]。親に対する扶助資金法の制定史は、少年裁判所が母親に対する扶助費に関する管轄権を手に入れた理由をほとんど説明していない。というのは、同法制定を導く公的キャンペーンが一切存在しなかったからである[11]。歴史家ジョアン・グッドウィンの文献考証によれば、20世紀の転換期の前後に、慈善団体とソーシャル・ワーカーの全米会議が母親に対する扶助費に関する討議を行い、シカゴの指導的な社会正義派フェミニストが母親に対する扶助費に関する社会調査を実施し、シカゴ少年裁判所判事が家族維持プログラムを要求した。しかし、グッドウィンが指摘したように、「要扶助少年を抱える家族に対する任意の共同募金（voluntary public funding）を許可した最初の州法は、これらの人びととの協議が行われることなしに成立した」のであり、親に対する扶助資金法の本当の起源は全くミステリアスなままである[12]。共和党員でシカゴ選出の州議会上院議員のカール・ランドバーグがこの法案を提出し、一度修正された後に反対票なしで可決され、1911年6月5日に知事によって署名された[13]。この法案は、可決前は公衆にほとんど注目されなかったが、法案成立に関する話がシカゴと全米に広まるにつれて一躍有名になった。

　母親に対する扶助費の運用を少年裁判所に委ねる決定には、判事が「家庭生活を律する」という19世紀的伝統と、都市の裁判所には社会問題を取り締まる能力があるとする新時代の信念とが、反映されていた[14]。法制史家のマイケル・グロスバーグが明らかにしたように、19世紀の合衆国において児童福祉政策を策定す

る際に主導的な役割を演じたのは、多くの場合議会ではなく裁判所であった。1899年に全米最初の少年裁判所がシカゴ市に創設されたことに伴い、司法が家庭関係に介入するこの傾向は20世紀以降も続いた。

　ひとたび都市が少年裁判所を開設すると、改革者は少年裁判所のことを地域児童福祉センターとして、さらには新たなニーズに応じて拡張することができる制度として考え始めた。この傾向は中西部と西部の諸州において特に顕著だった。というのも、これらの州では、社会福祉サービスが東部よりも発展が遅れていたからだった[15]。さらに、進歩主義的児童救済運動家は、子どもは誰しも成人と異なった存在だと考え、それ故、要扶助少年と非行少年との間に明確な線引きをせず、また統合された少年裁判所ならば両者の役に立つと信じていた[16]。かくして、非行の根源を要扶助状態の中に見出す多くの進歩主義者にとっては、少年裁判所は母親に対する扶助費を運用するための自明の場所だと考えられたのである。1913年刊行のグッド・ハウスキーピング誌に掲載された「未亡人と母子家庭に対する扶助費の支給について」という論説の中で、フレデリック・C・ハウとマリー・ジェニー・ハウは、上述の主張を自明の事柄だと論じた。二人の主張では、少年裁判所は既に「子どもの生活の保護を担当」しており、「もうひとつの部門を引き受けるために拡張することが可能であり、しかも他のどんな機関よりも適切な形でそれを行うことができる。というのも、家庭による保護を欠く子どもが少年裁判所に出頭しているからである。非行が家庭の保護欠如により引き起こされている場合には、非行は母親に対する扶助費制度によって調査され、救済されることが可能である」[17]。このような論理の結果として、1910年代前半において扶助費法を成立させた州の大半は、母親に対する扶助費の運用を少年裁判所に委ねた[18]。

　初期の批判者の中には、少年裁判所を児童福祉の全領域に拡大することを疑問視する者もいた。1914年に、ノースウェスタン大学の社会学教授のトーマス・D・エリオットは、少年裁判所に「領域外の活動」を付加することは、少年裁判所を「何でも屋」にしてしまい、その限られた資源に重い負担をかけることになる、と警告した[19]。これより一層厄介なことは、エリオットが指摘したように、母親に対する扶助費のような少年裁判所の新しい機能の多くは「本質的に司法的なもの」ではないという点である[20]。この見解は、ソーシャル・ワーカーや一部の少年裁判所判事の間で当時大きくなりつつあった関心を反映していた。すなわち、彼らによれば、少年裁判所は福祉プログラムを運用するために「誤って改築

された」のであった。この意見はまた、1920年代における法学者による批判の前ぶれでもあった。「社会化された」裁判所は「個別化された」司法を追求するあまり、法の支配を軽視することになるとして、法学者は「社会化された」裁判所の危険性に警鐘を鳴らしたのである[21]。

　少年裁判所に「領域外の活動」を付加するという、エリオットが批判したプロセスを典型的に示したのが親に対する扶助資金法であったが、この法律は、一見したところ無秩序な都市において家族を維持できる可能性も提供した。全米で最も急速に成長を遂げたシカゴという都市は、都市の醜聞を暴露したリンカーン・ステファンズが述べたように、「最も暴力的で、最も汚い。そして、騒々しく、無法で、醜悪で、悪臭に満ちた新興都市である。シカゴ市は、村の中で育ち過ぎたうどの大木みたいであり、都会にあっては多産の無頼漢である。シカゴ市は、犯罪的には広範に渡って開放的であり、商業的には恥知らずであり、そして社会的には無思慮で未熟である」[22]。親に対する扶助資金法は、少年裁判所には児童福祉制度として機能する能力があるという信念を反映するとともに、家庭の強化によって社会秩序回復の手助けになることを約束するものであった。

　判事たちは、ときには自分たちが望んでいたものを得ることもあった。1908年6月に三番目のシカゴ少年裁判所判事となったメリット・W・ピンクニー判事は、母親に対する扶助費の着想を支持した。というのも、母親に対する扶助費があれば、道徳的には立派だが貧窮に陥った母親から要扶助少年を引き離さずに済む、と彼は考えたからであった。しかし、親に対する扶助資金法は、少年裁判所が「家庭に基礎を置いた」家族維持プログラムを創り出す可能性をもたらしたが、同時に判事に対して数多くの運用上の問題も投げかけることになった。また、この法律は、とりわけラッセル・セージ財団がマサチューセッツ州児童虐待防止協会会長のカール・C・カーステンズにこの新プログラムがどのように機能しているかの調査を委託して以降、ピンクニー判事を全米の注目の的にした[23]。ソーシャル・ワーカーたちは、ピンクニー判事が福祉プログラムをどのように運用するのかを知るために、注視し続けることになった。

　歴史家のエイミー・ドル・スタンレーが主張したように、南北戦争以来、慈善家の改革者たちは施設収容を伴わない救済（outdoor relief）を非難してきた。というのも、施設収容を伴わない救済は「『正真正銘の悪』」を構成するからであった。それは、『勤労の習慣』を破壊したばかりでなく、要扶助性を烙印付けられ

た地位としてよりもむしろひとつの『権利』として看做すべきだ、と貧者に教えたのであった」[24]。1910年代において、母親に対する扶助費の支持者たちは、この新形態の州の援助を貧者救済から区別しようと試みた。しかし、金メッキ時代には、貧者に対して行われる公的援助によってその受給者が一層深刻な貧困に陥るという潜在的効果に関する仮説が存在したが、母親に対する扶助費の支持者たちもこの仮説の多くを依然として共有していた。かくして、ピンクニー判事は親に対する扶助資金法を支持したものの、同時に成人の要扶助性という新たな形態の創出を危惧したし、また、家族維持プログラムが「不可避的に新しい部類の要扶助階層を作り出す」か否かを知るために、カーステンズやその他のソーシャル・ワーカーが当プログラムの検証を行うことも知っていた[25]。

　ピンクニーが直面した問題の一部は、進歩主義的児童救済運動家が成人を要扶助者にすることを望まなかった一方で、それと同時に改革者たちが子どもや若者を要扶助階層にすることを欲したという点であった。子どもを街頭から遠ざけ学校に縛り続けることや、労働市場から締め出し続けることを狙いとした怠学や義務教育や児童労働に関連した諸法律を通じて、進歩主義者は青少年の要扶助性の延長を企図した[26]。事実、少年裁判所の創設者は、成人の刑事司法システムから少年を外すことによって、少年裁判所がこうした青少年の要扶助性を延長するためのより大きなプロジェクトの一部になることを目論んでいたのである。

　しかし、少年裁判所は、「子どもの要扶助性」の厳格な要件を定めるという望ましい作業を全く行わずにきた。この定義付けの困難さは、「全ての子どもは扶助を要するが、州による扶助を要する子どもはその中のほんの少数である」という信念に一部起因した[27]。もし全ての子どもが定義上要扶助性ありとされたならば、一体裁判官は、どの子どもが州による援助を必要とするかを判断できるのだろうか。それに加えて、要扶助性という概念の多義性が問題を複雑にした。つまり、歴史家のシルヴィア・シェーファーがフランスの児童福祉に関する自身の著書の中で記したように、要扶助性には物的資源の欠如だけではなく、「否定的な事実（negative facts）」も含む可能性がある[28]。例えば、シカゴ裁判所は年次報告書の中で、要扶助性の原因を通例「保護の欠如（lack of care）」と記載したが、どういった内容の「保護」が子どもの生活に欠けていたかを説明していない。年次報告書はまた、遺棄・病気・死亡・精神異常・拘禁刑・不道徳・虐待・離別といった親の状態により引き起こされた「異常な」家庭状況を理由に、子どもが要扶助とされたケースを記している[29]。数年間に渡って要扶助ケースは裁判所の年

間審理日程のほぼ半分を占めたのだが、裁判所の曖昧な報告システムを考慮に入れるとしても、なぜ一部のケースが「保護の欠如」と分類され、他のケースについては特定の原因が挙げられたのか、その理由は明らかでない。

　親に対する扶助資金法が1911年に成立する以前は、要扶助ケースに関してピンクニー判事の選択肢は限られていた[30]。判事が子どもに対して取り得る選択肢としては、「子どもを在宅のままで保護観察官による友好的な訪問を受けさせること」、「その子に適した家庭」を探し出してやり「善良な市民」の監護下に子どもをおくこと、子どもを民間施設に収容すること、の三つが存在した[31]。しかしながら、選択肢には、極貧の家族にする財政的援助提供は含まれていなかった。その結果、ピンクニー判事は、立派ではあるが自分の子を養うことのできない親たちから、要扶助少年を引き離さざるを得なかった。

　1911年12月のシカゴ・ハミルトン・クラブでのスピーチで、ピンクニーは、「私は主として、家庭をそのままにしておくこと——すなわち、家族の団らんを維持すること——に尽力しました」が、しかし同時に、1911年の初頭に親に対する扶助資金法が成立する以前は、「私は、極貧の家族を離れ離れにして子どもを民間施設に送るという痛ましい決定をしばしば行いました」と、説明した[32]。母親からわが子を引き離すことを命じる、その法廷における無慈悲な瞬間が、絶えずピンクニーを苦しめた。「引き離すよう命じた時の子どもの恐怖や母親の激しい苦痛は、とても言葉で言い尽くせません」と、彼は述べた。ピンクニーは、悲嘆に暮れた母親に思いを巡らせるよう聴衆に求めた。「母親はこの試練に耐え抜き、誠実で正しい生活を送り続けるでしょうか。それとも彼女はささやかな抵抗の姿勢を取りつつさ迷い歩き、ついには売春宿か精神病院に行き着くことになるのでしょうか。およそ3年前に、最初に私の注意を喚起したのは、まさにこのような問題だったのです。そのようなケースがどんどん増えたことによって、私にこの新法が必要であると気付かせてくれたのです」と、判事は語った[33]。親に対する扶助資金法によって、いまやピンクニー判事は、極貧家庭の子どもを母親と一緒に家庭に留めおくことが可能になった。

　しかし、親に対する扶助基金法は、必ずしもピンクニーが心に描いていたものではなく、運用していく上で悪夢となることが分かった。同法には、以下に記す冗長な一条項があった。

　　要扶助少年または遺棄少年を有する片親または両親が貧困で、当該少年のた

めに適切な保護ができないが、貧困でなければ適切な保護者であり、しかも家庭に留まることが当該少年の福祉に適う場合には、裁判所は上記事実を認定して、片親または両親が当該少年を適切に保護できるために必要な金額を指定する命令を出すことができる。この命令に基づいて、裁判所がさらなる命令を出すまでの間は、上記命令が要扶助少年または遺棄少年の保護に必要な特定金額の支払いを指定した期日に、上記の片親または両親に対して支払いを行うことは郡行政委員会の義務であり、その義務は郡顧問等を通して行うべきものとする。[34]

この条項には運用基準がなかったため、州各地の判事たちによって全く異なる解釈がなされる可能性があった。すなわち、援助金の上限・下限ともに一切定められておらず、また受給資格の基準も何ら特定されておらず、さらにはこのプログラムのための財源調達手段も全く用意されていなかったからである。この法律は、州全体に初めて適用される母親に対する扶助費立法だと考えられたが、その包括的な文言は援助金支給対象を母親に限定してはいなかった。資金は母親だけに支給されるということが法律本来の趣旨だとしても、「階級的立法（class legislation）」に関わる憲法上の疑義があることが、この法律がジェンダー中立的な表現で規定されたことのひとつの説明となる[35]。また、もうひとつの可能性として、起草者や議会は両親がそろっている貧困家庭に対しても、困難な時期を乗り切らせるために財政的な支援が与えられることを実際に想定していたかもしれない。

1911年7月1日に親に対する扶助資金法が発効した後は、洪水のごとく押し寄せる大量の申請が少年裁判所職員を混乱させた。少年裁判所がこれまでと同じような運用をしていく中で扶助費ケースの申請もされてくる、と職員は予期していた。ところが実際には、教会や新聞が扶助費の話を広め、母子家庭の母親に申請するよう奨励した[36]。ピンクニー判事は、裁判所の現有職員が新しいケースの全てを扱うには適切な訓練を受けていないし、十分な能力も身に付けていないことに気付いた。そこで判事は、裁判所が新たに導入した「家庭に基礎を置く」家族維持プログラム分野でのケース処理を統括させるために、母親に対する扶助費担当の専属部署（後に母親援護部（Aid-to-Mothers Division）として知られることになる）を創設した。ピンクニーはまた、「この新しい事態に対処するために」クック郡行政委員会からの援助を求めた[37]。

しかし、親に対する扶助資金法は、その運用権限を少年裁判所に与えることによって、「施設外の」すなわち施設収容を伴わない救貧活動に対する管轄権を、裁判所と郡行政委員会とに分割してしまった。判事の追加資金要求に対して郡行政委員会が素っ気無い応答をしたことにより、二つの機関の間に既に存在していた緊張関係はさらに緊迫度を増した。少年裁判所が創設される前は、郡行政委員会だけが公的救済に対して責任を負っていた。創設後も委員会は、依然としてオーク・フォレストにある救貧院を運営するとともに、施設外の救貧活動システム——それは、石炭・食糧・衣服の給付や医療看護といった種類の現物給付による救済を極貧家庭に提供するものだった——を運営した。親に対する扶助資金法が発効した最初の会計年度の1911年7月1日から11月30日までについては、郡行政委員会は裁判所に僅か2,000ドルしか割り当てなかったため、新法の執行はほとんどできなかった[38]。翌会計年度には確かに委員会は75,000ドルを与えはしたが、この金額でもまだ、ピンクニーが要求した125,000ドルの僅か60%でしかなかった。判事は、新法を執行するための支援を他に求めなければならなかった。

　ピンクニー判事はシカゴ少年裁判所を、科学的知見に基づいた運用のモデルにするべく努めた。1912年の全米慈善・矯正会議（National Conference for Charities and Corrections）のためにクリーヴランドに集まった全国のソーシャル・ワーカーに対してピンクニーが説明したように、親に対する扶助資金法は、「運用次第では、これまで制定された扶助を要する貧者のための法律の中で、最善のものか、さもなくば最悪のものになるかのいずれか」[39]であった。ピンクニーの意見によると、科学的な知見に基づく慈善精神を新法に吹き込むために、民間慈善団体によって開発されたケースワーク技術を取り入れることが、新法の効果的な運用上必要であった[40]。金メッキ時代の「施設収容を伴わない救済」に対する反対運動を行っていた慈善団体協会の指導者と同様に、ピンクニーは、公的援助によってその受給者が一層深刻な貧困に陥るという効果や、政府の介入によって家族の絆が弱められる可能性を懸念した[41]。彼は、母親の「自助の精神」を壊すことも、「無関心な夫たち」に家庭放棄を奨励することも欲しなかった[42]。

　郡行政委員会に失望したピンクニーは、新しい「家庭に基礎を置く」プログラムのための科学的なガイドラインを策定し、当プログラムの運用面で支援してもらうために、シカゴ市の民間慈善団体の指導者と協働することを選んだ。少年裁判所は、創設以来幾度となく行ってきたことであったが、シカゴ市の慈善団体界

をプログラム運用手続に参加させることによって公権力と民間の資源を合体させた。ピンクニーは次のように述べている。「シカゴ市に存在する慈善に携わる大きな社会的・市民的福祉協会や福祉団体に援助を求めることは、至極当然なことです。これらの組織は救済活動の面でも、善良な市民的義務という大義を唱導する面でも極めて積極的であり、高潔な政治団体だからです。」[43]。慈善団体界の指導者たちは、ハル・ハウスのジュリア・レースロップ、「子どもの日協会（Children's Day Association）」[訳注8] のL・L・ファンク夫人、聖ヴィンセント・ドルー・ポール協会のジェームス・F・ケネディ、エリザベス・マコーミック記念財団のシャーマン・キングスレイ、およびカトリック教会のC・J・クゥイール師を選出して執行委員会委員を務めさせたが、この執行委員会の任務は、ピンクニー判事と協働して、受給資格要件の決定、申請者の調査のための実行可能なシステムの構築、受給者を監督するための手続の考案、当プログラム運用の任に当たる資質のあるソーシャル・ワーカー職員の選任を行うことであった[44]。

この委員会は、全ての申請者を審査する調査手続を設けた[45]。カール・C・カーステンズなど、この審査手続の監視者たちは、手続の「無情さ」にぞっとさせられた[46]。職員である保護観察官が初度の調査を行い、それによって得た所見を週二回開かれる市民委員会に提出した。不幸なことに、少年裁判所に対する監督権限をシカゴ市の進歩主義者から取り上げようとしていた郡行政委員会委員長のピーター・バーゼンは、慈善活動の経験がない臨時保護観察官を多数任命した。また、市民委員会メンバーの意見によれば、この臨時保護観察官の所見はしばしば不適当なものであった[47]。市民委員会が決定を下すのに十分な情報を得るには、臨時保護観察官は一件について何度も聴取を行い、報告も二、三回やり直す必要があった。市民委員会の決定時点で家族に受給資格があると思料された場合には、その名前と住所が郡顧問に伝えられるのであるが、この係官が再度の調査を行うには十日を要した。この追跡調査には、「聴取に対する郡係官の関心を喚起するために」、母親の不道徳に関する噂を近隣に流布することが含まれる可能性もあり、「そのような手を使って、母親を罪に陥れる情報の入手を係官は望んだのである」[48]。再度の調査を終えると次に、調査対象となった家族は、保護観察官と郡顧問事務所の代表者が同席する裁判所での審理日を迎えることになるのであった。

[訳注8]「子どもの日」とは、1868年にアメリカ合衆国ではじまった祝日で、6月の第二日曜日にあたる。その日は、プロテスタント教会で特別な催しを行うこととなる。

家族維持を目指す「家庭に基礎を置いた」対処方法を受けようとする家族のための、この一連の審査手続は時間と費用がかかり、また自尊心を傷つけるものであった。それでも、ピンクニー判事は、このシステムを「価値ある法律を適用する際の、社会と国家の理想的な協働」であると宣言した[49]。1911年7月1日から1912年6月30日までの期間において、申請した1,450の家族のうち僅か522の家族だけが扶助費を受給したが、この審査手続により60％を優に超える棄却率が生み出されたという事実にピンクニーは喜んだ[50]。審査手続によって、他に支援の手段のない道徳的に立派な母親だけが援助を受けることが保証されているという事実を、この高い棄却率は表面的には示した。「親または家庭が不適切である」、「家庭として確立してない」、「家族に非嫡出子がいる」、「未婚の母である」といった道徳的な理由が、申請棄却理由のほぼ10分の1を占めた。重要なことは、「収入が十分ある」、「家族には金か財産があった」、「夫が生存しており、支援が可能である」、「親戚による支援が可能である」といった経済的要因が、棄却理由の半数を超えた点である[51]。棄却「理由」の分類は、「家庭に基礎を置いた」対処方法によるプログラムが、科学的知見に基づいた方法で運営されていることを示す補強証拠をもたらした。そして、この科学的知見に基づいた方法は伝統的価値を促進し、家族が構成員を養うという法的義務を果たすことを保証し、最も重要なことに、納税者の財布を守ることになったのである。

　ピンクニー判事はまた、新しい法案を起草するために市民委員会との会合を開始した。当法案は、制限のない親に対する扶助資金法に取って替わるものであり、また、家族維持のための「家庭に基礎を置いた」対処方法の採用を実務上狭めることになった保障条項をはっきりした形で規定するものでもあった[52]。主任保護観察官のジョエル・ハンターは、後にこれらの新しい要件を、親に対する扶助資金法の運用のための「保障条項」と呼んだ。これらの要件には、次に掲げる運用原則が含まれていた。

1．支援することが可能で、かつ支援する法的責任を有する親族が存在する家庭に対しては、扶助資金は一切与えられないものとする[53]。
2．当郡での在住が1年に満たない家庭に対しては、扶助資金は一切与えられないものとする。
3．夫が去ってから2年に満たない、見捨てられた女性に対しては、扶助資金は一切与えられないものとする。[54]

上記原則は、公的援助が与えられる前にまずは家族の一員が貧しい親族を養う法的責任を果たさなければならない、という確固とした信念を反映したものである。それに加えて、上記原則には明らかに、福祉プログラムが貧しい家族を郡に引きつける磁石か、それとも父親たちを妻や子どもから引き離す磁石のいずれかになりつつあるのではないかという懸念も示されていた。

　幸運なことに、1912年からの一連のケース・ファイルが発見されたため、法律改正が行われる以前の親に対する扶助資金法が貧しい子どもとその家族に対して与えた影響について、検証する機会が与えられた。これらの記録——すなわち、1910年代の唯一現存するファイル——は、シカゴ市の救済機関が冬の到来のために重いケース負担を引き受けた時期に当たる、感謝祭からクリスマスまでの休暇の季節を対象とする[55]。このケース・ファイルを検討すると、親や裁判所が抱いていた「片親の性差に関連した仮説」によって要扶助少年に対する二元的な対処方法が作り出された事実、すなわち父親のいない子どもは家庭に留まることが多い一方で、母親のいない子どもは民間施設に入ることが多かったという事実が示唆される。

　第一の対処方法は、裁判所が扶助費支給を裁定しなかった家族を対象としていた。この「施設収容を伴う」対処方法における子どもは、一般的にはトレーニング・スクールまたは職業補導学校に収容されたが、一部の者はプロベーションに付された上で家庭に留まったり、里親に保護委託された者も僅かながら存在した。しかし、施設に収容された子どもの大多数は、最終的には自分の家族と再び暮らせることになった。第二の対応方法には「家庭に基礎を置いた」ケースが含まれた。裁判所はこれらの家族に扶助費支給を裁定し、子どもは全て家庭に留まった。

　扶助費受給家族の子どもは誰も施設で過ごすことはなかったが、子どもが過ごす家庭は、州による監督と介入が行われる場所となった。このように家庭に留まった子どもの経験は、「扶助費を支給されなかった」家族の子どもの大多数の経験——「扶助費を支給されなかった」家族の子どもは、数ヶ月から数年、そしてある場合には約10年間職業補導学校で過ごした——とははっきりとした違いがあった。家族間暴力の隠された歴史に関する知見と孤児院の再評価によって、安全な場所という家庭の理想化されたイメージや、ディケンズの小説風の「子ども

たちを収納する野蛮な倉庫」という施設描写に対しては異議が唱えられてきた。そのため、どちらの状況の方が大多数の子どもにとって良かったかを一般化することは困難である[56]。それでもなお、もし親に対する扶助資金法の背後にある政策目的が子どもを家庭に留めることであったとすれば、同法は適用ケースにおいて当該目的を満たしてきたように思える。

　少年裁判所は1899年の開設以来、年間審理日程の約半分を要扶助ケースに割り当ててきたし、また、要扶助少年の多くを民間施設、例えばシカゴ市片親児童保護収容施設（Chicago Half-Orphan Asylum）に送致してきた。「その施設の主たる業務は、一時的な苦境にある親を持つ子どもに一時的保護を与えることであった」[57]。ピンクニー判事とその部下の主任保護観察官ジョン・ウィッター（John Witter）は、道徳的に立派な家族の要扶助少年を施設に収容する慣行を非難してきたが、親に対する扶助資金法が成立した後も、少年裁判所は施設送致の慣行を続けた。例えば1910年の少年裁判所年次報告書は、子どもをその母親から引き離すことを批判するために、母親に対する扶助費立法に賛同する母性主義者のレトリックを援用した。ウィッターの説明によると、「支援資金がないというだけでは、母親と子どもを引き離すための十分な理由にはならない。それは、他の制度をもってしても代えることのできないもの——すなわち、母親の愛——を子どもから奪うことになる」[58]。ウィッターはさらに続けて、「費用の観点だけから考えても、家族一緒の状態で普通の親が子どもを養うための費用は、子どもを施設に収容して保護する州の負担額より少ない、ということが民間の慈善団体によって限定的であるにせよ証明されてきた」と、主張した[59]。しかし、こうした施設収容に反対するレトリックにもかかわらず、少年裁判所は、特に片親の男性が家長である家族を維持するために施設を利用し続けた。

　1912年の「扶助費が支給されなかった」要扶助ケースについてみると、初めて裁判所の被後見人になった51人の少年のニーズには共通点が見られなかった。51人は、年齢の点では、婚姻外の生後8日の乳児のモードから、両親が子を扶養する「能力がない」とされた15歳のジェーンまでに及んだ[60]。少年裁判所は、可能な場合には、被後見人の家族を維持するために多くの異なった施設に頼った。この点では、これらの要扶助少年の親（法的には後見人）としての自らの役割を果たす上で、少年裁判所は、家族に難局を乗り切らせるための一時的な「第二の家」になるように、民間施設を使用したと言えよう。ピンクニーは、これらの児童の

うち32人を施設に送致したが、その中にはジェーンが含まれていた。ジェーンは、イリノイ州立女子少年職業補導学校で3ヶ月を過ごし、その後裁判所によってパロールに付され自分の親と暮らした[61]。ジェーンのケースでみられるように、期待されたことは、子どもと家族との再統合であり、ケースのうち70％近くが実際にそうなったのである[62]。

　この19世紀型家族維持モデルによると、親は施設でのわが子の養育費を分担することが期待されたが、それによって、親が自分の子に対する責任感を持ち続けることが保証されると考えられたからである。本章の冒頭に触れたハンガリー人の父親のように、親は一般的には子ども一人当たり月額約5ドルを裁判所書記官に支払うよう求められた。施設や里親家庭の代理人が、書記官からこの金を集めた。こうした間接的支払いシステムによって、少年裁判所は、関係当事者すなわち親と施設経営者との間、場合によっては家族成員間を仲介する役割を果たすことができたのである。親が子どもの養育費を滞納した場合には、少年裁判所は親を法廷侮辱罪で告発する権限があった。多くの親たちが養育費の支払いができなくなったので、少年裁判所は、職務時間を専ら法廷侮辱事件の処理に当たらせるために、1917年に一人の保護観察官補を任命した。就任初年には、この保護観察官補の努力のおかげで集金額が8,500ドルから19,950ドルに増加した[63]。

　親子の長期の分離は、上述した施設利用と養育費負担によって家族の結束を安定させようとするこうした取組みを鈍らせることもあった。最終的に親子がともに暮らせるようになるまで数年も、時には10年もかかることすらあり得た。例えば、本章冒頭に記したハンガリー人の両親の三人の娘たちは、1年半をリズレ職業補導学校で過ごした。もし娘の父親が死ななかったら、あるいは、もし母親が娘たちを育てる能力があることをピンクニー判事に確信させなかったら、母親との分離は遥かに長いものになったかもしれない。

　多くのケースにおいて、両親が死ぬか、子どもを遺棄したために、少年裁判所は子どもと実親を再統合させる機会を失うこともあった。例えば、ひとつの悲しいケースとして、まだ命名されていない男の乳児がいた。この乳児は、1912年9月9日に、食事なしの下宿屋に住む貧しいライリー夫妻の下に誕生した[64]。両親は赤ん坊の育ての親を新聞広告で募り、ハイド・パークに住む裕福なスミス夫妻に赤ん坊を育ててもらった。しかし、「この乳児の世話」のためにスミス夫人は「神経衰弱」になってしまい、スミス夫妻は新生児をもとの両親に戻すことを余儀なくされた。翌日赤ん坊がどうしているかを見るためにスミス夫妻が彼のもと

を訪れたところ、彼が受けていた劣悪な世話に夫妻はショックを受けた。スミス夫人によると、「私が子どもを取り返したとき、子どもは裸同然でした。哺乳びんにはほとんどミルクはありませんでしたし、その上、体は冷え切っていたのです」。再び、スミス夫妻はこの乳児を引き取ることを決意したが、しかし、スミス夫人の神経は、まだこの仕事に耐えられなかった。今度は乳児の両親の居場所を突き止めることができなかったため、スミス夫妻はこの子を少年裁判所に連れて行くことにした。

　審理において、スミス夫妻は法的効力のない注目すべき文書を提出した。それは、乳児の実の父親によって作成されたものであった。その文書には、次のように書かれていた。

　この文書は、以下のことを証明するためのものである。すなわち、本日我々は、我々の良識と厳粛な心をもって、我々の子をスミス夫妻に養子として与える。その理由は、スミス夫妻が我々より経済状態が良く、したがって、その子を養いまた彼の欲しがるものを供給することができ、しかも、その子に、現時点で我々よりも望ましい家庭を与えることができるからである。スミス夫妻は、その子に対してあらゆる愛情を示してきたし、その愛情によって、我々はその子が適切にかつ愛情をもって世話されるであろうこと、そして、スミス夫妻によってなされた約束が誠実に果たされるであろうことを信じるに至った。署名者である我々は、スミス夫妻が財産破綻の状態となり、したがってその子に適切な保護を与えることができなくならない限り、いかなる方法においても、その子の返還請求はできないし、スミス夫妻に無理やりその子を返還させることもできない。

　父親はさらに次のように付け加えていた。すなわち、自分と妻は、「スミス夫妻に予見できないいかなる不幸が起こった場合でも、我々は子どものための準備をして受け取るために」、60日の事前告知を必要とする、とあった[65]。怒ったピンクニー判事は、自分たちの乳児を放り出した夫妻を探し出して裁判所に連行せよと命じた。しかし、夫妻が再び現れることはなかった。そして、まだ命名されていなかった乳児は、聖ヴィンセント乳幼児保護収容施設に送致され、そこで6ヶ月後に養子縁組のための法的資格を得た[66]。

　例えばモードという名の乳児のような、「扶助費を支給されなかった」家族出身の子どもの4分の1近くが、「私生児」であり、法的には父親がいなかっ

た[67]。これらの子どもについての記録が大雑把なものであったため、彼らの多くがどうなったかを判断することは困難になっている。幾人かの子どもは里親家庭で生活すべく評判のよい市民に預けてプロベーションに付された。幾人かの子どもは母親と一緒のままでいたようであり、そして少なくとも二人は養子に出された[68]。これらの「父親のいない」子どもは施設に収容されない傾向があった。このことからうかがわれるのは、少年裁判所は、家族維持が目標ではないケースの場合、施設ではなく家庭を要扶助少年のために探し出したということである。

　しかしながら、裁判所は、父子家庭の子どもを施設に収容した。父子家庭のケースは、母親に対する扶助費についてのイデオロギー的枠組みに合わなかったからである。母親に対する扶助費の支持者たちが焦点を合わせていたのは、健全な市民を育てる際の「母親の愛情」の役割であり、父親としての男性の役割ではなかった。1910年代の母親に対する扶助費運動の母性主義的なレトリックによると、父親が死んだら、母親が一家のかせぎ手と主婦という二重の役割を引き受けざるを得ないので、子どもは自分の両親を失ったとも言えた[69]。このことは、この母親は働きに行き、子どもに適切な世話や監督を与えられない状態に置かざるを得ないことを意味した。したがって、家庭で子どもを保護するために扶助費が母親に渡されれば、このような社会問題は解決されるはずであった。母親に対する扶助費の支持者たちは、他方で、父子家庭の子どもの窮状を世間に公表しなかった。このようにシングル・ファーザーについて沈黙したのは、男性には幼い子どもの世話係を務める能力がないという仮説や、男性は子どもの面倒を見る人を雇うか、再婚することができるという信念に由来したのだと考えられる[70]。

　親に対する扶助資金法は父子家庭の父親に扶助費を支給することをなんら排除していなかったが、少年裁判所は父親には支給しなかった。それに代えて、父子家庭を維持するために「施設収容を伴う」対処方法というプログラムが活用された[71]。本章冒頭の三姉妹のようなケースが示唆するように、裁判所が子どもを世話するために民間施設を利用するよう要求したのは、恐らく父親だったのだろう。八つの父子家庭のうち六つの家庭の子どもは施設に収容され、その後、これらの「母親のいない」子どもは（一家庭を除き）、家族構成員つまり多くの場合父親との再統合を果たした[72]。これらのケースにおいて、その父親は、経済的に可能である場合には、施設収容費として子ども一人当たり月5ドルから10ドルを負担した[73]。

　これらの父子家庭は一般に再統合を果たせたものの、それまでの道のりは長

く、困難の多いものであったと思われる。少年裁判所は、扶養費不払いを理由とする法廷侮辱罪で父親を威嚇しなければならない場合があった。また別のケースで、ある少女は最初は要扶助少年として、次に非行少年として計10年間を少年司法システムにおいて過ごした[74]。他方、少年裁判所に送られた5歳と6歳の子どものケースでさえ、父親との再統合を果たすのにそれぞれ10年を費やし、しかもそのときには法律上働くことができる年齢に達していた。これらのケースのように、「施設収容を伴う」対処方法というプログラムにおいては、シングル・ファーザーは母親役をする州に金銭を支払って、自分たちの要扶助少年を養ったのである。

　これと対照的に、新しい「家庭に基礎を置いた」対処方法というプログラムにおいては、州は父親としての役割を演じ、子どもを育てるために母親に金銭を支払った。1912年の感謝祭からクリスマスに至る休日の時期に、裁判所は11の家庭に対して現金支給を命じた。これらの家庭には、合計29人の子どもがいて、その年齢はヒルダの生後2ヶ月からメアリーの13歳までに及んだ[75]。これらの子どもは「要扶助少年」と考えられ、裁判所の被後見人となった。これらの少年は、同じ少年裁判所で「施設収容を伴う」対処方法を取られた被後見人たちと、ほぼ同じ年齢だった[76]。

　母親と子どもは毎月郡顧問事務所に出かけて、扶助費を受け取った。月ごとの支給は、1週間単位または2週間単位の賃金で働くことに慣れていた女性たちに家計をやりくりする上での問題を引き起こしただけではなかった。この支給手続は、シカゴ市の慈善活動家たちの間に懸念を引き起こしもした。例えば市民委員会はこの手続を批判したが、それはこの手続が施設収容を伴わない貧民救済（outdoor relief）の運営と同じように見えたからである。「その結果、女性たちの間でうわさ話が流れ、不満が起こった。この公衆の面前での交付は受給者の自信を喪失させ、自尊心を損なう。さらに、子どもは（中略）扶助資金が支給される日には（中略）、母親に同伴するため学校を欠席させられる」と市民委員会は警告した。ソーシャル・ワークの先駆者のイーディス・アボットとソフォニスバ・ブレッキンリッジは、異なる結論に達した。アボットとブレッキンリッジの見るところ、手続は一部の母親にとっては親睦のための外出であり、その母親たちは、「この出来事のもたらす興奮と、娯楽のためのうわさ話の機会をむしろ楽しんでいた」ようであった。最終的にピンクニー判事は女性たちに子どもを学校に居さ

せるように命じ、結局扶助費の支給は2週間単位で行われるようになった。ただし、女性たちは相変わらず扶助費を受け取るために郡庁舎に行った[77]。

　扶助費を受け取った以上は、母親は裁判所によって定められた基準に従って自分の生活を組み立てなければならなかった。保護観察官による家庭訪問は、州が家族生活に親密に介入する事態をもたらし、家族の幸福に関する決定権限を母親から公務員に移した。1910年代後半に開始された研究によって、一般に家族は最低月に一回は保護観察官による訪問を受け、時には一回以上もあったことが明らかにされた[78]。この保護観察官との面会は、民間の慈善活動家の「友好的な訪問」に似ていた。またこの面会は、裁判所の被後見人である子どもの社会生活の中に州が継続して存在していることを保証した。さらに、扶助費を支給された女性の多くは、「新しい住居に移転することができ、また移転するよう説得を受けた」[79]。1914年12月の報告書によると、それ以前の3ヶ月間に扶助費を支給された313の家庭のうち116の家庭が引越しを行った。このように、保護観察官は家庭訪問を行ったばかりか、しばしば家庭の居所を決めるのを手伝うこともあった。

　これらのケースの当事者の女性たちが、この引越しをどのように見ていたかについて論じるのは、ほとんど不可能であるが、立ち退いた家族の理由がその手がかりを与えてくれる。立ち退いたケースのうち70％を超えるものが、通気の悪い部屋、暗い地下室、老朽化した建物、過密居住区などの「劣悪な」住居状態を理由に退去した。こうした場合に住居の変更は恐らく女性たちに歓迎されただろう。立ち退いた家族のうち残りの4分の1は、「環境が道徳的に劣悪であること」や家賃が高いことを理由に引っ越さなければならなかった[80]。これらのケースでは上述の70％の事例と比して理由が曖昧で、適切な道徳性や適正な家賃に関する母親の考えが保護観察官の意見と衝突した状況を想像できる。

　台所もまた、母親と州の間で葛藤が生じがちな場所だった。というのも、家計とりわけ家族の食事に関する経費の節約を助けようと、裁判所の栄養士が母親と一緒に取り組んだからである[81]。母親たちはサンプル・メニューの使用を奨励されたが、このメニューは民族味を取り入れる余地がほとんどなかった。母親と六人の子どもたちのために、以下のメニューが提案された。

朝食─砂糖とミルククリームを入れたオートミール。自家製のカラメル・シロップがかかっているトウモロコシの粉で作ったマフィン。大人にはコーヒー、子どもにはココア。

昼食—エンドウ豆のピューレの、煮込んだニンジン添え。オレオマーガリンを付けた自家製のパン。大人には紅茶、子どもには牛乳・砂糖を混ぜた薄い紅茶。

夕食—デミグラスソースのかかった牛わき腹肉の煮込み。ベイクドポテト。自家製のパンと煮込んだイチジクの実。(全員に) ココア。[82]

個人の性差、年齢、「肉体労働の規模と程度」によって、必要とする食べ物の量が決定された[83]。

「家庭に基礎を置いた」対処方法において女性と子どもの生活を規制したほかに、少年裁判所は子どもの年齢・人種や子どもの父親の立場を使って、この新しい福祉プログラムの適用を狭めた。例えば、裁判所は、14歳以上の子どもはすべからく救済を受ける資格がないと考えた[84]。子どもは14歳になったら、仕事を見つけて家族を支える一員となることが期待された。かくして、「家庭に基礎を置いた」対処方法を受けている最年長の少女メアリーが翌年の4月に14歳になった時に、裁判所は、彼女の母親がこれまで児童扶助で受け取っていた月額8ドルを永久に停止する命令を出した。しかし、メアリーの母親は、彼女の四人の年下のきょうだいに対する扶助費をさらに数年間受給し続けた。こうした扶助費によりこの家族は一緒に暮らし続けることができ、子どもたちは誰一人として施設に収容されることがなかった。

裁判所はまた、「家庭に基礎を置いた」対処方法を受けるアフリカ系アメリカ人の家族の数を制限した。全ての要扶助少年の家族のうちほぼ3分の1が会計年度内に扶助費を支給されたが、アフリカ系アメリカ人の家族の扶助費受給率は、3.1％という驚くべき低い率であった。アフリカ系アメリカ人の女性は常に働き家族を養っていたので、自分の子どもに不利な影響を与えることなしに育児を続けられるであろうという仮説が、このような差異のある取扱いの理由を説明したのかもしれない[85]。アフリカ系アメリカ人の家族の扶助費受給率の低さは、オーストリア系、イギリス系、ロシア系家族の40％を超える受給率と比べると対照的だった[86]。

さらに、少年裁判所は、家族を見捨てた父親の子どもも除外した。ピンクニーが恐れたのは、母親に対する扶助費によって家族放棄が助長されるという意図せぬ結果が生じることであった。そこで彼は、夫によって見捨てられた妻たちには救済を与えないことにした[87]。このようなケースの援助によって「無関心な男

性」に取り付いた「家族放棄病原菌」が活性化され、また「移民の流行病」を発症させると、ピンクニー判事は信じた[88]。もっともピンクニーは、「見捨てられた妻には救済を受ける資格がないとする法改正は、数少ない立派な妻のケースに対して必ず苦難を招来するであろう」と、認めた。それでもなお、ピンクニーの意見によると、「しかしながら、少数者の利益は、多数者の利益のために犠牲にされなければならない」のであった[89]。この決断の結果、子どもの世話をみられない母親から子どもを引き離す事態が生じた。例えば、ある兄妹が別々の施設に収容され、しかも5年近くもお互いに、そして母親からも離れて過ごした[90]。失踪した父親が死亡したと推定されたケースの場合には、ピンクニーは家族放棄に関する準則に例外を設け、扶助費を裁定した[91]。

　多少似た方針で、ピンクニーは扶助費を両親の揃っている世帯に許可することもあったが、この家庭の場合、父親が見たところ生活能力を奪われていた。この家族はほぼ1年にわたって1ヶ月当たり21ドルを受けたが、裁判所の期日に出頭したのは母親だけだった。保護観察命令でも、毎月の現金支給は母親のためだということが特定されていた。怪我を負ったか施設に収容された父親のいる家族に対する扶助費の支給は、この福祉プログラムのひとつの特徴となるとともに、この事実は、男性が身体的または精神的に一家のかせぎ手としての役割を果たすことができないために、裁判所がこれらの家族を「父親不在」と看做したことを示唆する[92]。

　不明確な文言で規定された「親に対する扶助資金法」の運用当初において、母親に対する扶助費に関する裁判所の運用は、「家庭に基礎を置いた」対処方法の適用を保障すると同時に、受給を許可される家族を精査するためのひとつの取組みであったことは明白である。ピンクニー判事と市民委員会は、一時凌ぎの特別な手続を創造しつつあったが、この手続は、家族構成員間の相互扶助という伝統的価値と法的義務が、公的援助によって切り崩されるのではないかという懸念を反映していた。1913年にピンクニーが厳格な受給資格に関するガイドラインを同法に取り入れた時、それによって彼は、少年裁判所が「家庭に基礎を置いた」福祉プログラムを運用し続けることを保証した。この決定により、裁判所内の新部門の創設、職員の追加、全体の取扱件数の増加が生じた。つまり、エリオットなどの批判者たちが恐れたように、ひとつの社会問題に取り組むために少年裁判所の管轄権を広げることによって、イリノイ州は少年裁判所を膨張させた。すなわち、その社会問題の構造的原因である、新しいアメリカ経済における労働者階級

の不安定な地位は、性差の上の不平等により一層深刻化し、少年裁判所が解決できる能力を超えていたのである。

　1912年に、ピンクニー判事はクリーヴランドに行き、全米慈善・矯正会議に集まった慈善運動家とソーシャル・ワーカーからなる聴衆を前に、自分が担当する新しい福祉プログラムの運営を擁護する発言を行った。親に対する扶助資金法の運営において社会と国家の間の理想的な協働がなされた期間があったからこそ、公衆が困窮者に対する責任をこれまで以上に引き受ける前途有望な未来の基礎が築かれたのだ、とピンクニーは告げた。

　しかしながら、新時代の幕開けは、一段と制限が加えられ、性差に関して特定された母親のための扶助費法によって始まった。1913年7月1日に、市民委員会と郡顧問のジョセフ・メイヤーの助けを借りてピンクニーが起草した「母親援護法（Aid to Mothers Law）」が発効した[93]。この改正法には、①新しい厳格な受給資格要件（母親は適用時に合衆国の市民で、かつ郡の住民でなければならない）、②裁定額の上限（援護は、第一子には月15ドル、第二子以降は上限を50ドルとして一人当たり月10ドルであった）、③プログラムの財源確保のための1ミル[訳注9]の10分の3に当たる新しい郡税が含まれていた。このように法の適用範囲が一段と狭められたことによって、未亡人と永久に生活能力を喪失した夫を有する妻だけが、有資格者とされた。夫に見捨てられた女性、離婚女性、夫がジェイルにいる女性、または未婚女性は、扶助金の支給対象から外された。

　さらに、少年裁判所は、母親援護法発効以前の受給者には新法の適用を除外しなかったが、新たに除外された家族は民間の慈善団体に頼らなければならなかった。クック郡では、172の家族が1913年7月に受給していた扶助費を止められた。受給停止ケースの80％近くは「外国人」の母親で、その他の18％は夫に見捨てられた女性か離婚女性だった。裁判所はこれらの扶助費を止められた全ての世帯を郡顧問か民間の慈善協会に付託した。注目すべきことに、子どもを施設に収容することを余儀なくされたのは、僅か7家族（4％）だけだった[94]。この結果は、「親に対する扶助資金法」の制定前から、民間の慈善団体が恐らく多くの家族をなんとか一緒のままにしておこうとしてきたことの証拠の一部を提供するものである。しかし、もし救済を受けていた全ての家族の扶助費が終結されていた

[訳注9] 1,000分の1ドルにあたる。

らどうなっていたかは、明らかでない。歴史家のキャスリーン・マッカーシーが描いたように、この時期に慈善事業のパターンが変化していたことを示す証拠から推測すると、民間による救済によっては、扶助費を止められたこれら全ての家族のニーズを充足することはできなかったであろう[95]。

1914年と1915年の2年間には、1,000件を超える扶助金の申請が、上記の新しい国籍要件を理由に却下された。しかし、このような一段と制限を増した立法の時期は、おおかた終わりを迎えつつあった。例えば、「アメリカ人の」子どもを過酷に取り扱っているという批判によって、1915年に母親援護法が改正され、14歳未満のアメリカ生まれの子どもを持つ「外国人」の母親も扶助費の受給資格があるとされた。もっとも、この「外国人」の母親は国籍取得の申請をしなければならなかったし、その他の基準も満たさなければならなかった。それに加えて、2年後に、母親援護法は再び改正され、扶助費の支給は、夫が死亡時または生活能力の永久的喪失時にイリノイ州住民であった女性に限られることになった[96]。第一次世界大戦後における傾向は、同法を包括的なものにすることだったが、それは、「組織化された女性たちが母親に対する扶助費法の拡張を求めて、一段と目立ってはっきりとものを言う支持集団になった」からだった[97]。1920年代には、母親援護法の改正によって「見捨てられた女性」は受給資格ありとされ、子どもの上限年齢も16歳に引き上げられ、税率も調整された。そして、1920年代の終わる頃には、州が郡に対し、郡の負担金の半額を償還することが始まった[98]。

ピンクニーが行った新時代の予言は、半分実現したに過ぎなかった。彼が裁判官として在職していた期間に、母親援護部（Aid-to-Mothers Department）は裁判所システムの重要な部門となり、そしてピンクニーが1916年に退官した後も拡大し続けた。1920年までには、同部は少年裁判所の取扱件数の4分の1を扱った[99]。母親援護部は裁判所システムのきわめて重要な一部になったものの、財源調達は依然として問題だった。予算割当額が限られていたため、1910年代後半には扶助費の待機者名簿は長大なものになった。シカゴ慈善団体連合会（United Charities of Chicago）は、渋々ではあるが、待機者名簿に載っていた家族の援助を度々行った[100]。慈善委員会は、これらの家族を支援することは公衆の責任であると主張した。このように、家族維持のための「家庭に基礎を置いた」対処方法は、進歩主義時代において完全な形での公共プログラムになるに至らなかったのである。

さらに、多くの進歩主義的プログラムと同様に、母親に対する扶助費は決して

統一的に実施されなかった。イリノイ州の多くの農村の郡裁判所の判事たちは、母親に対する扶助費プログラムに着手することをしなかった。他方で、一部の判事たちは気前の良い支給活動を正当化するために、親に対する扶助資金法を広く解釈して使い続けた。こうした両極端のあり方は、イリノイ州における中央集権的で近代的な公的救済の導入を求めた進歩主義者のビジョンに暗い影を投げかけた。1935年に社会保障法（Social Security Act）が制定される以前において、現に実施された母親に対する扶助費プログラムを持っていた郡は、全米で半数以下に過ぎず、この問題は1940年代に入っても続いた[101]。

　母親に対する扶助費を、地方主義の頑強さのために失敗したひとつの実験として片付けてしまうことは、あまりにも単純である。少年裁判所によって運用された母親に対する扶助費プログラムは、郡レベルにおいてとは言え、実際に家庭救済の執行を中央集権化した。女性たちが自分たちの小切手を得るために、1ヶ月に二度郡庁舎で並んだことがこの中央集権化の証拠であった。彼女たちは全く文字通り、同じ時刻・同じ場所にいたのである。彼女たちの母子家庭も物理的には同居状態を続け、進歩主義時代の家族維持に関する新しい考えを具体化していた。しかし、裁判所がその他の被後見人を「施設収容を伴う」対処方法に相応しいものとして分類し、取扱い続ける限り、20世紀初頭のシカゴ市には家族維持のための二元的アプローチが存在していくことになった。

　1920年代に家族維持のための二元的アプローチが続いていったことに応じて、子どもの経験も二つに分かれた。というのも、「施設収容を伴う」対処方法の子どもたちは、施設内で過ごす時間がより長く、家庭で過ごす時間がより短かったからである。子どもの依存状態を長引かせようとする進歩主義的な児童救済運動家の取組みには、一部の要扶助少年が施設で過ごす時間を長引かせるという意図せぬ結果を伴ったように考えられる。アメリカ児童福祉連盟（Child Welfare League of America）の理事長ハワード・ホップカークが後年次のように記した。

　1900年以前は一般に、施設での小学校教育は徒弟奉公か、農場ないしは家事労働の方へと徐々に向かっていった。しかし、過去30年の間に、合衆国全般に起こった子どもに影響を及ぼす習慣や心構えの多様な変化や、児童保護機関の政策のいくつかの抜本的見直しにより、これらの機関の保護下にあった子どもの依存状態を長引かせる傾向が出てきた。施設の側でも、知力の点で見込

みのある子どもについてはハイ・スクールを卒業するまで、さらにカレッジ教育で成果を得ることのできる学生のケースでは時によって20歳・21歳に至るまで、保護を継続する傾向がますます強くなっていった。[102]

　このように、子どもを学校で勉強させたい進歩主義者の努力は、一部の子どもを施設の中に長い期間収容することになった。
　1921年9月からの一連の現存するファイルによって、要扶助少年が二つの対処方法に分けられたことの含意が明らかになる[103]。扶助費を支給されなかった家族出身の子どものうち60％が施設に収容された。これら18人の被後見人の子ども全員が母親のいない家族の出身であった[104]。これら母親のいない子どもは施設により長い期間収容された。長期収容は、家族維持に関する19世紀的理想を曲解して、母親不在の家族は物理的には引き離されても心はひとつのままだというこの理想の根底にある仮説を試した。1912年時点とほぼ同じ比率（70％）の子どもが、後に家族との再統合を果たした[105]。だが、ますます多くの子どもたちが、18歳になり収容上限年齢に達するまで施設に収容され続けた。概して、平均施設収容期間は女子少年で約5年半、男子少年で8年超まで引き延ばされたが、この平均年数は11歳の男子少年と12歳の女子少年がトレーニング・スクールで死ななかったならば、もっと長くなっていたであろう。
　1921年には、郡の予算割当額が不十分であったために、秋まで新規の家族に扶助費を与えることができなかったが、新しい立法がこの事態を改善した[106]。母親援護法の改正により歳入額が引き上げられ、家族支給額の上限が撤廃され、第一子に対する扶助費は月額15ドルから25ドルに引き上げられた。この改正では、第二子以降の子どもに対しても月額10ドルから15ドルへと増額した。9月には、新規の家族に扶助費を支給するための資金がもと通りになった。このため現存するケース・ファイルによると、15の母子家庭（子どもの数は総計35人）が、9月に受給者名簿に加えられた。これらの子どもは、一人を除き全員が施設に収容されなかった[107]。1912年の時点と同様に、1921年時点でも複数の子どもを抱える両親の揃った一家族が扶助費を受給していた。その父親は生活能力を喪失していたが、家族と同居した[108]。
　ケース・ファイルによると、「家庭に基礎を置いた」家族維持プログラムの運用に大きな変化があったことも明らかになる。健康な母親は、家庭の外で週に数日働くことが期待された[109]。結果、15人の母親のうち8人が実際に働いた。ジョ

アン・グッドウィンが記したように、このように労働が要件とされたことは、母親の家庭内労働の価値を減じてきた歴史に、さらなる一章が加えられたことを意味した。レトリックの上では、進歩主義者は母になること（mothering）を尊重したが、実際に進歩主義者が要求したのは、母親が家庭を離れて生産労働をすることであった[110]。

　母親に対する扶助費の運用を少年裁判所に委ねる決断は、1910年代前半には当然のことと思われていたが、1920年代までには精査されるようになった。連邦児童局の局長になっていたジュリア・レースロップは、1921年に、「現在の専門家による意見は明らかに、母親に対する扶助費を実際に運用する責任を、旧来の救貧活動の精神にではなく、科学的知識に基づいて当問題を扱うのに適した独立した団体に委ねようとしています」と、認識していた[111]。当時社会正義派フェミニストたちの間では、母親に対する扶助費によって公的救済の近代化や困窮者という伝統的スティグマの克服が達成できなかったことに対する懸念が増大しつつあったが、レースロップのような批判は、こうした懸念の一部であった。1920年代と1930年代には、多くの州が母親に対する扶助費の運用を少年裁判所から取り上げ、これらのプログラムを地方または州の福祉機関に委ねた[112]。母親に対する扶助費の運用を少年裁判所から取り上げたことによって、20世紀には多くの子どもが少年司法と福祉の二つのシステムで処理されたわけだが、たとえそうであっても、母親に対する扶助費の運用を少年裁判所から取り上げたことにより、福祉と少年司法とはかなり異なる目的を持った別個のシステムである、との見方が助長されることになった。

　母親に対する扶助費を裁判所が運用したことを批判する者たちは、少年裁判所の拡大についても疑問を提起した。1920年代になると、これをひとつの契機として、アメリカ社会における裁判所の適切な役割について再検討が加えられることになった。政府による私的生活への介入を心配した保守派は、少年裁判所に注意を向けた。例えば、1925年にカルヴィン・クーリッジ大統領はキリスト教青年会の国際会議に出席し、こうした動きを批判した。クーリッジは法秩序、政府による規制の緩和、伝統的価値の重視を掲げた運動により自らの経歴を成功裏に築きあげてきた大統領2期目の共和党員であり、人気のある大統領であった。その彼が、「親であることの機能の崩壊しつつあることの証拠が、有り余るほど存在します」と宣言した。クーリッジの説明によれば、「あまりにも多くの人たちが、

第 3 章

わが子の真の幸福を無視し、自らの行動に対する責任を転嫁し、自分たちが行った躾や指導の監督を少年裁判所に委ねています」。このことは厄介な事態を招来した。というのは、「浮浪者や犯罪者の大部分は、若い時に親が普通に行う統制による利点に浴しなかった者たちの層から出ている、と権威者は言っているからです。浮浪者や犯罪者は崩壊家庭からの難民であり、親の愛情と指導という必須の恩恵を拒まれた者たちです（中略）」。大統領は結論として、「わが国の青少年が必要としているのは（中略）政府の活動を通しての統制を強めることではなく、親の活動を通じた家庭の統制を強めることなのです」と述べた[113]。少年裁判所は、州を親にすべきであるとする進歩主義者の取組みを批判する者たちの明確なターゲットとなっていた。

註

[1] シカゴ市リチャード・J・ダレイ・センターのクック郡巡回裁判所アーカイブにある少年事件ファイルのケース番号 45041-45043。

[2] 1914 年 5 月 25 日付けの母親に対する扶助費申立書は、ケース番号 45041 にある。この母親の申立てによると、自分は銀行に 865 ドルを有しており、また弁護士がハンガリーにある彼女の財産の一部を売却していて、その財産は貯金のほぼ倍である、ということであった。この母親による説明のすべてが事実であることを証明することは不可能である。しかし、この申立書は、この母親が不在であった理由と彼女がいまや立派な母親である理由を説明するストーリーを提示する。

[3] ケース番号 45041-45053。

[4] 南北戦争から大恐慌に至るまでの、孤児院の利用についての最も優れた史実の説明は、Timothy A. Hacsi, *Second Home: Orphan Asylums and Poor Families in America* (Cambridge, Mass.: Harvard University Press, 1997) である。同時代の素晴らしい原史料としては、Hastings H. Hart, *Preventive Treatment of Neglected Children* (New York: Charities Publication Committee, 1910), 57-73 を参照。

[5] Kenneth Cmiel, *A Home of Another Kind: One Chicago Orphanage and the Tangle of Child Welfare* (Chicago, University of Chicago Press, 1995), 15.

[6] 施設の経営者が果たした指導的な役割を含む、施設化への反感についての洞察力と刺激に満ちた説明としては、Mathew A. Crenson, *Building the Invisible Orphanage: A Prehistory of the American Welfare System* (Cambridge, Mass.: Harvard University Press, 1998) を参照。

[7] この最初の要扶助少年の保護についてのホワイト・ハウス会議がアメリカの福祉国家の発展に与えたイデオロギー的な意義に関する多少対照的だが優れた説明としては、注6

の *Building the Invisible Orphanage*、特に 258-262、Walter I. Trattner, *From Poor Law to Welfare State: A History of Social Welfare in America,* 5th ed.(New York: Free Press, 1994), 216-217、および Michael B. Katz, *In the Shadow of Poorhouse: A Social History of Welfare in America*(New York: Basic Books, 1986), 122-124 を参照。

[8] 19世紀の伝統と20世紀前半の社会政策における公的分野での革新との間の緊張に関する最も優れた説明は、Morton Keller, *Regulating a New Society: Public Policy and Social Change in America, 1900-1933*(Cambridge, Mass.: Harvard University Press, 1994)。

[9] Miriam Van Waters, "The Juvenile Court from the Child's Viewpoint: A Glimpse into the Future," in *The Child, the Clinic and the Court,* edited by Jane Addams(New York: New Republic, 1927), 220. また、Estelle B. Freedman, *Maternal Justice: Miriam Van Waters and the Female Reform Tradition*(Chicago: University of Chicago Press, 1996)も参照。

[10] 1930年に開催された「子どもの健康と保護に関するホワイト・ハウス会議」の一部会である「母親に対する扶助費に関する小委員会（subcommittee on Mother's Aid）」は、「数州で見られるように、要扶助少年が施設送致を受けるために出頭するのは少年裁判所であるから、この計画の当初において施設送致の代替として母親への扶助費支給の機会を少年裁判所判事に与えるとしたことは、当然のことである」と報告した。(New York: Appleton-Century, 1933), 224.

[11] この法律の由来をめぐる発言は、実際にはその制定後に行われたのである。Joanne Goodwin, *Gender and the Politics of Welfare Reform: Mothers' Pensions in Chicago, 1911-1929*(Chicago, University of Chicago Press, 1997).

[12] Ibid., 87.

[13] Ibid., 104-105.

[14] Michael Grossberg, *Governing the Hearth, Law and the Family in Nineteenth-Century America,*(Chapel Hill: University of North Carolina Press, 1985), 特に第八章。19世紀前半において、社会的・道徳的管轄領域を取り締まるため市裁判所が用いられた点については、Michael Willrich, *City of Courts,: Socializing Justice in Progressive Era Chicago*(New York: Cambridge University Press, 2003)を参照。

[15] *White House Conference on Child Health and Protection*, 223.

[16] 子ども期に関する進歩主義の考えを見事に分析したものとして、Janet E. Ainsworth, "Reimagining Childhood and Reconstructing the Legal Order: The Case for the Abolition of the Juvenile Court", *North Carolina Law Review* 69(1991): 1083-1133 を参照。

[17] Frederic C. Howe and Marie Jenny Howe, "Pensioning the Widow and the Fatherless,"*Good Housekeeping* 57(1913): 291.

[18] 1911年から1913年の間に、20州の議会が母親に対する扶助費法を可決した。1920年までに、40州が同様の法を立法化した。Theda Skocpol, *Protecting Soldiers and Mothers:*

The Political Origins of Social Policy in the United States (Cambridge, Mass.: Harvard University Press, 1992), 424. グレース・アボットによると、「他の公的機関が利用可能な場合には、母親への援助金の運用権限は少年裁判所には属さない、とピンクニー判事は語った。だが、20州では要扶助少年の関係者から大方賛同を得たことにより、援助金の運用権限は裁判所に帰属した。というのも、地方行政機関はどれもみな適任だと思われなかったからである。裁判所を運営機関として採用した州のうち二つは東部［ニュー・ジャージーとヴァーモント］に、四つは南部［アーカンソー、ルイジアナ、オクラホマ、およびテネシー］にあったが、大多数は中西部と北西部［コロラド、アイダホ、イリノイ、アイオワ、ミシガン、ミネソタ、モンタナ、ネブラスカ、ノース・ダコタ、オハイオ、オレゴン、サウス・ダコタ、ワシントン、ウィスコンシン］にあった」。*The Child and the State*, vol. 2 (Chicago: University of Chicago Press, 1938), 235-236.

[19] Thomas D. Eliot, *The Juvenile Court and the Community* (New York: Macmillan, 1914), 17.

[20] Ibid., 17-18.

[21] ソーシャル・ワーカーたちが、福祉プログラムの司法による運営に対して抱いた懸念について説明するものとしては、*White House Conference on Child Health and Protection*, 224-225 を参照。社会化された司法についての関心については、Edward F. Waite, "How Far Can Court Procedure Be Socialized without Impairing Individual Rights?" *Journal of Criminal Law and Criminology* 12 (1921): 339-347 を参照。

[22] Martin Blumer, *The Chicago School of Sociology: Institutionalization, Diversity, and the Rise of Sociological Research* (Chicago: University of Chicago Press, 1984), 13-14 に引用されている。

[23] このプログラムは最初の州規模での母親に対する扶助費プログラムであったものの、ピンクニーはクック郡での運用に関する責任しかもたなかった。カーステンズによる初期の知見と結論は、"Public Pensions to Widows with Children," *Survey* (4 January, 1913): 459-466 で公表された。彼はまた、シカゴ市のプログラムについての自身の分析を *Public Pensions to Widows with Children: A Study of Their Administration in Several American Cities* (New York: Russell Sage Foundation, 1913) において具体化した。

[24] Amy Dru Stanley, *From Bondage to Contract: Wage Labor, Marriage and the Market in the Age of Slave Emancipation* (New York: Cambridge University Press, 1998), 112.

[25] ピンクニーは同様に心配していたものの、引用した言葉は、Carstens, "Public Pensions," 465 からのものである。

[26] *Youth in Transition: Report of the Panel on Youth to the President's Science Advisory Committee* (Chicago: University of Chicago Press, 1974), 24-26.

[27] グレース・アボットは次の文献に引用されている。Alan Wolfe, "The Child and the State: A Second Glance", *Contemporary Crises* 2 (1978): 407.

28 Sylvia Schafer, *Children in Moral Danger and the Problem of Government in Third Republic France* (Princeton, N.J.: Princeton University Press, 1997), 4-5.
29 例えば、*Charity Service Reports*, Cook County Board of County Commissioners Chicago : Henry O. Shepard, (1911), 166 を参照。
30 1907年少年裁判所法によると、「要扶助」少年と「遺棄」少年の定義には次のものが含まれていた。すなわち、「17歳未満の一切の男子少年または18歳未満の一切の女子少年で、いかなる理由によるものであれ、①極貧の、住む家のない、または放任されている少年、②支援のために社会に依存する少年、③適切な親の保護または監護を欠く少年、④習慣的に物乞いをするかまたは施し物を受け取る少年、⑤売春宿に住むか、あるいは悪徳なまたは評判の悪い人物と一緒に住んでいる少年、⑥親、後見人、または当該少年の保護を行うよう許可されたそれ以外の者による遺棄、虐待、または悪行のために、当該少年にとっては不適当な場所とされる家庭を有する少年、および、⑦10歳未満で行商しまたは物品を売り、あるいは金もうけのために街頭で歌うかまたは楽器を演奏し、あるいは公衆の娯楽または付随する活動を提供していると認められた少年、あるいはそのようなことをしている人物の手先として使われている少年」である。*Laws of Illinois* (Springfield: State Printers, 1907), 71.
31 少年裁判所法によると、「この法律が意味する要扶助少年または遺棄少年である17歳未満の一切の男子少年または18歳未満の女子少年を裁判所が発見した場合には、裁判所は当該少年が自身の家にいたまま保護観察官による友好的な訪問に服させることができる。そして、当該少年の片親、両親、後見人、または保護者が後見人として不適切か相応しくないか、あるいは、当該少年の世話をすること、保護すること、訓練すること、教育すること、またはしつけることができないかその気がない場合、そして、当該少年がその親、保護者または後見人の監護から取り上げられることが、当該少年と当州の人民の利益に適う場合には、裁判所は当該少年の後見人として、善良な道徳的性格を有する尊敬すべき市民を任命する命令を下すことと、当該後見人に対して、後見人が当該少年に与えることができる何らかの相応しいファミリー・ホームまたはその他のふさわしい場所に当該少年を置くことを命じることができる。あるいは、裁判所は、要扶助少年または遺棄少年のケアのために組織された何らかの相応しい州の施設、何らかのトレーニング・スクールまたは職業補導学校、あるいは要扶助少年または遺棄少年のケアをすることまたはその少年のために家を獲得することを目的として含んでいる団体に、そのような少年を収容する命令を下すことができる。そしてその団体は以下に規定されるとおりに認可されたものとする」。*Laws of Illinois* (Springfield: State Printers, 1907), 74.
32 Ruth Newberry, "Origin and Criticism of Funds to Parents Act" (M. A. thesis, University of Chicago, 1912), 12-12a に引用。Pinckney, "Public Pensions to Widows: Experiences and Observations, Which Lead Me to Favor Such a Law," *Proceedings of the National Conference for Charities and Corrections* (1912): 473-480 を参照。

[33] Pinckney, "Public Pensions,"142-143. ジュリアン・マックを含む、その他の卓越した少年裁判所判事たちも、母と子どものそのような分離について、類似のストーリーを構築した。例えば、Mark H. Leff, "Consensus for Reform: The Mothers' Pension Movement in the Progressive Era,"*Social Service Review* 47(1972): 400, 410. およびSonya Michel, "The Limits of Maternalism : Policies toward American Wage-Earning Mothers during the Progressive Era," in *Mothers of a New World Maternalist Politics and the Origins of the Welfare States* edited by Seth Koven and Sonya Michel(New York : Routledge, 1993), 294 を参照。

[34] *Laws of Illinois*(Springfield: State Printers, 1907), 126.

[35] デンヴァー少年裁判所の異彩を放つ判事であったベン・リンジーは、イリノイとコロラド両州の法律のジェンダー中立的な用語法について、このように説明した。Ben B. Lindsey, "The Mothers' Compensation Law of Colorado,"*Survey* 29(February 15, 1913): 714-716 を参照。

[36] Goodwin, *Gender and Politics of Welfare Reform*, 117-118.

[37] Pinckney, "Public Pensions," 475. また、Newberry, "Origin and Criticism," 16-17.; Joel D. Hunter, "Administration of the Funds to Parents Law in Chicago," *Survey*(January 31, 1914), 516-518; and Carstens, "Public Pensions," をも参照。

[38] Pinckney, "Public Pensions," 474.

[39] Ibid.

[40] 慈善組織の運動とそのイデオロギーについての優れた概観としては、Trattner, *From Poor Law to Welfare State*, chap. 5. を参照。

[41] 19世紀の施設外の救済を廃止しようとする取組みと科学的な慈善の勃興については、Katz, *In the Shadow of the Poorhouse*, 36-84 を参照。

[42] Pinckney, "Public Pensions," 477, 479. この時期における男性による家庭放棄については、Michael Willrich, "Home Slackers: Men, the State, and Welfare in Modern America," *Journal of American History* 87(September 2002): 460-489 を参照。

[43] Pinckney, "Public Pensions," 475.

[44] 本文に挙げた代表者たちの選出母体となったシカゴ市民で構成される委員会には、次の人びとが含まれていた。つまり、ジェーン・アダムス、少年保護協会の会長であったルイーズ・ド・コーヴェン・ボーエン、慈善団体連合会のチャールズ・ワッカー（Charles Wacker）、ユダヤ人援護協会（Jewish Aid Society）のソル・サルツバーガー、ユダヤ人家庭斡旋協会（Jewish Home-Finding Association）のアドルフ・カーツ、訪問看護師協会（Visiting Nurse Association）のアーサ・T・アルディス夫人、シカゴ市婦人会のメアリー・H・ウィルマース、シカゴ市シティクラブのヘンリー・ファヴィル博士、産業クラブ（Industrial Club）のグスタヴ・フィッシャー、移民保護連盟のアレクサンダー・A・マコーミックおよび対人サービス局（Bureau of Personal Service）のミニー・ロウであ

る。
⁴⁵ 審査手続についての本文の以下の記述は、Newberry, "Origin and Criticism," と Carstens, "Public Pensions," を参考にした。
⁴⁶ Carstens, "Public Pensions," 461.
⁴⁷ 第四章を参照。
⁴⁸ Carstens, "Public Pensions," 461.
⁴⁹ Pinckney, "Public Pensions," 476.
⁵⁰ Ibid.
⁵¹ 経済的な考慮の重要性については、Joanne Goodwin, "An American Experiment in Paid Motherhood: The Implementation of Mothers' Pensions in early Twentieth-Century Chicago," *Gender and History* 4(1992): 323-341. を参照。
⁵² Hunter, "Administration of the Funds to Parents Law," 516.
⁵³ コモン・ローの下では、父親はこの法的責任の序列において常に第一順位にあった。貧しい親族に対して拡張された家族が法的責任を負うという原則は、エリザベス女王時代の救貧法制（Elizabethan poor laws）にまで遡る。イリノイ州では、1874 年貧困者法（Pauper Act of 1874）によって、扶養義務者には、当該貧困者の「父親、祖父、母親、祖母、子、孫、そして兄弟または姉妹」が含まれていた。責任の高い方からの順番は次のとおりであった。すなわち、「第一順位として、十分な能力を有する子どもが存在する場合には、子どもにその親たちの扶養義務がある。十分な能力を有する子どもが全く存在しない場合には、当該貧困者の親が十分な能力を持っていればその親に第二順位の扶養義務がある。十分な能力を有する親も子どもも存在しない場合には、当該貧困者の兄弟または姉妹が十分な能力を持っていればその兄弟・姉妹に第三順位の扶養義務がある。十分な能力を有する兄弟または姉妹も全く存在しない場合には、当該貧困者の孫が十分な能力を持っていればその孫に第四順位の扶養義務がある。そして第五順位は、十分な能力をもつ祖父母である」。*The Revised Statuts of Illinois,* 1874, edited by Harvey B. Hurd (Springfield: State Printers, 1874), chap. 57, 754-759. 貧困者法は、Sophanison P. Brekinridge, *The Illinois Poor Law and Its Administration*(Chicago: University of Chicago Press, 1939), 243-271 に再掲されている。
⁵⁴ Hunter,"Administration of the Funds to Parents Law," 516.
⁵⁵ 以下の節は、1912 年 11 月 26 日から 1912 年 12 月 26 日までの、一連の 197 件のケース・ファイル（ケース番号 44851-45050）に基づくものである。家族のメンバー、保護観察官、それに警察によって 1912 年 11 月 26 日から 1912 年 12 月 26 日までに少年裁判所に提出された 197 件の初度の申立書によると、80 件が「要扶助少年」であることを理由としたものであった。1911 年にはこのような広範なカテゴリーは、母親に対する扶助費の申請を含むべく拡大された。財政的な支援を求める 29 件の申請を、裁判所が扱った 51 件の「扶助費を支給されなかった」要扶助ケースと比較することによって、裁判所によ

る新しい法の運用がどれほど根本的に少年司法システムを変革させたかを、我々は理解することができる。

[56] 家族の暴力については、Elizabeth Pleck, *Domestic Tyranny: The Making of American Social Policy against Family Violence from Colonial Times to the Present*(New York: Oxford University Press,1987) と Linda Gordon, *Heroes of Their Own Lives: The Politics and History of Family Violence*(New York: Penguin Books, 1988) を参照。歴史修正主義者(Revisionist)による孤児院についての説明には次のものがある。それはすなわち、Nurith Zmora, *Orphanages Reconsideved: Child Care Institutions in Progressive Era Baltimore*(Philadelphia: Temple University Press, 1994); Cmiel, *A Home of Another by Kind*; Hacsi, *Second Home*; and *Rethinking Orphanages for the Twenty-First Century*, edited by Richard B. McKenzie(Thousand Oaks, Calif.: Sage, 1999)。

[57] Hart, *Preventive Treatment of Neglected Children*, 70.

[58] "Report of Chief Probation Officer," Charity Services Reports, Cook County, *Illinois Fiscal Year 1910*, Cook County Board of Commissioners(Chicago: Henry O. Shepard, 1911), 143.

[59] Ibid, 144. ウィッターは、民間の慈善団体が母親たちに小額の金銭を与えてその児童を家庭に留めておいた二つの例を挙げている。彼によれば「一例は、約3ヶ月前に裁判所の保護を受けるために連れて来られた三人の子どものケースである。民間の慈善団体が介入しなければ、子どもたちのうち少なくとも二人は施設に送られ、子ども一人あたり月額7ドル50セントの出費を郡にもたらしたであろう。しかも、この金額に施設側の補足金額が加えられ、総計で月額30ドル、3ヶ月で合計90ドルとなるだろう。これに対して、「子どもの日協会」が三人の子どもを母親と一緒に留めておくことによって費やした実際の金額は、3ヶ月で36ドルであった」(144)。

[60] ケース番号45023と45037。

[61] ケース番号45037。彼女は、1914年3月31日にパロールに付され自分の両親と一緒に暮らすことになり、そして12月に永久に自由の身となった。

[62] ケース・ファイルによると、施設に収容された23人の子どものうち21人が家族の成員と再び暮らせることとなった。ケース番号44858（母親）、44859（おば）、44860（両親）、44862（父親）、44863（おば）、44865（おば）、44895（父親）、44898-44899（きょうだい、母親）、44901-44902（きょうだい、父親）、44948-44951（きょうだい、両親）、44962（母親）、45024（母親）、45037（両親）、45041（母親）、45042-45043（きょうだい）、および45044（両親）を参照。再び一緒に暮らした数はより多い蓋然性が高いが、数例のケース・ファイルから文章が欠落していたために、子どもが誰の下でパロールに付されたかを確認することは不可能となっている。例えば、ケース番号44952-44956を参照。

[63] *In Re Peter for Help* 1918 Juvenile Court, case no. B36877, Cook County Circuit Court

Archives, Richard J. Daley Center, Chicago.
[64] ケース番号 44900。
[65] Ibid.
[66] 残念なことに、このケース・ファイルによっては、まだ命名されてなかった乳児が最終的にどうなったのかは分からない。
[67] ケース番号 44857、44896、44952-44956（5人きょうだい）、44963、44993-44994（2人きょうだい）、45023、および 45050 を参照。
[68] 裁判所の職員と彼の妻が、6ヶ月のアフリカ系アメリカ人であったジェームスを養子とした。しかしながら、ジェームスの母親はもともとの養子縁組の時に未成年者であり、したがってこの手続への同意が法的に無効であることが後に分かった。1915年に、この母親が成人年齢に達した後で二回目の養子縁組が行われた。ケース番号44963。
[69] Leff, "Consensus for Reform," 398.
[70] 父親であること（fatherhood）についての文献は現在増加している。しかし不幸なことに、20世紀前半の父子家庭の父親に関する歴史的研究はほとんど述べるところがなかった。例えば、Robert L. Griswold, *Fatherhood in America: A History*(New York: Basic Books, 1993)を参照。植民地時代から近代までのアメリカにおける女性と子どもの保護の歴史については、Sonya Michel, *Children's Interest/Mother's Rights: The Shaping of American Child Care Policy*(New Haven: Yale University Press, 1999)。
[71] 裁判所に出頭した「嫡出の」子どものうち3分の1を超える者が要扶助状態のまま成長したが、それはこれらの子どもがその母親を死亡（9人、18％）、家庭放棄（6人、12％）、あるいは精神病院収容（3人、6％）でそれぞれ失っていたからであった。母親不在のまま成長した子どもに関する本文の以下の議論において、筆者が検討したのは、父親がまだ存在していた家族の状況だけで、嫡出外で生まれた子どもと、両親が死んだかまたは子どもを放棄したケースを除外した。父子家庭で構成される11のケースは、44862、44895、44901-44902（きょうだい）、44960、44991、45041-45043（きょうだい、本文の三姉妹の事件）、45044-45045（きょうだい）である。その他の母親のない子どもは、44859（母親は死亡した、父親は失踪中）、44863（母親は死亡した、父親は家庭放棄した）、44865（母親は死亡した、父親は家庭放棄した）、44992（両親が家庭放棄した）、45925（母親は家庭放棄した、父親は死亡した）、45026（両親が死去した）、45041（母親は家庭放棄した、父親は死亡した）、45044-45045である。また、非嫡出の子どもの母親が死んだケースも少数あった。ケース44857（非嫡出子、母親は死亡した）と45050（非嫡出子、母親は死亡した）を参照。したがって、これらの子どもは、法的な親が存在しなかった。
[72] ケース番号 44862（父親と再び暮らした）、44895（父親と再び暮らした）、44901-44902（きょうだい、父親と再び暮らした）、44991（祖父と再び暮らした）、45041-45043（きょうだい、母親と再び暮らした本文の三姉妹の事件）、45044（両親と再び暮らした。母親

第 3 章

が精神病院に入っていた。きょうだいのケース・ファイル 45045 から情報が紛失しているので、彼が家族と再び暮らせることとなったかどうか判断することは不可能となっている)。

73 ケース番号 44862（父親は月額 10 ドルを分担）、44895（父親には分担能力がなかった）、44901-44902（きょうだい、父親は月額 20 ドルを分担）、45041-45043（きょうだい、父親は月額 15 ドルを分担）、45044-45045（きょうだい、父親には分担能力がなかった）。

74 ケース番号 44862 と 44895。

75 ケース番号 44876-44870（5 人のきょうだい）、44881-44883（3 人のきょうだい）、44884-44885（2 人のきょうだい）、44886-44887（2 人のきょうだい）、44888-44889（2 人のきょうだい）、44890-44892（3 人のきょうだい）、44893-44894（2 人のきょうだい）、44981-44983（3 人のきょうだい）、44984、44985-44986（2 人のきょうだい）、44987-44990（4 人のきょうだい）。ヒルダはケース番号 44985 であり、メアリーは 44877 である。

現金の支払いはプロベーション決定の一部であり、決定書には次のように書かれていた。「そして上記の子どもの■の親である被告人■は貧しく、上記の者を適切に保護する能力がないが、■はその他の点では適切な後見人である、と裁判所は認定した。したがって、以下のとおり命令する。上記■は当裁判所の被後見人であり、またあり続けなければならないこと。それ故上記被後見人は、上記の者の親■の監護の下に行き、上記の者の親■の保護下に居続けることが許されること。当裁判所の主任保護観察官または彼によって適宜指名される保護観察官補による友好的な訪問に服すること」。

「さらに以下のことを命令し、認定し、決定する。親■が上記の子を家庭で適切に保護することを可能にするために必要な金額として、月額■ドルの金額が裁判所によって決定されるべきであり、またこれに基づいて事実そう決定されること。イリノイ州クック郡行政委員会は、郡顧問またはその他の者を通じて、■に始まり裁判所によるさらなる命令があるまでの間は、■の親■に対して月額■ドルの金額を支払うよう指示されかつ命令されるべきであり、またこれに基づいて事実そう指示され命令されること」。

76 「家庭に基礎を置いた」対処方法を受けた 29 人の子どもの年齢の平均と中央値は 7 歳半であった。「施設収容を伴う」対処方法を受けた子どもの平均は 6 歳半を少し超えており、またその年齢の中央値は 8 歳であった。

77 Edith Abbott and Sophonisba P. Brekinridge, *The Administration of the Aid-to-Mothers Law in Illinois.*(Washington D. C.: Government Printing Office, 1921), 25-27.

78 Ibid., 27.

79 この情報は 1914 年会議の委員会の報告書から由来する。この報告書の知見は Abbott and Brekinridge, *The Administration*, 30 によって議論されている。

80 Ibid., 31.

81 1919 年に、栄養士は成文化した文書である「要扶助家族のためのシカゴ標準予算(Chica-

125

go Standard Budget for Dependent Families)」に置き換えられた。この文書はシカゴ社会福祉機関評議会(Chicago Council of Social Agencies)によって用意された。*Juvenile Court Annual Reports*(1919), 8.

[82] *Charity Service Reports*, Board of Commissioners of Court County(Chicago, 1913), 300.

[83] Ibid., 297.

[84] 1913年の親に対する扶助資金法の改正によって、14歳が上限年齢として定められた。1923年の同法改正において、受給可能年齢の上限は16歳に引き上げられた。同法の変遷を要約したものとしては、Goodwin, *Gender and the Politics of Welfare Reform*, 199 を参照。

[85] 差異に関するこの人種的なイデオロギーについての議論と、母親に対する扶助費についてのアフリカ系アメリカ人の視点としては、前出の *Gender and the Politics of Welfare Reform*, 31-36、および Mimi Abramovitz, *Regulating the Lives of Women: Social Welfare Policies from Colonial Times to the Present*(Boston, Mass.: South Earl Press, 1988), 318-319 を参照。

[86] 本文のパーセンテージは、*Charity Service Reports*(1913), 92 に掲載されている統計から算出されている。アフリカ系アメリカ人の家族を含む190件の要扶助ケースのうち、僅か6件が扶助費を支給されたのに留まった。これと対照的に、オーストリア人の48世帯のうち23世帯、イギリス人の54世帯のうち30世帯、アイルランド人の311世帯のうち140世帯、そしてロシア人の69世帯のうち23世帯が扶助費を支給された。

[87] この時期における家庭放棄に対する懸念については、Willrich, "Home Slackers," を参照。

[88] Pinckney, "Public Pensions," 479.

[89] Ibid.

[90] ケース番号 44898-44899。

[91] ケース番号 44881-44883(3人のきょうだい)と 44888-44889(2人のきょうだい)。

[92] Goodwin, *Gender and the Politics of Welfare Reform* によると、「1911年から1927年の間に、クック郡で扶助費を支給された家族のうち13％が施設に収容されたか傷害のため能力を失った父親のいる家族だった」(161)。

[93] *Laws of Illinois*(Springfield: State Printers, 1913), 127.

[94] Goodwin, *Gender and the Politics of Welfare Reform*, 132.

[95] Kathleen D. McCarthy, *Noblesse Oblige: Charity and Cultural Philanthropy in Chicago, 1849-1929*(Chicago: University of Chicago Press, 1982).

[96] Abbott and Brekinridge, *The Administration*, 14.

[97] Goodwin, *Gender and the Politics of Welfare Reform*, 134.

[98] Ibid., 199.

[99] Jeter, *The Chicago Juvenile Court*, 18.

[100] Annette Marie Garret, "The Administration of the Aid to Mothers' Law in Illinois 1917

to 1925"(M. A. thesis, School of Social Service Administration, University of Chicago, 1925). また、Goodwin, *Gender and the Politics of Welfare Reform*, chap. 4 も参照。クック郡が母親に対する扶助費に費やした金額もまた、1912 年のほぼ 86,000 ドルから 1919 年の 280,000 ドル超に増加した。しかし扶助費の平均額は、ほぼ一定のままであった。

[101] Leff, "Consensus for Reform," 413-414.

[102] Howard W. Hopkirk, *Institutions Serving Children* (New York: Russell Sage Foundation, 1944), 14.

[103] こうした一連のファイルには 99 件の連続するケース・ファイル、すなわちケース番号 83301-83400 が含まれ、それらはおおよそ 9 月 1 日から 22 日まで続いている。これらの記録の中には、32 件の「扶助費を支給されなかった」要扶助ケースと 35 件の母親に対する扶助費ケースが含まれている。

[104] 2 件を除く全てのケースにおいて、母親は既に死んでいた。ケース番号 83319-83320（きょうだい、母親は精神病）、83347-83349（きょうだい）、83350-83352（きょうだい）、83353-83356（きょうだい）、83367-83370（きょうだい）、83370、そして 83371-83372（きょうだい）を参照。

[105] ケース・ファイルによると、施設に収容された 18 人の子どものうち 11 人は家族再統合を果たした。ケース番号 83319（両親）、83350-83352（父親）、83353（父親）、83356（姉または妹）、83368（父親）、83369（いとこ）、83370（父親）、83371-83372（父親）を参照。2 人の兄弟は年齢満了でシステムから出た。ケース番号 83348-83349 を参照。

[106] *Juvenile Court Annual Reports* (1920), 10. 1920 年代におけるイリノイ州での母親に対する扶助費に関する政治については、Goodwin, *Gender and the Politics of Welfare Reform*, 146-153 を参照。

[107] ケース番号 83325。

[108] ケース番号 83399-83400。

[109] このように労働が要求されたことの意義についての最も優れた議論としては、Goodwin, "An American Experiment in Paid Motherhood," 323-341 を参照。

[110] 女性労働の価値を減じることの結果と、福祉による救済を受けている女性は働かなかったという神話については、Goodwin, *Gender and the Politics of Welfare Reform*, 187-197 を参照。

[111] Abbott and Brekinridge, *The Administration*, 6.

[112] 母親に対する扶助費の運用を少年裁判所が次第に行わなくなったことについては、Christopher Howard, "Sowing the Seeds of Welfare: The Mothers' Pensions, " *Journal of Policy History* 4 (1992): 197 を参照。

[113] Calvin Coolidge, "Coolidge Urges Home Control Need," *New York Times*, October 25, 1925, pp. 1, 27.

第 4 章

これは政治の問題ではなく、信仰である。
——シカゴ大学セツルメント長　メアリー・マクドゥウェル（1911年）

少年司法の正統化

　イリノイ州議会は、1911年6月に親に対する扶助資金法を可決することにより、シカゴ少年裁判所が要扶助少年のケースを扱う二元的対処システムを構築し始めることを可能にした。そればかりでなく、さらに進んで少年司法の運営に政治色を帯びさせることにもなった。新しい福祉プログラムを進めるための保護観察官の増員を含む制度予算の大幅な増加により、黒幕政治家たちは少年裁判所がその支持者に職や扶助費財源を分配するための豊富な供給源になるとの見方を強めた。それに加えて、少年裁判所の批判者は、少年裁判所が要扶助ケースを取り扱うことを攻撃したが、それは進歩主義的少年司法の基本的前提に異議申立てをするためであった。批判者は、子どもと州の最善利益が本当に同じであるか否かについて異議を唱えるとともに、州が「実親を超越した親（superparent）」——「実親を超越した親」の決定は実親の決定に勝る——になるべきとする考えを拒絶した。児童救済運動家はこれに対抗して、裁判所制度をパトロン的政治（patronage politics）から守ろうと精力的に戦うと同時に、運営が不適切だという重大な申立てに対しては、裁判所運営者を擁護した。

　1910年11月に、ピーター・バーゼンがクック郡行政委員会委員長に選出されたことは、少年裁判所にとって厄介なことを引き起こす羽目になった。新聞王ウィリアム・ランドルフ・ハーストがオーナーであるシカゴ・エグザミナー紙は、シカゴ市北端ボーマンビル出身の建築業者で熱烈な民主党員である「戦う」ピートの立候補を支持した。自称人民の代弁者バーゼンは「偽善的な改革者集団」反対キャンペーンを展開したが、彼がその偽善者集団の中にハル・ハウスの女性たちを入れていたのは幸いだった[1]。州知事の野望を抱くバーゼンは今や、1911-12会

計年度で1,000万ドルを超える郡財政を管理する、15人の委員で構成される委員会を取り仕切ることになったのである[2]。委員会は、郡の公益事業、つまり道路、橋、公共設備や公務員を管理した[3]。委員長権限には、歳出承認に対する部分拒否権（a line item veto over appropriations）が含まれており、この拒否権を覆すには委員の5分の4の投票が必要とされた。委員長はまた、以下に記載する郡職員を任命した。すなわち郡の備品購入を所掌する公益事業の責任者、施設収容を伴わない貧民救済（outdoor relief）を管理する郡係官、オーク・フォレスト施設（救貧院と結核病院）の責任者、郡病院院長、郡設計技師、郡検事、少年観護所所長、三人の公務員人事委員——求職者に実力競争試験を行うとともに無能な郡の被雇用者を解雇する——である[4]。

　バーゼン委員長は就任演説の中で、「貧困のために止むを得ず公的慈善の対象となっている不運な人びとの利益をしっかりと守る」[5]ことを約束した。手始めに、バーゼンは公務員人事委員会委員に対し、郡の病院、精神病者保護収容施設（insane asylum）、救貧院や少年観護所の運営状態の調査を開始するよう命じた。この種の調査には前例があった。2年前にイリノイ州リンカーンの知的障害児保護収容施設で、16歳の子どもが重傷を負ったにもかかわらずそのままにしておいたという悲惨な事故があった[6]。その事故が引き金となり、州議会は政治的な動機に基づいて、州の病院や矯正施設に対する調査を行った。州議会のメンバーは、自分たちの出した調査結果によってデニーン知事の信用が失墜されることを期待した。バーゼンは同様の戦略に倣って、バーゼンの前任者が任命した職員により運営されている施設への調査を命じた。それは抜け目のない政治行動のようであった。醜聞を呼び起こすような状態が発見されるなら、バーゼンが果たそうとしているパトロン的な立場を広げるばかりか、虐げられた者の味方であるというバーゼンの主張が支持されるであろう。バーゼンは、自分自身を要扶助者の真の味方と位置づけ、そして郡の施設調査を求めたことにより、進歩主義的少年司法の正統化をめぐる戦いの中で決定的瞬間のきっかけを作った。全米の児童救済運動家たちがこの政治闘争を注意深く見守っていた[7]。

　クック郡巡回裁判所の元廷吏である製造業者ウィリアム・H・ダン（William H. Dunn）は、このドラマの中で最後まで演じ続ける役者として登場した。少年裁判所は、安価な労働力の供給源として子どもたちを売る目的で彼らを家族から連れ去る民間団体と一緒になって活動している、とダンは主張したが、それによって、児童救済運動家たちは多くの眠れない夜を過ごすことになった。少年裁判所

の元主任保護観察官で、その当時はイリノイ州児童施設・救護協会会長であったヘンリー・サーストンは非常に心配し、速記記者を雇って州のどこででもダンに張り付くようにさせ、ダンの演説の全てを書き取らせた。サーストンはまた、彼の協会が行っている子どもの民間ホームへの収容について内部調査を命じた。

　シカゴ裁判所との争いは、ダンを当惑させた。ダンは自分のビジネスパートナーである子どもたちの釈放を求めて、シカゴ裁判所に出向いた。その子どもたちは、母親が謎の死を遂げ、父親が被疑者として拘束された時に、裁判所の被後見人にされたのだった[8]。裁判所がダンの要求を認めなかったので、ダンは、裁判所の運営を監視し始めるとともに、裁判所は家族から子どもたちを切り離すことができるように子どもたちを要扶助少年と宣告したのだ、と決め付けた。1910年7月に女性団体の会合において、ダンは州の児童奴隷団を運営しているとしてサーストンを責め立てた。南北戦争従軍者在郷軍人会・婦人部の地方支部長エリザベス・プレスコット夫人は、「イリノイ州は、合衆国の中でも最悪の奴隷州です。というのも、州は白人の子どもと有色の子ども双方の人身売買を認めているからです」[9]と宣言して、ダンの申立てに賛同した。バーゼンの就任後、ダンはシカゴの新聞に、公務員人事委員会に少年裁判所に対する不服申立てを提出するところである、と通知した。「私は、恐怖の部屋の全体像を委員会が完全に理解するように取り計るつもりです。(中略)いかに家族が、泣き濡らす母親と嘆願する父親の抵抗の果てに、散り散りに引き裂かれるかを委員会に示すつもりです」と、ダンは表明した[10]。ダンは、「イリノイ州は、子どもの人身売買の父です。わが州の少年法は芯まで腐敗しきっています」[11]と、結論づけた。

　ダンは民間団体が子どもを州外に送ることができる慣行を非難した。1905年イリノイ州議会は、ファミリー・ホームに収容される子どもの処遇を監視するために、児童および児童収容ホーム視察部 (Department of Visitation of Children and Homes) を設置した。しかし、5年後州の係官は、「州外に収容されている882名の子どもの視察については、いくつかの事例においてこれらの子どもたちは、他の多くの子どもたち以上に州が与える保護を必要としていると認められたが、財源不足のために視察は不可能だと分かった」と、報告した[12]。この報告は、民間の少年収容ホーム斡旋団体が自分たちで州外に移した子どもの保護を委ねられている、ということを意味した。いくつかの州に支部を持つこれらの全国的な少年収容ホーム斡旋団体の真の動機は、児童福祉の奨励ではなく、金銭的な利得にある「慈善受託財団」である、とダンは非難した。協会が行う子ども探しは、貧困

家庭を脅かした。というのも、狡猾な児童奴隷商人がノックしにやって来るのは、貧困家庭のドアだからであった。ダンは州のあちこちで聴衆に向かって、少年裁判所は貧困者を怯えさせるために設立された、と断言した。そうでないとしたら、なぜ少年裁判所はゲットーに設けられたのか、とダンは問うた。さらに、保護観察官は貧困家庭から子どもを引き離すぞと脅すことで、スラム街の家主による家賃取り立てを助けている、という主張さえも行った[13]。ダンは、「シカゴ市の貧困な人びとは怖くて郡係官に援助を願い出ることができないのです。というのも、貧困な人びとは自分たちの子どもが少年裁判所職員に捕えられるのではないかと恐れているからです」と、説明した[14]。法手続上は、ダンは正しかった。要扶助性に関する州の広範な定義に従えば、公的扶助を受けている子どもは少年裁判所によって要扶助少年と宣言されるはずである。したがって、貧困救済の要請は、理論的には子どもを困窮家庭から引き離すこととなり得た。

　ダンは、裁判所が貧困な親から子どもを奪い取ったことを示すさらなる証拠を、少年裁判所年報から入手した。例えば、1904年の年報は一覧表を作成し、19の事例で「母親の貧困」が、他の三つの事例では「父親の貧困」が要扶助性の根拠になっていることを示した。一層まずいことに、1908年に主任保護観察官のサーストンは、報告された60％強の事例において、要扶助性の根拠として記述するために「保護の欠如（lack of care）」という曖昧な分類種別を使用した[15]。ダンは、日常業務において子どもが貧困な母親から引き離されていることを言い表すために使用される、この曖昧な分類種別に飛びついた。ダンは「米国愛国婦人会」の集会で、「少年裁判所に送られてくる600名の子どものうち、400名が『保護の欠如』──あの恐ろしい犯罪である『保護の欠如』──のためでした。そうしてこうした子どもの母親は、子どもを失ったのでした」と、語った[16]。

　ダンは自分を、イリノイ州の印刷業者であったエリジャー・ラヴジョイのような初期の奴隷制度廃止論者になぞらえた。ラヴジョイが1837年に暴徒の手にかかって死んだことは、国民にショックを与え、多くの北部の人びとを廃止論へと転向させた。ダンはこれらの急進主義者たちと同様に、家族が引き離される生々しい物語を詳しく述べた。女きょうだいのハリエット・ダンは、ウィリアム・H・ダンの発言の手助けとして、『悪名高い少年法──慈善という口実の下で行われる子どもに対する犯罪』（1912）というタイトルの小冊子──それは奴隷反対の小冊子を思い出させるものだった──を自費出版した[17]。彼女がダンの演説場で販売していた小冊子には、州民対ターナー事件からの大変長い判決文が再録

されていたが、この判決は、1870年にイリノイ州最高裁判所が出した有名な判決で、州の矯正学校法に関する重要な条文を廃止したものだった[18]。その小冊子にはまた、当時の少年裁判所法は違憲であると断言する法律家の論評も掲載されていた。表紙には、戸口を壊して入ってくる巨大な手によって、母子の住むアパートから今にも強奪されようとしている幼い娘に必死にすがりつく怯えた母親が描かれていた。その手には「少年裁判所法」というラベルが貼られていた。本に収められている物語の中には一人の男子少年に関する新聞記事があり、その少年が「他の多くの子どもたちと一緒に人身売買の商人によって育てられている」という内容だった。少年が言うには、「父親も母親も姉も無く、僕を世話する人などこの世に一人もなく──長い年月が過ぎて──僕は大きくなったんだ。ムチで打たれ、しかられ、飢えているだけだったんだ」。たとえ奴隷との類似が読者にとって十分明白でなかったとしても、「不運な子ども──奴隷にすぎない存在」という見出しを見れば理解できた[19]。

　ダンの具体的な非難の多くは、突飛ではあったが、児童救済運動家たちが子どもやその家族を取り締まる州権限を増大させてきたとする基本的な主張は正鵠を得たものだった。義務的登校法、子どもの労働の禁止、予防接種法のような衛生措置を通じて、州は今や子どもたちの生活に関してますます多くの決定を行いつつあった。少年裁判所の設立は、州が親になることの一層明白なシンボルの中のひとつに過ぎなかった。イリノイ州議会の下院労働・産業問題委員会での証言の中で、ダンは露店で働く学童年齢の子どもを規制する法案を「子どもの権利を制限するもうひとつの法案」であるとして、激しく非難した。彼の主張によれば、「少年裁判所法の設立を支持したのと同じ人びとが法案を支持している。子どもが公立学校内にいるときに限り、教育委員会が子どもに監督権限を行使する時代があった」[20]が、しかしながら今や、「開校時間中は子どもがどこにいようとも」、全ての子どもたちを監督する権限が教育委員会に与えられたので、無断欠席生徒補導員がシカゴ市内をパトロールしている[21]。

　少年裁判所設立時に非常に重要な役割を演じたティモシー・ハーレイもまた、少年裁判所が貧困家庭を集中的に取り締まっていると非難した。少年司法の進展を記録した全国初の定期刊行物であるハーレイの『少年記録』が既に「少年裁判所に反対する運動が始まっている」といち早く発表していた事実を、ダンは進んで指摘した[22]。特に、カトリック教徒は、パターナリズムによる他の進歩主義的実験とともに、新しい制度に幻滅し始めていた。ハーレイは、『少年記録』の力

作の中で、少年裁判所の「慈善的側面」がその「法的側面」を凌駕するのを許しているとして、全国の児童救済運動家を強く非難した。このような進展は、「親や子ども、その親族の権利」を危機に晒した。これは、裁判所で働く人びとが、「自分たちは今や同胞よりも『神聖』であり、高給によって鼓舞されつつ、自分たちが遂行する偉大な仕事を片時も忘れずに切り拓いていこうと願ってきたのだという考え方」に基づいて事を進めていることを意味した[23]。ハーレイが論じたように、こうした個人の自由に対する傲慢や軽視は、少年司法に対する公衆の支援を台無しにするおそれがあった。

　ダンとハーレイは、子どもとその家族に対する州の権限の拡大に関してはやや似通った懸念を表明したものの、少年司法の処方箋は全く異なっていた。ダンは少年裁判所の廃止を求めたのに対し、ハーレイは不安定な制度を改良したいと考えた。ハーレイは依然として、少年裁判所が多くの善を行えるものと信じていた。しかしながら、1910年代初期に少年裁判所とその支持者を守勢に回らせたのは、ダンが唱えた「子どもの奴隷」というセンセーショナルなスローガンだった。このスローガンは、少年司法制度内では虐待が行われていると指摘した、ハーストのシカゴ・エグザミナー紙の暴露記事により一層増幅された。ダンは、具体的なケースに関する詳細――その中には14歳になる裁判所の被後見人のケースが含まれており、申立てによれば被後見人である娘が後見人に妊娠させられたというものだった――を新聞社に提供していたにもかかわらず、その申立てを宣誓陳述書に認めて公務員人事委員会に提出することは拒否した[24]。ダンは少年裁判所に反対し続けたし、後には少年裁判所の運営差止命令も申請したのだが、なぜこの時点で彼が宣誓陳述書を提出しないことに決めたのかは不明である。

　7月にバーゼン委員長は、公務員人事委員会が行う「子どもたちの要扶助性を取り巻く状況と少年裁判所による子どもたちの処分に関する調査」[25]の手助けをさせるために、ヘンリー・ネイルを任命した。ネイルはかつて、「親に対する扶助資金法」の可決を確実なものにするのに手を貸してきた。いまでは、自分はこの法の起草者だと主張し、この革新的な現金支給による援助プログラムこそが、少年の要扶助性と非行との相互に関係し合う問題に対する解決策である、とあらゆる機会を利用して宣伝していた。ネイルの主張は簡潔明瞭だった。つまり「貧困が非行を生む」、が彼の主張だった。例えば、子どもが怠学するのは、たいていの場合親が「ジミーやサリーに、学校できちんとした身なりをすることができるような衣服」を提供できないことが原因であった。「当然子どもは傷つき、ず

る休みをするようになり、たぶんいかがわしい人物と知り合うことになったのであろう」[26]。ネイルによれば、この時点で非行が生まれたのだ。「親が子どもたちに衣服を着せたり食事を与えたりできるごく僅かな扶助費」があれば、「この状況を救済するのに大いに役立つだろう」と、彼は強調した[27]。

　非行歴形成に関するこうした説明は、マック判事やジェーン・アダムスのような尊敬に値する児童救済運動家が発表した環境決定論と著しく似通っているように思われた。しかし、その児童救済運動家グループがネイルの選任を厳しく批判した。児童救済運動家たちは、ネイルを良く言っても仕事に不適任、悪く言えばペテン師だと考えた。この懸念は、ネイルの専門家としての適性や訓練の欠如に一部関係していた。ネイルによる少年裁判所の説明もまた、児童救済運動家たちを心配させた。ネイルは「母親に対する扶助費」が万能薬であると大いに宣伝したが、そうすることで、少年裁判所が貧しくはあるが道徳的には立派な親から子どもを引き離しているという事実を暗にほのめかしていた。事実ネイルは、調査に着手したばかりの公務員人事委員会の結論を先取りして、委員会は、「親が子どもの養育に全く不適任と見受けられる」場合を除いて、少年裁判所が子どもたちを家庭から引き離すことを止めるよう勧告するであろう、と発表した[28]。この発言は、少年裁判所が要扶助ケースを扱う際の配慮のなさを示唆するとともに、ダンの申立てに正当性を与えるものであった。

　児童救済運動家たちを心配させる別の動きとして、バーゼンはバラード・ダンを新しい公務員人事委員会委員長に任命した。バラード・ダンは、ウィリアム・H・ダンとは何の関係もなく、民主党寄りのシカゴ・デイリー・ジャーナル紙における地方記事担当編集長であった。バラード・ダンは、裁判所に対する告発事実として「共謀（conspiracy）」を付け加えた。バラード・ダンは次のように断言した。「少年裁判所の様々な部門に関係する大多数の人びとは、子どもに対する犯罪の立証に必要な証拠を我々が入手することに対して、全力を挙げて妨害しているようにみえる。（中略）この守りの姿勢は、我々が正に調査しようとしている事柄に裁判所の人びとが関わっていることを指し示す、我々側の証拠にすぎない」[29]。

　事態がさらにややこしくなるが、ウィリアム・H・ダンが舞台に再び登場した。ウィリアム・H・ダンは、バーゼン委員長、郡書記官、郡収入役に対する差止命令訴訟を起こす予定でいることを劇的に発表する絶好の機会を狙っていることは、明らかだった。もし差止命令が認められれば、その命令により、民主党員

であるこれらの郡職員が少年裁判所に財源を割り当てること——それには、裁判所職員への給料支払いも含まれる——は禁じられるはずだった[30]。このようにして、少年裁判所と主に共和党員である少年裁判所の支持者たちは、バーゼンと民主党員による政治的攻撃に晒され、郡行政委員会の運営に当たる民主党員は、ダンの訴訟に直面していた。

　この緊迫した状況の中で、ヘンリー・サーストンは、子どもの奴隷というセンセーショナルな主張から子どもの要扶助性に関する率直な議論へと論争を移そうと試みた。サーストンは、シカゴ・レコード・ヘラルド紙の編集者に宛てた手紙の中で、要扶助性が法律上ならびに実務上何を意味するのかを明らかにした。「法は、一方で責任感のある両親と同居する要扶助少年と、他方で両親がいない要扶助少年、ないしは裁判所が司法上相応しくないと判断した両親と同居する要扶助少年とを区別する」[31]。法の意図するところによれば、前者の家族は同居を続けるべきであり、後者の家族は子どもの利益のために離散させられるべきである。さらには、両親を不適任と宣告するための具体的な基準として、「悪行、公然かつ周知の不道徳行為、審理申立書提出前1年間の常習酩酊、継続的で激しい子どもへの虐待行為、6ヶ月以上の子どもの放棄もしくは遺棄」が挙げられた[32]。これらの条件のひとつに該当する場合にのみ、少年裁判所は両親の同意無しに、子どもを養子縁組に付す命令を下すことができた。このように、サーストンは、「単に貧しいだけの親たちを子どもと同居させておくべき社会の責務については、『専門的な慈善家』と『普通の人びと』との間に意見の違いは全く存在しない」と、強調した。要扶助性に関して行われる議論の際に考慮すべきことは、「実の子に対して敵対し、裏切り続ける『生みの親』が存在するという点である」[33]と、サーストンは論じた。彼らが子どもに生命を与えたからと言って、その世話を任せられるはずがないのは明らかであった。

　8月の第一週にバーゼン委員長は、「取調べ委員会（quiz board）」というシカゴ市民で構成される委員会を任命するつもりであり、その「取調べ委員会」の任務は少年司法制度への組織的調査を行うことであると、発表した。その結果、少年裁判所に関する白熱した弁論は、少なくとも一時的には冷却した[34]。バーゼン委員長がノースウェスタン大学の商学部長ウィラード・E・ホッチキス（Willard E. Hotchkiss）教授を委員長に任命したことにより、この委員会は後に「ホッチキス委員会」として知られることになった。取調べ委員会の他のメンバーは、イリノイ州トレーニング・スクール長のJ・E・クワン夫人、慈善事業家ハナ・G・ソ

ロマン夫人、ワーキング・ボーイズ・ホームの所長 J・C・クイレ師、子どもと一緒に活動しているルター派牧師で宣教師オーガスト・F・シェレクト師であった。おそらくは自分の敵を懐柔するためであろう、バーゼンはヘンリー・ネイルを委員会から外した。

児童救済運動家たちは委員会の構成に満足し、少年裁判所に関する誠実な調査が始められるための用意を行った[35]。バーゼンの勢力と児童救済運動家たちの間の休戦状態を打ち砕くには、ホッチキス委員会の一回の会合だけで十分だった。第一回会合の席上、バラード・ダンと公務員人事委員会の弁護士は、最初の証人である主任保護観察官のジョン・ウィッターをほぼ2時間厳しく尋問し続けた[36]。怒ったホッチキス委員長には、なぜ「公務員人事委員会が──調査全体を指揮するなど以ての外のことで──そもそも我々の審理に関与しなければならないのか」[37]、理解できなかった。バラード・ダンの説明によると、公務員人事委員会は「公務に属する少年裁判所業務部門」に対する独自の調査を開始したのであり、少なくとも法が要求するのであれば調査を続けるであろう、とのことだった[38]。また、ダンの考えでは、ホッチキス委員会は「我々と協調して活動するだろう。しかし当然のことだが、もしホッチキス委員会がそれを拒みたいのなら、それは委員会自身がお決めになればよい事柄である」[39]。

8月の終わりまでには、公務員人事委員会とホッチキス委員会が少年裁判所を同時に調査するであろうことが、そこに関わる者の誰の目にも明らかになった。二つの調査は、1911年から1912年の選挙の年に向けて進んでいくにつれ、非常に異なる形態を採るに至った[40]。公務員人事委員会の聴聞はウィッターの見せしめ裁判に転じ、他方ホッチキス委員会は民間資金の提供を受け、少年司法運営上の構造的問題を探求する調査になった。

プロベーション部門は両方の委員会の調査の標的となったが、それには充分な理由があった。保護観察官は、少年裁判所創設以来、裁判所の成否を握る鍵として迎えられた[41]。男性・女性の保護観察官たちは、裁判所の仕事の大部分をこなした。彼らは裁判所に申し立てられた通告を調査し、家庭訪問を行い、近隣を巡回し、コミュニティの役割モデルになることが期待された[42]。個人の不正行為であれ構造的な欠陥であれ、少年裁判所システムに問題があるとすれば、この極めて重要な部署の職務の中にそれらの問題を探索することが道理に適ったものと思われた。公務員人事委員会とホッチキス委員会による重複する調査により、保護観察官は苦境に立たされた。シカゴ市の異なる場所にある両方の委員会から同日

同時刻に呼び出される場合には、とりわけそうであった。シカゴ・レコード・ヘラルド紙は次のように書いた。「どちらが本物の委員会か、またどちらの印象を害する方がより安全かといった問題が、今や保護観察官たちの関心事になった」[43]。

保護観察官の職務を調査することは、プロベーション部門に対する管轄権を郡行政委員会が有しているのか、それとも少年裁判所の統括判事が有しているのか、という厄介な問題を提起した。児童救済運動家たちの主張によれば、バーゼン委員長はプロベーション部門にある43のポストを民主党組織に有利な政治的任用に切り替える機会として、少年裁判所の危機を利用しようとしているのであった[44]。もし保護観察官のポストが政治家に対する支持の見返りとなる職業に堕してしまえば、少年司法の実験全体が失敗に終わるだろうということを、児童救済運動家たちは長年にわたって恐れてきたのであった。公務員人事委員会とホッチキス委員会による調査の競争は、児童救済運動家たちにとって、党派政治をプロベーションに持ち込まないための戦いとなった。

この危機に関する児童救済運動家たちの解釈をそのまま受け入れることは、彼らもまた政治的アジェンダを有していたのであるから、誤りであろう。シカゴ市の近代化に向けた児童救済運動家たちの進歩主義的構想は、いかにシカゴ市を統治するかに関する争いのある考え方を含んでいた。少年裁判所は、専門家、効率性、権力の集中、そして基本的な社会問題を解決するための社会科学的研究の適用が必要であるとする、都市の統治に関する新しい構想の縮図であった[45]。実際、少年裁判所はイリノイ州における数少ない進歩主義の成功物語のひとつを代表するものだった。1911年に、シカゴ市の進歩主義者たちは、少年裁判所を「政治から引き離す」べく懸命に戦っていた。というのも、少年裁判所はシカゴ市の進歩主義者たちが実際に支配していた地方統治の唯一の主要機関であり、その機関を失いたくなかったからであった。

児童救済運動家たちはまた、バーゼン委員長の少年裁判所運営によって少年司法の実務家ばかりでなく、その対象者をも危険に晒していることを心底心配した。メリット・ピンクニー判事は、少年裁判所庁舎の衛生状態改善の約束をバーゼンが破ったことにひどく腹を立てた。秋の開廷期間の初日に、彼はすし詰めの法廷に向かって次のように語った。

　　個人的には、私はこのような事態にほとほと疲れ切ってしまったと言えま

す。法廷は不衛生で、通風が悪く、私は健康を維持することができないほどです。また、私に当てはまることは、裁判所の他の職員や出廷しなければならない女性たちや子どもたちにも当てはまります。郡の子どもたちの健康と福祉は危険に晒されており、少年裁判所の職員の仕事は不必要に困難なものになっています。博愛の名のもとに、何かがなされなければなりません。[46]

腎臓病に罹っているピンクニーは、このような状況の下ではケースを審理し続けることができないので、元の場所である郡庁舎に少年裁判所を戻すことになるだろう、と発表した。少年観護所の状態もまた絶えず過剰収容だったので、ピンクニーを当惑させた。猩紅熱の流行により6週間にわたる外部との隔離処分が決まったのちでさえ、郡行政委員会は隔離病室建設の提案を採択しなかった。断続的に実施された外部との隔離処分によって悪化した過剰収容の結果、少年たちは男女問わず再びシカゴ市の警察署に収容されていた。「数ヶ月前から数回にわたって、八人もの女子少年が、ハリソン通りにある別館から一斉に移送された。彼女たちは常に不潔な状態にいる」[47]と、判事は発表した。公務員人事委員会の調査が終了しておらず、その事案の鍵を握るピンクニーが証言していないのにもかかわらず、バーゼン委員長が主任保護観察官のジョン・ウィッターを停職させたことは皆を驚かせた。それ以降、バーゼンによる郡行政委員会の運営は誤っていると指摘するピンクニーの公の場での発言は、ますます激しくなっていった。バーゼンが新聞社に語ったところでは、「ウィッター氏は、ハル・ハウスの影響下にあるように思われる。ウィッター氏は老婦人たちの言葉にばかり耳を傾けていてはならない」[48]と、述べた。

ウィッターの停職処分とその後１月に行われた解雇処分は、シカゴ市の児童救済運動家たちを刺激した。児童救済運動家たちは共和党と進歩党を説得して、1912年の選挙の際にバーゼンに対抗する郡行政委員会委員長候補者として、アレクサンダー・A・マコーミックを両党の共同候補に立てた。もっとも、裁判所決定により、マコーミックの名前は共和党の公認候補者名簿にしか見られなかった。マコーミックはシカゴ・イブニング・ポスト紙の編集者であり、移民保護連盟の長であり、また少年裁判所の市民委員会のメンバーであって、バーゼンを最も激しく批判する人びとの一人だった。マコーミックのシカゴ・イブニング・ポスト紙は「バーゼンという害虫」というタイトルの酷評記事の中で、彼を「冷血で無知な建築業者のボス」と公然と非難したが、それは、バーゼンが政治的詭弁

を弄して「児童裁判所」を情け容赦なく攻撃したからであった[49]。これは恥ずべきことだった。というのも、「おそらくは、シカゴ市の他の制度に費やされてきた以上の無私で骨の折れる労力が」、児童裁判所の創設と運営に費やされてきたからである。「児童裁判所は、我々の理想主義のうちの最善のもの、すなわちジェーン・アダムス、ジュリア・レースロップ、ジョセフ・T・ボーウェン夫人、マック判事、ヘンリー・W・サーストンのような人物たちの思慮深い努力の結晶である」[50]。

マコーミックは自分たちの理想主義の火を灯し続けるために、政治のリングに上ったのである。彼は、軟弱な改革者の典型だという人びとのイメージを打ち消すために、シカゴ体育連盟の「チェリーサークル」という雑誌の中で、自分がボクシングを愛好していることを紹介した。また、マコーミックのキャンペーンを支持する地元新聞に、マコーミックが優れた「ボクシング」能力を持っているという記事が掲載されたが、そこには、前世界チャンピオン「ルビーのロブ」こと、フィッツシモンズとの印象的な六ラウンドのスパーリング試合の話も紹介されていた。その後、郡行政委員会会合の白熱した席上において「戦う」ピート・バーゼンがマコーミックを「記事に掲載できない名前」で呼び、これを受けてマコーミックが出した殴り合い勝負の招待に対してバーゼンが応じなかったとき、同じ地元新聞はこのことを大々的に報道した[51]。

シカゴ・デイリー・ソーシャリスト紙ばかりでなく、市の外国語新聞の多くがマコーミックを支持した。選挙の数週間前、ヒュー・マンは、ハーストのシカゴ・エグザミナー紙による非難に対抗して、少年裁判所の運営者を擁護する社会主義新聞にほぼ毎日コラムを書いた。マンの記事は、少年裁判所がどのように少年事件を処理しているかを綿密かつ詳細に説明するとともに、労働者階級の本当の友はシカゴ市の黒幕政治家たちではなく、進歩主義的な児童救済運動家たちである、と論じた[52]。

当時、イリノイ州では女性は投票できなかったが（イリノイ州は1913年まで、女性参政権法を可決しなかった）、女性はマコーミックのキャンペーンにおいて積極的な役割を果たした。選挙1週間前に、シカゴ市婦人会の代表者たちはファイン・アート・クラブで会合を開き、そこで、「ピーター・バーゼンをブラックリストに載せ、投票で彼に敗北をもたらす容赦なき戦いのために労働者の戦闘部隊に出動を命じた」[53]選挙前の日曜日、少年保護協会会長ルイーズ・ド・コーヴェン・ボーエンは、イリノイ州立劇場に集まった聴衆に対し、バーゼンが少年裁判

所の評判を傷つけることによってシカゴ市の名誉を失墜させた、と語った[54]。「世界中から人びとがやってきて、(中略) 少年裁判所のやり方を研究しました」と、ルイーズは語った。しかし、現在の運営の下で「少年裁判所は見て分かるほどに悪化したのです。公務は切り捨てられました。有能な保護観察官は解雇され、そのポストに政党のごますり連中が割り当てられましたが、彼らは、子どもへの対処の仕方や少年裁判所について何も知らないのです」[55]。ルイーズは、「クック郡の男性の皆さま方、目をお覚ましになって、あなた方の公務員が何をしているのかをしっかり理解してください。これは公務を守るために必要なことです。私たちは次週の火曜日に行われる投票で男性たちを必要としています。あなた方はピーター・バーゼンを選出することができるのです。あなた方はバーゼンを敗退させることもできるのです。あなた方は投票をどうするおつもりですか。誰か答えてくださいますでしょうか」[56]と、呼びかけた。

　児童救済運動家たちは、バーゼンを決定的に打ちのめしたかった。というのも、少年司法を攻撃すれば政治的自殺行為になるだろうという明確なメッセージを、シカゴ市や他の地域の政治家に送るためであった。しかしながら、郡行政委員会委員長選挙はあまりに接戦であるため予想がつかなかった。加えて、郡の投票記録集計機の多くが持つ機械構造上の問題が事態を複雑にしたが、最終的には、数百票差でマコーミックが勝利したと宣言された[57]。20年間で初めて民主党がホワイト・ハウスを奪取したこの民主党の年に、マコーミックはクック郡で選挙戦に勝ったほんの一握りの共和党候補者の一人であった。選挙が僅差であったため、マコーミックが（勝ったにしても）なぜ勝ったのかを正確に確定することは、不可能ではないにしても困難であった。しかし、児童救済運動家たちはマコーミックの勝利を、少年裁判所の神聖不可侵神話を創り出すための証拠として利用した。例えば、ソーシャル・ワーカーのエリザベス・パーカーは、少年裁判所のプロベーション部門の進展に関する論文の中で、1934年までは事実の問題として次のことを指摘することが可能であった。「ウィッター氏の事件以来、政治的理由から、政治家たちは少年裁判所や児童福祉問題を攻撃することに慎重になってきた。(中略) 1912年における大衆の憤りの高まりは、クック郡の少年裁判所とそこに所属するプロベーション部門が、常に考慮しなければならない程の多数の人びとの支持を得ている、という事実を示した」[58]。

　マコーミックの勝利直後、児童救済運動家たちはそれほど楽観的ではなかった。1913年1月に出されたホッチキス委員会の最終報告書の記載によれば、少年

司法システムには深刻な構造上の問題、なかでも最も重要なことには「少年裁判所の権限における間隙」という問題[59]があった。問題は、少年裁判所がひとたび要扶助少年を公認の民間施設に送致すると、要扶助少年が退院するまでの期間裁判所は少年に対する管轄権を失う、という点にあった。つまりこのことは、保護観察官には職業補導学校に送致された子どもを訪問する権限が一切ないこと、および、施設にはその被後見人の現状に関する最新情報を少年裁判所に報告する義務がないので、子どもは少年司法システムにおける行方不明者になることを意味した。少年裁判所が知らない間に、職業補導学校は子どもを退学させることができたし、また子どもを里親の保護の下に置くことも可能であった。結果として、裁判所は心配する親に対して、子どもの居場所をいつでも知らせることができる訳ではなかった。公務員人事委員会での証言の際のピンクニー判事の説明によれば、「貧困という不幸な出来事や他の不運」を理由に子どもを施設に収容された親は、「私の子どもはどこですか」と裁判官に尋ねることができるとともに、「子どの居場所を知ること」ができなければならない[60]。親が一時的なつまずきから回復した後に、子どもの行方に関する情報がないばかりに、子どもを取り戻すことができないとしたら、それこそ悲劇であろう。

　この構造上の問題を解決しようと試みれば、それはリスキーなものになるだろう。というのも、ホッチキス委員会は、「少年裁判所法に対する忠誠に疑念の余地のない高名な法曹や法学者によって、同法の合憲性に重大な疑いがあると表明されている」ことを発見したからである。「少年裁判所法が州最高裁判所により承認されるまでの間は、少年裁判所の権限を拡大する新しい制定法の執行は、（中略）法律家の抵抗を受ける可能性が高い」[61]。このように、世界初の少年裁判所の創設後10年以上が経過しても、少年裁判所の合憲性に関する根本的問題には依然として答えが出ていなかったのである。

　少年裁判所の合憲性に関する法的ドラマは、1911年から1912年にかけての政治危機の高まりの中で始まり、四幕で演じられた。ウィリアム・H・ダンは、その第一幕と第四幕の舞台の中心を占めた。ダンが行った少年裁判所廃止運動にどれほど多くの支持者を集めたかは不明であるが、資金を断つことによってほぼ独力で裁判所を閉鎖することを可能にした法的武器——差止命令——をダンが発見したことは事実である。法律家として訓練を積んだダンは、保護観察官を含む少年裁判所職員の給与を郡収入役が支払うことを制限する差止命令を、裁判官に出させることができれば、少年裁判所を機能停止にできることを理解していた。ダン

第 4 章

は1911年7月に、クック郡上位裁判所による差止命令を求める申立書を提出して、初めてこの戦略を試みた[62]。この申立書は、ダモクレスの剣[訳注10]さながらに児童裁判所を危険な状態にし、申立書を受け入れたがっている上位裁判所判事たちに、少年裁判所の息の根を止めるための長たらしい理由を提供した[63]。少年裁判所法が州憲法に違反する理由の説明は、二、三の例外はあるものの、大きく分けて四つのカテゴリーに分類された。すなわち、子どもの奴隷の永続化、デュー・プロセスの保障の否定、親子関係への不当な干渉、およびプライバシーの侵害である。これらは、重大な告発であって、シカゴ・レコード・ヘラルド紙が注意を喚起したように、「憲法訴訟は賭けでやってみるものでも、軽々しく扱うものでもない。裁判官は、法的難題を解くとき、また古い法原則を新しい状況や新しい社会潮流・社会運動に適用するときには、有能な弁護士の助けを必要とする」[64]。同紙は、少年裁判所を擁護する有能な法律家の確保を民間団体が手助けするよう求めた。

このように権利を根拠にして行われる少年裁判所法への批判は、子どもの最善利益と州の最善利益は同一だとする、進歩主義的少年司法の基本的前提を疑問視した。ダンによる具体的な訴えは、州は実の親の権限に勝る権限を持つ親であると看做す進歩主義者の取組みに対して、異議を唱えるものであった。例えば、第一の子どもの奴隷の永続化という訴えは、少年裁判所法が「子どもないしは親が貧困であるという理由から、その子を捕まえ、自由を奪い、見知らぬ人に委託すること」[65]を認める点を非難した。別の訴えは、保護観察官が裁判所に対する申立人としての地位を持つ一方で、裁判所の命令を執行する裁判所職員として活動する権限を与えられている点を非難した。このような二重の権限は、「親子関係に不当に介入し、それを不安定にし、崩壊させる。ひいては私的な事柄への違法で不当な調査につながる、陰謀とスパイ行為のシステム」[66]を生む。申立書はまた、家庭が社会領域ではなく私的空間として神聖であり、従って州の規制を受けるべきでないという主張を提起していた。

ダンの訴訟は1912年6月に却下されたが、児童救済運動家たちはダンの批判の影響力を評価し、慎重な解決を必要とする扱いにくい法的難問を自分たちが作っ

[訳注10] ダモクレスとは、Syracuse の Dionysius 王の廷臣で、あるときあまりに王の幸福を賛美したので、王は宴席でダモクレスを王座につかせ、その頭上に毛髪一本で抜身の剣をつるし、王の身辺には絶えず危険が迫っていることを悟らせた。ギリシア神話。（KENKYUSHA'S NEW ENGLISH-JAPANESE DICTIONARY, 2002 より）。

143

てしまったことを認めた。さらに5年後に、同様の申立書に基づいた差止命令を上位裁判所判事が出した時、ダンは少年裁判所の財源を断つことに成功した。児童救済運動家たちにとって幸運だったのは、これが起こったのが1912年の選挙の前ではなく、1917年であったということであった。差止命令が1912年に出されていたならば、運動家たちが少年裁判所の正統性を確保するために闘っている決定的に重要なときに、少年裁判所は閉鎖されていたであろう。

バーゼンが選挙で敗れて失脚した直後に、法的ドラマの第二幕においてイリノイ州最高裁判所はウィッター事件を終結させた。前主任保護観察官のウィッターは免職した後、公務員人事委員会を相手取って損害賠償訴訟を起こしたが、彼の事件はついに州の最高裁判所にまで辿りついた。ジェームズ・H・カートライト判事は、ウィッター対郡行政委員会事件判決（1912）（Witter v. County Commissioners）に関して多数意見を書いた。それによれば、ウィッターを停職や免職させる権限は郡行政委員会にも公務員人事委員会にもないことが、明確に示されていた[67]。本判決は、プロベーション部門に対する管轄権を巡回裁判所裁判官に与えた。

少年裁判所の元判事のジュリアン・マックによるローレビューの論説は、カートライト判事のために論点を整理した[68]。進歩主義的な少年司法の理論と実務に関するこの論説は今では著名であるが、その中でマックは、子どもたちに対する国の責任についての考え方の一大変革がアメリカ、ヨーロッパ、オーストラリアや他の国々を席巻している、と説明した[69]。この一大変革は大昔から存在する基盤の上に築かれている、とマックは論じた。二世紀以上にわたって、英国と合衆国の衡平法裁判所は、「不幸な子どもの保護を目的として裁判権を行使してきた」[70]。マックの指摘によれば、イリノイ州最高裁判所は1846年に、この裁判権が「規律の取れた社会、とりわけ共和主義政府であればどこでも必ず存在しなければならない権限」である、と認めたのである[71]。要するに、少年裁判所はこの基本的な政府の責任を満たすことを目的とする最も進んだ手段である、とマックは結論づけた。

この歴史的教訓は、チェック・アンド・バランスの仕組みを有するアメリカの統治システムのどこに保護観察官を所属させるのが適切か、という点についてカートライト判事が考えるのに役立った。カートライトは少年裁判所を衡平法裁判所の最新バージョンであると想定することにより、保護観察官の責任が「訴訟のための後見人（guardian ad litem）」――法的手続において未成年者を代理する

ために裁判官によって任命される個人——の責任と類似したものであると看做すことができた[72]。このようにして、保護観察官は、「訴訟代理人、大法官裁判所主事、財産保全管理人、連邦司法委員、審判員などの公務員」と同じで、「司法機能を遂行する際の、裁判所の単なる補佐役」であった[73]。保護観察官は、裁判官の補佐役として統治機構の司法部門に属しており、仮に保護観察官がどこかの行政委員会によって選任されるのだとすれば、司法部門は「統治機構の他の部門から分離して存在すること」ができなくなろう[74]。それゆえ、権力分立原理により、郡行政委員会と公務員人事委員会がプロベーション部門を監督することは禁じられるのであった。

　ウィッター事件は、プロベーション部門に対する監督権の争いを完全に終結させた[75]。この判決後、巡回裁判所裁判官は、ピンクニー判事に対し少年裁判所の保護観察官を任命・解任・監督する独占的権限を与えることを決定した。しかしながら、ピンクニーはこれらの決定を一人で行うことはせず、指導的市民から構成される委員会を設けて保護観察官志願者のための競争試験制度を開発させるとともに、それを運営させた。ジョン・ウィッターは汚名を晴らしたが、以前の地位に再び就くことをせずに、シカゴ少年クラブのために働く道を選んだ[76]。この重要な法的勝利は、児童救済運動家たちに、児童裁判所の正統性を強固にするための、より多くの材料を提供した。グレース・アボットは、自らが書いた影響力あるケースブック『子どもと国家』(1938) において、カートライト判事の見解を少年裁判所運動史における基本文献に加えた[77]。この画期的判決はまた、将来にわたって影響を及ぼした。1954年に、プロベーションに関する全米の権威者の一人のフランク・フリンは次のように説明した。「ウィッター判決は善意に基づく悪しき判決である、とたびたび指摘されてきた。当時クック郡においては、判決は悪しき状況を正すのに役立ったかもしれないが、一方で少年裁判所によるプロベーション職員の選抜を恒常化させた。少年裁判所による選抜は、今日では合衆国の多くの地域において適切なプロベーション業務の進展を阻害する、運営上実用性に乏しいやり方である」[78]。このように、1911年から1912年にわたる危機の期間において裁判所を通じて手に入れた政治的勝利は、少年裁判所を正統なものとするのに役立ったが、それと同時にその成長を阻害したのである。

　ウィッター事件判決において、イリノイ州最高裁判所は、少年裁判所法の合憲性について判断を下さなかった。そして、ホッチキス委員会が警告したように、少年裁判所に有利となるこうした判決がなければ、少年司法の運営上支障となっ

ている司法管轄権の隙間を埋めるための少年裁判所法改正を立法者が行うことは、困難であった。少年裁判所が親を「子どもに対する裏切り者」であると判断した場合、親から未成年者を引き離す権限が当該裁判所にあるのか、という問題もまた不明確であった。ピンクニー判事は公務員人事委員会における自らの証言の中で、子どもをそのような親から引き離すことが絶対に必要である、と強く主張した。虐待する親から子どもが引き離され、ファミリー・ホームに収容された以上は、親は遠ざけられなければならない、とピンクニー判事は警告した。ファミリー・ホームに住む子どもを訪ねて「戸口のところまでよろけながらやってくる飲んだくれの父親、あるいはドアを開けて入ってくる売春婦の母親」を想像できますか、と判事は尋ねた[79]。このような光景の中では、要扶助少年のためのまともなホームは見つけだせないであろう、とピンクニー判事は断言した。

　このようなケースにおいて少年裁判所は門番の役割をすることが認められなければならない、とピンクニーは主張した。判事の説明では、「父親が少年裁判所のドアをノックし、『俺の子どもはどこだ』と言ったならば、裁判所は『スミスさん、どのように暮らしてきましたか』とか、『スミス夫人、赤線地帯にいるのではないですか』、『スミスさん、あなたは大酒飲みですか』、と尋ねることができ、『もしあなたがそうである場合には、イリノイ州は子どもの福祉のために（中略）あなたが子どもともう会わないよう求める』」ことになる[80]。判事は適切な親であるかを決めることがきわめて困難であると認めた上で、監護権に係る紛争の解決を試みたが、彼のこの試みにより、イリノイ州少年裁判所法の合憲性に関する待望の審査――すなわち、法的ドラマの第三幕――がもたらされたのである。

　皮肉にも、この監護権に係るケースには、ピンクニー判事が「危険な階級」というどぎつい言葉で批判した階層の人びとは含まれていなかった。そこでの当事者は、むしろ東部の裕福な家庭の人たちであった。1911年12月15日にチャールズ・R・リンジーJr.はシカゴ少年裁判所に申立書を提出したが、そこには、12歳の甥で、家族の財産の相続人であるビリー・リンジーが「適切な親の保護」を受けていない、と記されていた[81]。ビリーの父親は1902年に亡くなり、息子に「年額総計1,200ドルから1,500ドルになる所得」を残した。この所得はフィラデルフィア市のジラード信託会社により、少年の「世話、扶養、教育」を賄うよう母親に支払われていた[82]。おじのチャールズによれば、少年の母親のエリザベス・リンジーは、「ビリーの世話も保護も躾も教育も全くできず、後見人として不適

格であった」[83]。エリザベスの不適格性に関する法的記述は型どおりのものだったが、しかしこのケースは新聞の第一面を飾った。

エリザベス・リンジーとその息子は、オトマン・ザーダッシュ・ハーニッシュ博士の支持者であった。ハーニッシュ博士はドイツ移民で、シカゴ市、ロサンゼルス市、マサチューセッツ州のローウェル市、ニューヨーク市、モントリオール市に聖堂を持つ素性不明な宗教団体であるマスダスナンの指導者であった。1910年にエリザベスはニューヨーク市でハーニッシュと会い、マスダスナンの信者になった。その後、彼女の新しい精神的指導者ハーニッシュの下にビリーを送り、国中を一緒に旅行させた。ビリーの親戚は、ハーニッシュが太陽崇拝者たちからなる不道徳なカルト集団の指導者であることを心配するとともに、ハーニッシュがビリーを堕落させるのではないかと恐れるようになった。おじのチャールズは全国隈なくビリーを探した挙句、シカゴ市南部のレイクパークアベニューにあるその集団の聖堂で彼を発見した。

チャールズ・リンジーは要扶助申立書の中で、母親のエリザベスとハーニッシュの名を挙げ、二人でビリーの後見と監督をしている、と述べた[84]。チャールズ・リンジーは、ビリーの「当面の健康と福祉が、現在彼に与えられている保護と後見によって危険に晒されている」ことを心配して、少年の身柄確保のために令状が必要だと主張する宣誓供述書を提出した[85]。ピンクニー判事は令状を許可し、当局は少年を少年観護所に連行した。しかしながら、エリザベス・リンジーはピンクニー判事を説得して、ビリーをパロールに付して自分の下へ戻させた。ピンクニー判事はリンジー親子の代理として地元の弁護士を任命し、1912年1月4日に審理の予定をたてた。裁判所の審理期日の1週間前に、母親と息子は姿をくらました。困惑した弁護士は、二人を捜し出せなかったと告白するために、審理に出頭しなければならなかった。ピンクニー判事は満員の法廷に向かって、「新聞の代表者ならびに傍聴人の皆さん、私にもたらされた情報から判断すれば、今日ここで明らかにされた状況に対してマスダスナンのメンバーが何らかの形で責任を負っていると確信せざるを得ない、と私は申し上げたい」と、語った[86]。ピンクニー判事は欠席した少年の代理として別の弁護士を任命し、少年の躾や失踪に関してさらなる証言を聴取する手続を進めた[87]。

観衆はハーニッシュ博士の証言を含め、裁判を見物しようと少年裁判所に集まった。ハーニッシュは準備した陳述を読み上げて、「私はビリーを監督も後見もしていないし、法廷に出頭させる権限もない。またビリーがどこにいて、誰の

後見と監督を受けているかについて、私は何も知らない」と、宣誓した。申立者の弁護人のウィリアム・マックエバンは、ハーニッシュを厳しく尋問し続けた。デイリー・ニュース紙によれば、「ハーニッシュは自分が王家の家系に連なり、霊的にも系譜的にも『王子』と称する資格を有すると信じている」と証言したが、この言明は審理が巻き起こしたセンセーションを一段と面白いものにした[88]。マックエバンはビリーが育児放棄されてきたことを証明しようとしたばかりでなく、マスダスナンが不道徳であることを証明しようとした。マックエバンの主張によると、その少年は、「ある人物の影響下にある。その者の著作や出版物は、もし公に出回ったならば、彼の支持者や信者が慎み深さと品位をもつあらゆる社会から排除されるような類のものである。彼の教えは自然、健康、道徳に関する一切の原則から逸脱している」[89]。証拠として、マックエバンはハーニッシュの『内面の研究』——これは彼の信者への指南書である——の中の婚姻関係に関する一章を読み上げ、公判記録に残した。弁護士は、その本がエリザベス・リンジーの所有するものであると主張した。本の内容を聞いた多くの女性は退廷し、「残っている人びと」の多くは、「顔をハンカチで押さえ、じっと床を見つめていた」[90]。著者のハーニッシュでさえ、自分で書いた言葉を聞いて赤面するのがはっきりと見て取れた[91]。また、カメラマンが熱心な信者の写真を本人の意思に逆らって撮ったことが、乱闘のきっかけとなった。「小柄とは言えない信者の女性はカメラマンに飛びかかり、ハーニッシュの男性信者数名が阻止しなければカメラを破壊していたであろう」と、デイリー・ニュース紙の記者は報じた[92]。この公開審理の模様は、少年裁判所の設立者たちが思い描いていた少年裁判所の機能の仕方とは全く別物だった。

　ピンクニー判事は裁判所決定を出し審理を終結させた。決定によれば、ビリーは「育児放棄された要扶助少年であり、母親以外に彼の人格を後見する人物は存在しない」のだが、その母親が「宗教的狂信」のためにビリーを養育する適性を持たないと、宣告された[93]。その上、母親はビリーを学校に行かせず、ビリーがハーニッシュと国中を旅行するのを許したが、そのハーニッシュは「ビリーを監督するのに相応しい人物ではなか」[94]った。決定は、少年の新しい後見人としておじたちを任命し、「少年を見つけたときはいつでも少年を保護し後見できる権限と、ビリーを取り巻く状況に関する申立をフィラデルフィアの適切な裁判所に提出する権限を後見人に与えた」[95]。判事はまた、リンジー夫人が「自分の子どもを連れ出し、裁判所の管轄権から離脱せしめた」ことは法廷侮辱罪に該当す

ると認定した[96]。

　エリザベス・リンジーは、ピンクニー判事の決定を覆すべく誤審令状を求めてイリノイ州最高裁判所に控訴したが、最高裁判所は、彼女が法廷侮辱罪を償うまではこの令状を求めることはできない、と判示した[97]。エリザベスは、息子を連れて逃げたことによって、自縄自縛の状態に陥っていた。エリザベスは、ビリーを連れ戻さない限り、少年裁判所の決定に異議申立てできなかった。しかし、もし連れ戻せば、少年裁判所の決定は効力を発揮し、エリザベスは少なくとも一時的に、もしかしたら永久にビリーの監護権を失うことになろう。他方、最高裁判所は、ハーニッシュに関しては次のように宣告した。すなわち、ハーニッシュは少年裁判所の決定により少年の後見人として不適格であるとされたのであるから、彼には法的手続の場に出れば少年裁判所の決定に異議を唱える資格がある。このようにして、ハーニッシュはビリーの親戚でもなく、自分は一度もビリーを後見も監督もしたことがないと宣誓していたにもかかわらず、誤審令状請求の訴えを提起する資格があった[98]。法廷侮辱罪の容疑で召喚を命じられなかったビリーもまた、令状を求めて訴訟を起こすことができた。しかし、ビリーは未成年者であるため、自分の代理として訴訟を起こすための弁護士を必要とした。

　イリノイ州最高裁判所は、ビリーとハーニッシュの両者が「誤審令状を求める権利」を有するという理由から、次の開廷期に再度リンジーのケースを審査すると決定した[99]。1913年2月に、裁判所は2年間で二回目のリンジー対リンジー事件判決を出した[100]。裁判官全員一致の法廷意見の中で、ウィリアム・M・ファーマー判事は、令状は三つの独立した問題を提起すると宣言した。すなわち、「少年裁判所法は連邦憲法または州憲法のいずれかに違反していたか。イリノイ州を観光客として通過したエリザベス・リンジーとビリー・リンジーは、イリノイ州少年裁判所法の管轄下にあったか。ビリーは要扶助少年、遺棄少年、ないしは非行少年であったか、また母親はビリーを後見する適性のない人間であったか」、という問題である[101]。児童救済運動家たちにとって、最初の質問は、最も重くのしかかるものであった。というのも、裁判所が違憲判決を出せば、イリノイ州少年裁判所法は廃止されることになるからであった。児童救済運動家たちは、ペンシルベニア州最高裁判所による重要な判決、すなわち州の少年裁判所法の合憲性を判事たちが支持した州対フィッシャー事件判決（1905年）[102]を心のよりどころとしていた。しかし、イリノイ州の児童救済運動家たちの予想では、進歩主義的な数々の規制法を廃止したことで名声を博したイリノイ州の最高裁判所の判決

は、最悪のものになると思われていた。

　控訴人は、少年裁判所法に対し四つの主要な非難を浴びせた。すなわち、「「少年裁判所法が新しい裁判所を創設する点」、「陪審による裁判を受ける憲法上の権利を否定する点」、「『犯罪に対する刑罰』という形式以外の処分形式において、子どもを意に反する苦役に就かせる点」、「法律によるデュー・プロセスに基づくことなしに、子どもと子どもの親から自由、財産、および幸福追求権を剥奪する点」の四点である[103]。第一の非難について、裁判官たちは、少年裁判所が巡回裁判所の一部であり、パレンス・パトリエの権限が数百年間にわたり大法官裁判所 (courts of chancery) によって行使されてきたと述べ、これを簡単に退けた。判事たちはウィッター事件を引用して、司法上の権限が今や少年裁判所に属することを証明した[104]。少年裁判所における六人制の陪審の利用を擁護するために、判事たちはコモン・ロー上の手続と制定法上の手続をはっきり区別した。コモン・ロー上の手続においては、陪審は常にコモン・ロー上の事件を審理してきたので、陪審による裁判を受ける権利は存在した。制定法上の手続においては、陪審は必要とされてこなかったのであるから、これは当てはまらなかった。このようにして、かつて非陪審事件であった法領域においては、陪審裁判を受ける権利は存在しなかった。

　少年裁判所が子どもやその親からそれぞれに認められたデュー・プロセスの権利を奪ったという主張に対しては、判事たちはフェリヤーの申立て事件とマクリーン郡対ハンフリーズ事件の判決の大部分を引用して、要扶助者にはパターナリスティックな立法が必要であることを明らかにした。1882年に出されたこれら二つの判決は、要扶助女子少年を保護する州の権限を支持したものであった。「我々はこの二つの判決文を長々と引用したが、それというのも、二つの判決文に関係する原則は本件に係る原則と類似するものだからであり、またこれらの原則は、少年裁判所法に対してなされた本件の異議申立てに答えるものだと我々は考えている」[105]と、判事たちは説明した。少年裁判所は少年を罰するためではなく、保護するために役立つのだという命題を支持するために、最高裁判所は少年裁判所創設前に出されたこれらの判決を利用した。判事たちはまた、少年裁判所法の意図が、「子どもを犯罪者として扱ってきた従来の法律よりも進んでいることは、疑問の余地がない」[106]という理由から、少年裁判所法を賞賛した。このようにして、判事たちは少年裁判所法がデュー・プロセスに違反するという主張を退けた。

少年裁判所法は州の権限の正当な行使であると結論を下した後、判事たちは、リンジー事件の詳細へと移った。ビリーが「控えめで大人しい少年であり、(中略) 何ら悪癖を持たず、見てとれる不良性もない。母親には献身的であり、その意向にも従順である」[107]と、判事たちは指摘した。ビリーは明らかに非行少年ではなかった。しかしながら、ビリーは要扶助少年ないしは遺棄少年であったのか。判事たちは、母親がビリーを7週間の旅行にハーニッシュに付き添わせて行かせたことを認定した。判事たちはさらに、ハーニッシュとビリーが「時には同じ部屋を使用することがあり、そしてまた、寝るときも一緒だったこともあった」[108]と、付け加えた。しかし、「ビリーは聖堂での礼拝に全く参加せず、ハーニッシュに雇われているわけでもなかった」ので、ビリーの親戚が二人の性的関係をほのめかそうと試みたにもかかわらず、彼らの交友関係は許容できるものであると思われた。

リンジー夫人の社会的信望は、判事たちの心に深く刻み込まれた。「彼女は教養があり洗練されていて、普通の人びとよりずっと知的な女性のように思われる」[109]、と判事たちは述べた。彼女はまた、「ビリーを愛していて、ビリーの健康と福祉については非常に心を砕いている」[110]ように見えた。判事たちが下した結論によれば、「彼女は自らの宗教観という点で道を誤り、また自分の子どもを教育し、しつける最善の方法を誤ったのかもしれない。しかし、我々は、少年に衣食住が不足していたとか、不道徳で俗悪な環境で育てられていたという証拠を求めて記録を探してみたが、見つからなかった」[111]。ビリーの要扶助性を示唆する唯一の証拠は、法廷で読みあげられて公判記録の中に残された指南書であったが、しかし「リンジー夫人と少年が、その本を一度でも目にしたりあるいは読んだことを示す証拠は何もなかった」[112]。判事たちは『内面の研究』を強く非難したが、「その本の原理が少年に教えられていたとか、少年がその本にアクセスしたという証拠がなければ、著者のハーニッシュとの交際が、ビリーを要扶助者と認定するほどの『親の保護の欠如』を示すものだと結論づけることは、制定法の趣旨に則って正当化されないだろう」[113]と、判事たちは述べた。

少年裁判所法は、「社会の最善利益や国家の福祉や本人の善を達成するには実親による後見に代えて国家による後見が必要であることを、自らの行為・悪しき性癖・不適切な環境といった原因によって証明してきた不幸な男子少年・女子少年に対して、その保護の手を差し延べること」[114]を予定していると、判事たちは宣言した。制定法は「広範で自由な解釈がなされる」べきであると判事たちは主

張する一方で、「子どもの養育上追求すべき最善の方針に関して、意見の相違があるに過ぎないケースにまで」[115]、解釈を拡張しないことが重要であった。州が介入する前に、「親による育児放棄・放任・監護能力の欠如・虐待行為や、子どもが不道徳ないしは悪徳に晒されているとの証拠」[116]が存在しなければならなかった。さもなければ、「自分の子に関して親が社会に対して有する権利は本来的なものであり、裁判所は取るに足らぬ口実に基づいてこの親権を侵すことは許されず、また明らかに子どもの最善利益になる場合でない限り、裁判所は親権を侵してはならない」[117]。以上の結論として、イリノイ州最高裁判所はピンクニー判事の決定を覆し、リンジー夫人はビリーの監護権を持ち続けることになった。

イリノイ州少年裁判所法は、一風変わったケースを通じてにせよ、最終的には裁判による承認を受けた。少年裁判所は主に少年非行のケースを扱うとしても、判事たちは少年裁判所の合憲性を支持するために、少年裁判所創設以前の要扶助少年に関わるケースに重きを置いたのである。さらに、判事たちは、広大な地所を相続した者に対する監護権紛争を利用して、労働者階級の家族を取り締まるべく設計されたシステムを正統化した。要扶助性は、裁判官の目には社会階級にしっかりと根ざしていると思われた。重要な点は、親にはわが子を養育する本来的な権利があると判事たちが強調した点であり、この権利は合衆国最高裁判所が1920年代に出した一連の判決において確立した原則になった。この原則は、今日では「親権原理（parental rights doctrine）」——つまり、「家族関係は非常に基本的なものであるから、政府の介入は制限されなければならない」[118]と考えるアメリカ合衆国憲法上の揺るぎなく確立した教義——の基礎として機能している。このようにして、児童救済運動家たちにとって大勝利となったリンジー判決はまた、州の親権に制約を加える親権ケースとして読むことも可能である。

イリノイ州最高裁判所は最終的に少年裁判所法が合憲であると宣言したが、リンジー事件によって1910年代における少年裁判所が抱える法的諸問題の幕引きがなされたわけではなかった。合衆国が第一次世界大戦に突入する1週間前にあたる1917年3月30日に、ウィリアム・H・ダンは再び、年額総計約15万ドルに達する113名分の少年裁判所職員の給料を郡行政委員会が支払えなくするために、差止命令を請求した[119]。今回は、ダンは差止命令を出すことに協力的な上位裁判所判事を探し出した。その結果、郡収入役は二つの理由から職員の給料を支払うのを拒んだ。第一に、もし収入役が裁判所の命令を無視すれば、彼は法廷侮辱罪で拘束されるだろう。第二に、より重要なことだが、もしイリノイ州最高裁判所が

その差止命令を支持すれば、収入役が支出する全ての資金に対して個人的な責任を負うことになるだろう。収入役は、弁護士の助言を受けて、自身の将来の財産を危険に晒すことはないとの結論を下した。このようにして、ダンの差止命令によって、裁判所職員はこの先数ヶ月間給料未払いになるかもしれないという状態に置かれた。法的ドラマの最終幕は既に始まっており、早急に手を打たない限り、少年裁判所は閉鎖されなければならなかった。少年裁判所の閉鎖の可能性に、児童救済運動家たちは危機感を抱いた。というのも、合衆国が参戦すれば、アメリカの都市の非行率は戦時中に急上昇し、それ故シカゴ市は少年裁判所の業務を必要とする事態になると予想されたからである。

裁判所職員は委員会を設置し、評判の良い主任保護観察官ジョエル・ハンターをその委員長に選出することによって、この危機に対応した。女性審判員メアリー・バーテルミの助けを借り、ハンターはチャールズ・カッティング元判事を説得して、自分たちの法定弁護人を務めてもらった。カッティングは、たとえ自分が首尾よく差止命令に関する最初の審理に勝ったとしても、ダンは事件をイリノイ州最高裁判所に上訴することができるし、職員の給料は恐らく12月まで支払われないだろう、と警告した[120]。そこでハンターは、全職員に個人的なインタビューを行い、差止命令が出たとしても働き続けるかどうかを尋ねた。全員が働き続けることに同意した。そればかりか、職員の大多数が、少なくとも一時的であれば無給でもやっていけるだろうとハンターに語った。しかし、25人が絶望的な窮状にあった。この人たちには「1,685ドルが早急に必要である」とハンターは計算した[121]。ハンターは、「これらの職員のために、外部から無利子で」融資を受けるつもりだと、この25人の職員に約束した[122]。

ハンターは、シアーズ・ローバック社の社長ジュリアス・ローゼンウォルドに援助を要請した。この高名な慈善家は以前少年裁判所に寄付したことがあり、ウィッター事件では訴訟費用の全てを支払うことも申し出ていた[123]。ハンターはローゼンウォルドの社長付秘書ウィリアム・グレイブズに事情を説明し、ローゼンウォルドが必要な資金を自分たちに融資してくれるよう依頼した[124]。世界初の少年裁判所設置に奮闘した児童救済運動家たちの眼からすれば、あたかも少年司法における実験全体が破綻をきたしつつあるかのように思われたにちがいない。少年裁判所はその歴史全体を通じてシカゴ市の慈善家たちに援助を頼ってきたが、今回の要請はこれまでとは異なるものだった。以前は、慈善家たちは新しいプログラムに着手するための支援を求められた。今回は、少年裁判所の運営経費

のほぼ全額を負担するよう、裁判所は慈善家たちに求めていたのである。この危機の最中にある裁判所を援助することの責任を、「コミュニティの一個人に対して」独りで負担するよう依頼することはフェアでないであろうと、ハンターは説明した。ただし、彼は、「少年裁判所を価値あるものだと考える人びとが大勢いるならば、これらの人びとにより直接裁判所職員の給料が支払われるはずであるし、さもなければ郡収入役に手形が渡され、最高裁判所判決が差止命令を支持した場合の収入役の給料が保証されるはずである」[125]と、付け加えた。このようにして、少数の市民が少年裁判所という重要な公的施設に資金を提供する全責任を引き受けるべきである、とハンターは促した。

　グレイブズはローゼンウォルドに手紙を出し、少年裁判所が抱える諸問題のことのほかに、宗派的な職業補導学校に対する助成金支払いを郡に止めさせるためにダンが提出した一連の申立書のことも知らせた。ダンは、こうした支出は政教分離に対する甚だしい違反であると非難し、彼が提出した差止命令申立書によって、アフリカ系アメリカ人のシカゴ市民の役に立っていたルイーズ少年職業訓練学校やアマンダ・スミス少女孤児院は脅かされた[126]。アラバマ州のタスキーギ学院へ行く途中であったローゼンウォルドは、次から次へと起こる危機に関する情報を入手し続けるよう依頼した。ローゼンウォルドはまた、ハンターが要請した金額を委員会に融資することに同意した[127]。

　一方、シカゴ法律家協会は、少年裁判所が差止命令の危機を乗り越えるために、一つの委員会を設立した。マーティン・グリッドリー上位裁判所判事はダンが申請した差止命令を却下したが、予想通りダンはその判決を上訴した。この法律家協会委員会は、郡収入役とある協定を結んだ。収入役は、少年裁判所職員の給料支払額に対して自分が負う個人責任を委員会が連帯保証することを条件に、給料支払いの再開に同意した[128]。双方の取り決めでは、20万ドルの保証証書によってそのような保護が提供されることになった。そこで、委員会は、保証会社に対して20万ドルの補償を請け負ってくれそうなシカゴ市民を探し求めた[129]。委員会は、ローゼンウォルドやマーシャルフィールド社の社長ジョン・G・シェッドのような協力者になってくれそうな人びとに対して、自分たちの主張の正当性を証明するために、次のような説明を行った。すなわち、「もしコミュニティが少年裁判所職員の仕事をかねてから必要としていたならば、今こそそれが必要とされています。戦争開始以来、少年非行はイングランドで34％、ベルリンでは100％以上増加しました。クック郡少年裁判所は、ここシカゴ市において少年非

行の大幅な増加を防止できる立場にいます」[130]。ピンクニー判事を含む25人のシカゴ市民が、裁判所職員への給与支払いを11月まで保証するため、各々5,000ドル出すことを誓約した[131]。同月、州議会も同様に、政府による重要なサービス提供が将来中断する事態を防ぐために、そのような事態に立ち至った際に郡収入役に給与の支払いを許可する法律を可決した[132]。ただし、この法律が効力を発揮するのは、裁判所が当面の危機を解決した後のことになるであろう。それでも、少なくとも将来少年裁判所が差止命令を受ける可能性は減少したのだった。こうした法の改正により、ウィリアム・H・ダンのような人物が裁判所全体のシステムを再び危険に晒すことはほぼ不可能となった。

　保証証書が期限満了無効となり、郡収入役が給与支払いを停止した後に、少年裁判所職員は収入役を訴えた。12月、上位裁判所は職務執行令状を交付し、イリノイ州控訴裁判所が事件を審理するまで収入役に給与支払いを再開するよう命じた。1918年6月14日、控訴裁判所は下級審の決定を支持した。10月、ダンの最終上訴は棄却された[133]。イリノイ州最高裁判所はまた、宗教学校への郡の支出は政教分離に違反しているというダンの主張を退け、州の職業補導学校制度の合憲性を支持した。1910年代の法的ドラマはついに幕を閉じた。

　慈善家や法律家集団の支援がなかったならば、シカゴ少年裁判所はこうした試練の時代を生き抜けなかったであろう。1910年代を通じて、児童救済運動家たちは同盟を築き、候補者を支持し、政治集会を開催し、多額の金銭を調達し、さらに最も重要なことには、少年司法の道徳的美点について、シカゴ市の多くの公衆に対して自分の主張の正しさを証明したのである。この歴史は、政治のプロセスを含む市民社会の諸制度がどのようにして進歩主義の時代における子どもの保護を具体化したのかを思い出させる一助となる。現代の政策専門家たちは、20世紀末のポピュリズム運動を前にしてその権威を失ってしまった。この政策専門家たちが権威を多少なりとも取り戻す姿を見たいと願う現代の少年司法の支持者に対して、児童救済運動家たちが少年裁判所の正統化をどのように行ってきたかを研究することは、様々な教訓（そしておそらくは希望の光）を提供するものである。また、州の権限が子どもとその親のために行使されているかについて、政府に属さない実践家たちがしっかりと監視し続けなければならないことを、この歴史は示唆する。さらに言えば、少年司法の将来に関する公共の討論のための土俵作りを支援する責任は、こうした実践家たちが担い続けていくのである。

註

1. *Charity Service Reports*, Board of Commissioners of Cook County, Illinois (Chicago : Ill. : Henry O. Shepard, 1911), 9.
2. *Cook County Appropriation Bill 1912 and Comptroller's Annual Report 1911*, Board of Commissioners of Cook County, Illinois (Chicago : Ill. : 1912), 44.
3. Mary Louise Childs, *Actual Government in Illinois* (New York : Century, 1914), 71-72.
4. Ibid. 公務員人事委員会の権限については、"An Act to Regulate the Civil Service of the State of Illinois" に対する修正条項 *Laws of Illinois* (Springfield : Illinois State Journal, 1907), 203-207 を参照。
5. *Proceedings*, Board of County Commissioners, Cook County, Illinois (December 5, 1910), 2.
6. Joan Gittens, *Poor Relations : The Children of the State in Illinois*, 1818-1990 (Urbana : University of Illinois Press, 1994), 191-194.
7. "Probation and Politics,"*Survey* 27 (March 30, 1912) : 2003-2014.
8. "Blame of Court for Quiz," *Chicago American*, August 11, 1915, n.p., in Louise de Koven Bowen Scrapbooks, vol. 2, Chicago Historical Society, Chicago.
9. "Charge Society Is Enslaving Children," *Chicago Examiner*, July 20, 1910, n.p., box 29, file 9, Children Home and Aid Society of Illinois Papers, University of Illinois- Chicago, Special Collections (以後 CHASI Papers とする。)
10. "Child Slavery Facts Ready for Officials," *Chicago Record-Herald*, February 17, 1911, p. 18.
11. Ibid.
12. *Fifth Annual Report of the Department of Visitation of Children Placed in Family Homes* (Springfield, Ill. : State Printers, 1911), 9.
13. "Dunn Swells Charge," *Chicago Record-Herald*, February 18, 1911, p. 3.
14. "Says Children Are Sold by Charities by Court Sanction," newspaper clipping, January 11, 1911, p. 1, box 29, file 9, CHASI Papers.
15. *Charity Service Reports*, Board of Commissioners of Cook County (Chicago : Henry O.Shepard, 1908), 186.
16. "Mr. W. H. Dunn Speaks at a Meeting of the D. A. R. in Austin, 3/14/11," p. 4, box 29, folder 9, CHASI Papers.
17. Harriette N. Dunn, *Infamous Juvenile Law : Crimes against Children under the Cloak of Charity* (Chicago : Privately Chicago Published, 1912).
18. 当該事件に関する議論については、David S.Tanenhaus, "Creating the Child, Constructing the State : *People v. Turner*, 1870," in *Children as Equals : Exploring the Rights of the Child*, edited by Kathleen Alaimo and Brian Klug (Lanham, Md. University Press of

America, 2002), 127-144.
19 Dunn, *Infamous Juvenile Law*, 20.
20 "Babies Made Slaves," *Chicago Examiner*, April 20, 1911, n.p., clipping in CHASI Papers.
21 Ibid.
22 Timothy Hurley, "Legal Phases of the Juvenile Court Movement," *Juvenile Court Record 10* (August 1909): 8.
23 Ibid.
24 "Ignores Charges of W. H. Dunn," *Chicago Record-Herald*, March 24, 1911, p. 3 ; "Ignores Dunn Charges, but Promises Inquiry," *Chicago Evening Post*, March 28, 1911, p. 3.
25 "Child Dependency Quiz," *Chicago Evening Post*, July 19, 1911, p. 3.
26 "Would Halt Court Probe," *Chicago Evening Post*, July 27, 1911, p. 5.
27 Ibid.
28 Ibid.
29 Ibid.
30 "Attacks Juvenile Law," *Chicago Daily News*, July 29, 1911, p. 4 ; *William H. Dunn v. The County of Cook et al.* (1912), case no. 288, 267, Cook County Circuit Court Archives, Chicago.
31 "The Juvenile Court," *Chicago Record-Herald*, August 9, 1911, p. 8.
32 Ibid. これらの理由は1907年改正少年裁判所法第15条から取られた。Laws of Illinois (Springfield, Ill. : Phillips, 1907), 77.
33 "The Juvenile Court," 8.
34 "Appoints Quiz Board," *Chicago Record-Herald*, August 13, 1911, p. 3 ; 次の著作も参照。*The Juvenile Court of Cook County, Illinois : Report of a Committee Appointed under Resolution of the Board of Commissioners of Cook County, Bearing Date August 8, 1911* (Chicago : Committee to investigate the operation of Juvenile court, 1912) (以下 Hotchkiss Report とする。), 2.
35 "Now for the Investigation," *Chicago Record-Herald*, August 15, 1911, p. 8.
36 "Juvenile Court Quiz Assumes New Phase," *Chicago Record-Herald*, August 23, 1911, p. 3 ; "Juvenile Court Probe a Riddle," *Chicago Daily News*, August 22, 1911, p. 4.
37 Ibid.
38 "Denies Clash with Bartzen," *Chicago Daily News*, August 23, 1911, p. 14.
39 Ibid.
40 第三の調査もまた、「クック郡少年裁判所を通じて子どもを受け入れている施設および組織」全てを調べるために、クック郡の郡裁判官が六人の市民を郡視察委員会に任命した1911年10月から始まった。*Report of the County Board of Visitors* (Chicago: County Board of Visitors, 1912).

[41] Harvey B. Hurd, "Juvenile Court Law : Minimum Principles Which Should Be Stood For," *Charities* 13 (January 7, 1905) : 327-328. 保護観察官の重要性については次の著作を参照。Steven L. Schlossman, *Love and the American Delinquent : The Theory and Practice of "Progressive" Juvenile Justice, 1825-1920* (Chicago : University of Chicago Press, 1977), chap. 4.

[42] Julia C. Lathrop, "The Development of Probation in a Large City," *Charities* 13 (January 7, 1905) : 344-349 ; Bernard Flexner and Roger N. Baldwin, *Juvenile Courts and Probation* (New York : Century, 1914), 79-172.

[43] "Probation Officers Are in Dilemma," *Chicago Record-Herald*, August 25, 1911, p. 18.

[44] "Two Inquiries Sure into Juvenile Court," *Chicago Evening Post*, August 23, 1911, p. 3.

[45] Victoria Getis, *The Juvenile Court and the Progressives* (Urbana : University of Illinois Press, 2000).

[46] "Lives of Children Menaced," *Chicago Inter-Ocean*, October 18, 1912, n.p., clipping in McCormick Scrapbooks, vol.1, Newberry Library, Chicago.

[47] "Epidemic Perils Wards of County," *Chicago Daily News*, October 18, 1912, n.p., clipping in McCormick Scrapbooks, vol. 1.

[48] "Probation Head Out," *Chicago Evening Post*, September 29, 1911, 4.

[49] "The Blight of Bertzen," *Chicago Evening Post*, August 2, 1911, p. 6.

[50] Ibid.

[51] "A. A. M'cormick Is Advocate and Adherent of Manly Act," *Chicago Inter-Ocean*, October 31, 1912, clipping in McCormick Scrapbooks, vol.1 ; "Battling" Peter Avoids Fist Fight with M'cormick," *Chicago Inter-Ocean*, March 12, 1913, clipping in McCormick Scrapbooks, vol.2.

[52] "Hearst Sheet Misleads Those Who Read It," *Chicago Daily Socialist*, August 25, 1911, clipping in McCormick Scrapbooks, vol.1.

[53] "Club Women Declare War against Bartzen," *Chicago Record-Herald*, October 29, 1912, clipping in McCormick Scrapbooks, vol.1.

[54] "Report of the Meeting Held at the Illinois Theatre, Sunday Afternoon, November 3rd, 1912," typescript in Cook County Board of Commissioners file, Chicago Historical Society, Chicago.

[55] Ibid.

[56] Ibid.

[57] Joanne Lorraine Goodwin, "Gender, Politics, and Welfare Reform : Mothers' Pensions in Chicago, 1900-1930." (Ph. D. dess., University of Michigan, 1991), 198.

[58] Elisabeth Parker,"Personnel and Organization in the Probation Department of the Juvenile Court of Cook County, 1899-1933" (M. A. thesis, School of Social Service Adminis-

tration, University of Chicago, 1934), 23.
59 *Hotchkiss Report*, 16-17：Sophonisba P. Breckinridge and Edith Abbott, *The Delinquent Child and the Home：A Study of the Delinquent Wards of the Juvenile Court of Chicago* (New York：Charities Publication Committee, 1912), 237.
60 Breckinridge and Abbott, *The Delinquent Child and the Home*, 238.
61 *Hotchkiss Report*, 16.
62 *Dunn v. County of Cook et al.*（1912）, case no. 288, 267, Cook County Circuit Court Archives, Chicago.
63 "Bill for Injunction," case no. 288, 267, Cook County Circuit Court Archives, Chicago.
64 "Trying the Juvenile Court Case," *Chicago Record-Herald*, August 1, 1911, p. 10.
65 "Bill for Injunction," 5.
66 Ibid., 6-7.
67 *Witter v. Cook County Commissioners*, 256 Ill. 616（1912）.
68 Julian W. Mack, "The Juvenile Court," *Harvard Law Review 23*（1909-1910）：104-122.
69 Ibid., 104.
70 Ibid.
71 Ibid.
72 *Bouvier's Law Dictionary and Concise Encyclopedia*, 8th ed., edited by John Bouvier (St. Paul, Minn.：1914), 1390-1391.
73 *Witter*, 624.
74 Ibid.
75 "Bartzensim Ends in Juvenile Court," *Chicago Inter-Ocean*, January 13, 1912, clipping in McCormick Scrapbooks, vol.2.
76 Frank T. Flynn, "Judge Merritt W. Pinckney," *Social Service Review* 28（March 1954）：26 参照。
77 Grace Abbott, *The Child and the State*（Chicago：University of Chicago Press, 1938）, vol. 2：412-417.
78 Flynn, "Judge Merritt W. Pinckney," 26.
79 Ibid.
80 Ibid.
81 *Lindsay v. Lindsay*, 255 Ill. 442（1912）.
82 *Lindsay*, 444.
83 Ibid.
84 "Lindsay Boy Missing, Judge Raps Sun Cult," *Chicago Daily News*, January 4, 1912, p. 1.
85 *Lindsay*, 443.
86 "Lindsay Boy Missing, Judge Raps Sun Cult," p. 1.

[87] Ibid.
[88] Ibid.
[89] "Grill Hanish in Trial," *Chicago Daily News*, Junuary 6, 1912, p. 3.
[90] Ibid.
[91] Ibid.
[92] "Lindsay Boy Missing, Judge Raps Sun Cult," p. 2.
[93] *Lindsay*, 443.
[94] Ibid., 443.
[95] Ibid., 443.
[96] Ibid., 443.
[97] Ibid., 445-446.
[98] *Lindsay*, 446.
[99] *Lindsay*, 446.
[100] *Lindsay v. Lindsay*, 257 Ill., 328（1913）（以後 *Lindsay*ll とする。）。
[101] *Lindsay* Il, 332.
[102] *Commonwealth v. Fisher*, 213 Pa.48（1905）.
[103] *Lindsay* Il, 332.
[104] Ibid., 334. 少年裁判所が既存の裁判所制度の一部であるという主張を擁護するために、彼らはまた *Fisher* 事件を引用した。
[105] *Lindsay* Il, 337.
[106] Ibid., 333.
[107] Ibid., 338.
[108] Ibid., 338.
[109] Ibid., 339.
[110] Ibid., 339.
[111] Ibid., 339-340.
[112] Ibid., 339-340.
[113] Ibid., 340.
[114] Ibid., 340.
[115] Ibid., 340-341.
[116] Ibid., 340-341.
[117] Ibid., 341.
[118] Annette Ruth Appell, "Virtual Mothers and the Meaning of Parenthhood," *University of Michigan Journal of Law Reform 34*（summer 2001）: 688.
[119] 少年裁判所の113名の職員とその具体的な責務に関する情報については次のものを参照。*In Re Peter for Help*, case no. B36877（1918）, Cook County Circuit Court Archives,

Chicago.

[120] 1917年4月9日の Joel P. Hunter から William C. Graves に送られた手紙からの引用。Julius Rosenwald Papers, box 23, folder 9, Rosenwald Papers.Department of Special Collections, University of Chicago Library.

[121] Ibid.

[122] Ibid.

[123] Rosenwald to Mrs. E. Blaine, 25 July 1912, box 42, folder 14, Rosenwald Papers.

[124] William C. Graves to Merritt W. Pinckney, 30 December 1912, box 23, folder 9, Rosenwald Papers.

[125] Joel P. Hunter to William C. Graves, 9 April 1917, box 23, folder 9, Rosenwald Papers.

[126] W. C. Graves to Julius Rosenwald, March 31, 1917, Julius Rosenwald, box 23, folder 9, Rosenwald Papers.

[127] Graves to Hunter April 10, 1917, box 23, folder 9, Rosenwald Papers.Morton D. Hull もまた、委員会に 1,900 ドル貸し付けた。Graves to Julius Rosenwald, May 21, 1917, box 23, folder 9, Rosenwald Papers.

[128] Letter from Committee for the Chicago Bar Association to Julius Rosenwald, May 16, 1917, box 23, folder 9, Rosenwald Papers.

[129] *Juvenile Court Annual Reports*（1917），5-6.

[130] Letter from Committee for the Chicago Bar Association to Julius Rosenwald, Rosenwald Papers.

[131] 次の人びとは 1917 年 6 月 12 日に契約書にサインした。Harrison B. Riley, John P. Wilson, John G. Shedd, Rollin A. Keyes, Frank H. Scott, Charles S. Cutting, John S. Mule, Walter H. Wilson, D. R. McLeman, John V. Farwell, Homer A. Stillwell, Albert D. Dick, Edgar A. Bancroft, Robert Berry Ennis, Jas. R. Forgan, Alfred S. Baker, James A. Patten, Morton D. Hull, Frank H. McCullough, Ethel S. Dummer, Lewis Ferguson, William P. Sidley, Alfred Cowles, Albert A. Sprague Ⅱ, Thomas D. Jones, Arthur W. Underwood, Harry A. Wheeler, Robert Schaffner, Merritt W. Pinckney, and Victor P. Arnold.

[132] "An Act in relation to suits to restrain and enjoin the disbursement of public moneys by officers of the State," *Laws of Illinois*（Springfield, Ill.：State Printers, 1917），534-535. 次の論文もまた参照。"An Act to prevent the mere bringing or pendency of any suit from changing the liability of public officers in the disbursement of public funds on account of notice of any matter contained in the pleadings," *Laws of Illinois*（Springfield, Ill.：State Printers, 1917），536.

[133] *Juvenile Court Annual Reports*（1918），9.

第 5 章

堅苦しい法規や刑罰の適用に頼るよりも、犯罪者の行為の動機に関する知識に基づいた方が何千倍も合理的に、当該犯罪者のケースの賢明な解決が期待できるだろう。
——少年精神病質研究所長、ウィリアム・ヒーリー（1915年）。

非行の医療化

　少年裁判所をめぐる草創期の政治上の争いは、少年裁判所による要扶助ケースの取扱いに向けられたが、その一方で、進歩主義的な児童救済運動家たちは、もし高い累非行率が抑制されなければ少年裁判所システムの正統性が崩壊するのではないかと心配した。この事態を防ぐため、メリット・ピンクニー判事は累非行問題を調査するための研究委員会を招集し、当委員会は、こうした常習的な法違反行為者を研究するためのクリニックを少年裁判所が付設するよう勧告した。これに続く1909年の少年精神病質研究所（Juvenile Psychopathic Institute）の開設——当研究所は、非行原因研究に向けられた世界初の少年の精神病質に関する研究所である——は、シカゴ市の少年司法の運用を変容させたばかりでなく、子どもの発達や養育に関する人びとの理解を形成するのにも役立ったのである。このように、累非行問題に対する児童救済運動家たちの対応は、わが国の子どもや若者の情緒面でのニーズを徹底的に精査することへの道を開き、その結果、これらの子どもや若者の大多数が少年裁判所に送られずに済んだのであった。

　少年非行の医療化（若者の法違反行為を、「個別化された処遇計画によって解決されるべき精神状態」として扱うこと）の歴史は、特にエセル・スタージェス・ダマーに負うところが大きい。彼女は1866年シカゴ市の裕福な家庭に生まれた。公共心に富む彼女の父親はノースウェスタン・ナショナル・バンクの頭取で、彼女はこの銀行の副頭取のウィリアム・フランシス・ダマーと1888年に結婚した[1]。彼女は、アウトルック誌掲載の児童労働に関する一連の記事を読んだ後、1906年に少

年裁判所の活動に従事することを決意した。彼女は、「日々が楽しみと喜びにあふれていた」自分の幼少期とは対照的に、少年裁判所に係属する子どもたちの生活が「みすぼらしさ、貧困、そして悪徳」に満ちていることに気が付いて衝撃を受け、「今日掲載されたケースはどれも胸を張り裂けさせるものばかりです。でも、30件のケースを聞くと、頭にひらめきが走ります」[2]と、夫に語った。

　ダマーは、こうした子どもたちのほとんどが不健全な環境の被害者であると考えたが、いくつかの注目すべき例外に心を打たれた。最も記憶に残る例外が二つあった。ひとつは、「身体的には成熟しているが、教育を欠く聴覚障害の男子少年」で、彼は「地域を点々と移り住みながら、様々な集団に対して悪影響を及ぼしていた」。もうひとつは、「明らかに道徳意識の欠如した行動を示す少数の女子少年たち」だった[3]。それにもかかわらず、彼女は、こうした子どもたちを悪人として非難する気にはなれず、かえって彼らを理解しようと努めた。まさにルイ・パストゥールが植物や動物や人間の生命を滅ぼす細菌を見事に特定したように、科学者がこうした子どもたちの非行の原因を発見することができたならば、彼らは救われるだろうと、ダマーは論じた。これらの精神に障害のある子どもたちは判事から有罪判決を言い渡されるのではなく、医師によって研究される必要があると気付いた途端、彼女は「不思議なほど研ぎ澄まされた意識、つまり未だ経験したことのない精神作用」を味わった。今や、何をおいても必要とされるのは、このような「普通と異なる子どもに関する未解明の問題」を調査できる科学者だった[4]。

　彼女は、少年非行の心理学的原因を研究する専門家がいないことを知って失望した。その上、19世紀に繰り広げられてきた法学と精神医学との間の対立関係は、少年裁判所判事が進んで「精神鑑定医」と手を携えて働くことなどあり得ないとの思いを募らせるものであった。ダマーが後年回顧して語ったところによれば、「『少年裁判所においては、法学の訓練を受けた人よりも、博識な医師が価値ある存在になるでしょうね』と、クリニック創設後に私がマック判事にそれとなく語りかけたら、彼から法律の専門用語が次々と私に浴びせかけられました」[5]、とのことだった。少年裁判所に連れて来られた子どもたちの身体検査に関しては、少なくとも先例があった。1905年マックは、生理上の問題が非行を引き起こしているのかを調査するために、裁判所の被後見人のなかから選ばれた者を研究する許可を教育委員会に与えた[6]。また同年、小児病院協会は裁判所の全ての法廷に看護師を派遣し、子どもたちの検診を開始していた。同協会は、1907

年の少年観護所開設後、同じ建物内にクリニックを設置した。その後、少年観護所に収容された全ての子どもが総合検診を受けたのであるが、この検診には伝染病検査も含まれていた[7]。とりわけ年長女子少年については性病の心配があり、子どもたちの検査結果を可能なかぎり速やかに明らかにすべく、少年観護所の医務室用に顕微鏡の購入が推し進められた。もし子どもが陽性であると検証されれば、男女を問わずその子は即刻治療のためにクック郡病院に送られた[8]。

少年観護所の医師ジェームズ・A・ブリトン博士は、毎日回診を行った。彼は女子少年の性病罹患率の高さに関する心配に加えて、子どもたちの歯の状態の悪さに愕然とした。例えば、ある日彼は、身柄拘束中の58名の子どもたちのうち、今までに歯ブラシを利用したり、歯科医の診察を受けたりしたことのある者がたった4名しかいないことを発見した。子どもたちには合計すると203本の虫歯があった。言い換えると、子ども一人あたり平均3本以上の虫歯がある勘定だった。こうした発見がきっかけとなり、少年観護所所長のベナ・ヘンダーソンは、「虫歯が健康や栄養摂取全般に対して悪影響を及ぼすことについては、疑問の余地がほとんどない。また、歯痛が精神状態や行動に対して影響を及ぼすことに関しても、まず疑う余地がないはずである」[9]、と指摘した。ヘンダーソンは身体的不調と非行行動との間には一定の相関関係があると考えたものの、「子どもの怠学や非行はもっぱら扁桃腺肥大、腺様増殖症、聴覚障害や視覚障害に起因している」と決めてかかる気にはなれなかった。それでも、彼女は、因果関係に関する疑問を研究するために「精神病質クリニック」が設置されるべきである、と強く勧告したのだった[10]。

とは言え、「精神病質」という用語は一体何を意味していたのか。歴史学者のエリザベス・ランベックが明らかにしたように、20世紀初頭に精神科医たちはこの用語を新しい形で使い始めていた[11]。19世紀と20世紀の変わり目には、「サイコパシック」や「サイコパシー」という用語は「魂の苦痛（soul suffering）」——それは、ギリシア語のプシケ（psyche, soul: 魂）とパトス（pathos, suffering: 苦痛）の直訳であった——を言い表すために使われることが多く、異常で、大抵は施設に収容されている者を指していた[12]。ドイツと合衆国の精神科医は、1910年代までには、単なる奇癖から極度の暴力傾向までの広範囲にわたる人格障害を言い表すためにこの用語を使うようになっていた。ランベックによれば、伸縮性を増したこの精神病質という用語によって、「施設に収容された犯罪者や放蕩に耽る浪費家、ふしだらな女子少年や怠惰な男といった、欠陥のある者たちを見事に包摂

するカテゴリー」が精神科医たちに提供されたが[13]、ここで言うところの「欠陥のある者たち」が「非常に多様で数も多く、結局捕らえどころのないものであったので、そのカテゴリーがそもそも何かを指すのか訝る者も存在した」。この広範囲にわたる定義はまた、多くの精神科医が当時従事していた州立の精神障害者収容施設から離れるための概念上の道具のひとつとしても役立った。精神障害者収容施設からのこうした離脱は、精神科医が家庭内の人間関係の領域に関して専門的意見を主張する権限を獲得する過程の一部だった[14]。精神科医たちは、いわゆる家族の危機への解決方法を持っていると主張することによって、「日常的な問題」を自らの活動領域に取り込み、社会の除け者だけでなく誰でもが潜在的になる可能性のあるこうした患者を治療するために、精神病質クリニックや精神病質研究所を創設した。

　性的関係のような個人的問題を科学的用語で診断することにより、精神科医たちは、道徳的人間と不道徳的人間とが明確に区別されるビクトリア朝世界から、意見・利害が衝突し、ときとして相容れることのない人間たちの住む近代へと合衆国が移行することを容易にしたのである[15]。エセル・スタージェス・ダマーは「新たな精神作用」を捉えるために「善悪を越えた」行動を起こそうと望んだが、それは、こうした科学的知識利用の格好の例である。こうした科学的知識を利用することによって、彼女は、子どもの頃に口にしてはならないと教えられてきた事柄を論じるために、近代の厄介な諸問題に真正面から取り組むことができた。彼女には富と社会的地位があったので、こうしたアメリカ文化の変容を加速させる立場にいた。彼女は、夫の名前を用いることを含め、「古風で」であろうとした。なぜなら、この習わしによって、彼女が支援した多くの改革は、急進的だとか、あるいは不道徳的だとして批判されることから守られたからである[16]。20世紀初頭に、彼女は、自ら公言するところの「人びとと着想とを結びつける交換台」のごとく振舞い、それにより、近代の先駆者としての役目を果たした[17]。夥しい数の論説やパンフレットや書籍を全国の社会科学者や行動科学者に郵送することを通じて、まさに彼女は革新的な研究に関するニュースを広めたのである。

　1908年ダマーは高名な児童救済運動家たちをリンカーンパーク大通りにある自宅に招待し、少年裁判所に精神病質研究所を併設することについて意見を出し合った。彼女の招待客の中には、ジュリア・レースロップ、ルイーズ・ド・コーヴェン・ボーエン、シカゴ大学の哲学教授のジョージ・ミード、また医師で小児

病院協会会員のフランク・チャーチが含まれていた。これらの人びとは、精神病質研究所の運営に当たる科学者の探索を指揮してもらうべく、レースロップを彼らの委員会の座長に選出した。一方ダマーは、この研究所に5年間にわたり資金を提供すると約束したのである[18]。委員会は、医長職候補者の推薦を依頼する親展書状を発送し、精神科医のアドルフ・マイヤー、心理学者のウィリアム・ジェームズ、およびハーバード大学総長のチャールズ・W・エリオットを含む主要な科学者や教育者の助言を求めた。その書状は、シカゴ市公民・博愛学校（Chicago School of Civics and Philanthropy）による非行研究や、小児病院協会が少年観護所で運営するクリニックの調査結果を引用しながら、状況が「特別に差し迫っていること」を力説した。医長は、少年非行の原因に対する科学的調査を立案・実施すること、ならびに「そうした調査に際して個々のケースの治療法を、実行可能な場合には提案・採用すること」に責任をもつことになるだろうと、その書状は説明していた。さらに、理想の候補者は「子どもの精神病や神経病に関して特別の経験があり、現代心理学の方法論を理解している医師」である必要もあるとも記されていた[19]。

当委員会は子どもの発達に見られる特別な性質を認識していたが、それは子ども研究運動の成功を反映していた。この運動は、クラーク大学総長の心理学者G・スタンリー・ホールによって1880年代に始められたものだった。「こころを研究するダーウィン」というニックネームで呼ばれていた彼は、多大な影響を及ぼした自らの教科書『青年期——青年期の心理学、および生理学、人類学、社会学、性、犯罪、宗教、そして教育と青年期の関係』（1904年）において、全ての個人は人類の文明化の諸段階を反復していると論じた[20]。この理論は、子どもは成人とは質的に異なっているという考えに科学的な正統性を与え、またとりわけ困難な発達段階として青年期（人の一生における思春期の始まりから20代の初めまでの時期）に注目していた。1909年ホールは、精神分析に関する一連の講義のためにジークムント・フロイトをクラーク大学に招聘し、そうすることによってアメリカ史における自らの地歩をさらに揺るぎ無いものにした[21]。無意識の力が人間行動をどのように形成するのかに関するフロイトの考えは、20世紀のアメリカ文化に未曾有の影響を及ぼしたが、結果的にはクラーク大学への招聘がフロイトの唯一の合衆国訪問となった。

科学者を探していた委員会は多数の候補者を吟味した後に、最終的にウィリアム・ヒーリーに医長職を与えた。ヒーリーを選んだことが適切であったのは、ひ

とつには彼自身の幼少期が恵まれていなかったからであった。ヒーリーが9歳であった1878年に、彼の家族はイングランドから合衆国に移住してきた。家族が貧困であったため、ヒーリーは14歳の誕生日の前に学校を退学して、シカゴ市ループ地区のラサール通りにあるフィフスナショナルバンクで雑用係として働かなければならなかった。ヒーリーは家族の生計を助けたが、それと同時に、キリスト教原理主義者である父親の道徳論に不満を抱くようになり、倫理文化協会の集会に出席し始めた。その協会の指導者であるウィリアム・ソールター師は、ウィリアム・ジェームズの義理の兄弟であった。ヒーリーに非常に感銘を受けたソールターはジェームズを説得して、1892年にヒーリーが特別聴講生としてハーバード大学に出願することの手助けをさせた。ケンブリッジにおいて、この23歳の新入生はジェームズの下で勉強をした。ジェームズはヒーリーの友人になるとともに、生涯にわたり彼を鼓舞激励した。ヒーリーは、コースワークを終えた後ハーバード大学医学部に入学したのだが、経済上の困難のために、シカゴ市にあるラッシュ医科大学で学位を取得した。彼は、メンドータにあるウィスコンシン州立病院の婦人部門で医師としての最初の年を送り、その後、個人開業の医院を設立し、ノースウェスタン大学医学部で婦人科医学を教えるためにシカゴ市に戻った。当時、ヒーリーは神経学に関心を抱くようになっていた。神経学は、南北戦争の殺戮に応じてアメリカ合衆国で発展した研究分野であった。彼はシカゴ市総合病院でこの分野の講座を教え、その後大学院での研究を実施するためにヨーロッパへ旅立ち、1907年に神経科医として個人開業の医院を設立するためにシカゴ市に戻ってきた[22]。

　ヒーリーの立派な医療業績、広範な関心、およびシカゴ市法曹界との交流は、委員会に好印象を与えた。彼の妻の父であるホラス・K・テニーは、テニー・カフィーン・ハーディング・シャーマン法律事務所の共同経営者であり、提案されたクリニックの諮問評議会委員を務めていた[23]。科学者を探し求めていた委員会は、医長が法律家とりわけピンクニー判事と上手く折り合って仕事をすることが不可欠だろうと理解していた。というのも、ピンクニー判事の協力は、そうした試みの成功にとって不可欠なものであったからである。

　シカゴ市に精神病質研究所を設立する正式な計画が存在する以前に、ジュリア・レースロップは、知的障害児の研究の現状を尋ねるためヒーリーに手紙を書いていた。精神疾患に対する彼女の関心は、1890年代の州委員時代に遡るものだった。ヒーリーは返信の中で、知的障害児に関する調査の可能性は「前途洋

洋」であるが、この分野はまだ「未開拓の地」であると指摘した。彼の説明では、「現在のところ我々が知的障害の因果関係に関しておぼろげな知識しか有していないのは、恐らく、現代科学が我々に与えてきた多くの手段を駆使する綿密な研究が欠けているからに過ぎない」、とのことだった。こうした無知により、知的障害児に対する支援は——「極めて一時的で、知性による裏付けのない支援を除き」——欠如し、彼らへの支援は手遅れ状態に至っている。今やこうした残念な事態は修正されるべきであり、また「申し分なく経験豊富で偏見のない人物」が、既存の文献を渉猟し、世界の主要な施設を訪問し、そして「少年裁判所が扱った実際の非行少年に関する500件のケース」を含む最低1,000件のケースを検査すべきである、とヒーリーは考えていた。この検査には子ども一人あたり1時間から2時間を要し、「遺伝、環境、出生前・出生後の成育史等に関する全ての起こりうる事実を含む」べきである。「知的障害児に関する古典的な研究」を発展させるためには、同一の人物が全ての子どもたちを検査する必要があるのだが、そうしなければ「場当たり的な社会事業」になるだけであろう、とヒーリーは強調した。「この問題から完璧な結論あるいは権威のある結論らしきものを得るには、自分の考えでは4、5年はかかる仕事である」と、彼は推定した。それにもかかわらず、もし正確に行われれば、この研究は、「ロンブローゾの書物と同じくらいに古典的な」ものになるであろうが、「より一層科学的に基礎付けられ、実務上数千倍も有益であるような」書物に結実するであろう[24]。チェーザレ・ロンブローゾはイタリア人の医師で、犯罪人類学者であった。彼の最も影響力ある著書『犯罪人論』(1876年)は、犯罪者は全く異なったタイプの人間であり、人類史上の遥か初期の時代への先祖返りであると断定した。非対称の顔貌や頭蓋骨のような犯罪者の隔世遺伝的な特徴が、犯罪者の後進性を紛れもなく示していた[25]。

　事例史の分析を行えば、非行研究はロンブローゾの粗雑な人類学の域を超えて先へと進むことになるだろうと、ヒーリーは心底信じていた。また、少年裁判所システムに入ってきた全ての子どもたちに関しては、「ケースの来歴」を記すフォーマットに少年裁判所保護観察官が必要事項を既に記入していることを彼は知っており、この貴重なデータを用いれば事例史を有効に構築できるだろうと、レースロップに説明もしていた[26]。為すべき課題は、累非行者における非行行動の主原因を特定するために、これらの社会的事実を分類することだった。科学者を探していた委員会は、1909年に研究所の医長職をヒーリーに提供することに

よって、犯罪的特性が遺伝的なものであるという考えを含む当時の主要理論の全てを検証する機会を与えるとともに、彼がレースロップに概略を示した少年非行に関する権威ある研究を産み出す機会を与えたのである。

　40歳の時にヒーリーはその職を引き受けるために実入りのよい個人開業の医院設立を断念し、ダマーからの資金提供を受けて合衆国横断旅行に出立した。その旅行は、他の研究者がどのようなことを行っているかを知り、彼自身の研究の進め方について着想をまとめるためだった。この旅行で彼が知ったことは、「非行少年の事例に関する包括的な研究」を集積している者は存在しないこと、ニュージャージー州のバインランド知的障害男子・女子少年トレーニング・スクールの校長のヘンリー・H・ゴダードのような少数の者だけが子どもに対し知能検査を実施しているにすぎないことであった[27]。これらの少数の科学者たちは、ヒーリーこそが「先駆者」にならなければいけないと彼に語った[28]。ヒーリーは、ニューヨーク市からダマーに手紙を書き、「旅行中に私は様々な助言と実際上の提言を受取りましたが、これらによって私の指は我々の取り組むべき問題に一刻も早く着手したくてうずうずしています」と、伝えた[29]。

　少年精神病質研究所は、1909年4月19日レースロップを会長、ダマーを経理部長として正式に受け入れ、ヒーリーの帰還の用意を整えていた[30]。研究所は少年観護所の一階にある三つの部屋に事務所を構え、シカゴ・レコード・ヘラルド紙の記事が褒めたたえたように、「子どもたちの魂を研究する」ことになった[31]。研究所管理委員会のメンバーのジェーン・アダムスは報道機関に対して、「私たちは、子どもの精神状態を検査し、子どもの環境や家族の記録を調査することによって、非行行動を引き起こす原因を探求するつもりです」と語り、さらに「若者の犯罪性の大方は遺伝か家庭環境を通して引き起こされた神経病、精神遅滞、精神異常が原因となっていることは、疑う余地がないことです」と付け加えた[32]。遺伝と環境に対するこうした関心の集中は、アダムスやヒーリーのような進歩主義的児童救済運動家たちが「生まれ（遺伝）」も「育ち（環境）」もともに非行の蔓延に重大な役割を果たすと信じていたことを想起させるものである[33]。後年ヒーリーは、初期の頃に彼とそのスタッフが子どもたちに対して行った検査のいくつかを恥じた。これらの検査には、ロンブローゾが世に広めた「生来性犯罪人」の隠しおおせぬ何らかの烙印が子どもたちに存在するか否かを知るための頭部測定も含まれていた[34]。また、研究所の諮問評議会委員を務めるとともに、自身の裁判所組織に悪名高い精神病質の研究室を設置したシカゴ市裁判所主席裁

判官のハリー・オルソンのような独断的見解を持つ優生学者たちとの交友についても、後年ヒーリーは冗談めかして語った[35]。

　ヒーリーは、自分の研究活動には少年裁判所判事たちの権威を揺るがせるものがあると理解していた。そんなこともあって、ピンクニー判事がヒーリーを友人として裁判所に喜んで迎え入れ、その上面倒なケースの解決の助力を求めてヒーリーに日々の法廷に出席するよう依頼したことを、ヒーリーは有り難く思った[36]。ヒーリーは、子どもを徹底的に検査しなければ、たとえ建設的な助言を与えることができても微々たるものに過ぎないとすぐに気付くとともに、根拠のある勧告を行うには、子どもたちを分類する技法、とりわけ子どもの精神的能力の値を分類する技法を考案しなければならないと悟った。研究所開設後数年の間に、ヒーリーと彼のスタッフは一連の質問票を考案したが、この質問票は、ひとつのケースに関して集められるべきデータの全てをリスト化したものだった[37]。このデータに含まれていたのは、人体測定学的、神経学的、精神医学的、心理学的な評価に加え、子どもの遺伝的特質、身体的・精神的・道徳的発達に関する情報である[38]。

　子どもの「精神年齢」を測定することは、特に有望な出発点であるように思われた。フランスではその数年前に、教室でどの子どもが特別な配慮を必要としているのかを明らかにできる検査を考案するよう、政府がソルボンヌ大学心理学研究室長アルフレッド・ビネーに依頼していた[39]。ヒーリーは当初ビネー式検査のいくつかを利用したのだが、ビネー式検査は、裁判所が対象とする「国際色豊かな子どもたち」には効果的に実施できないことにすぐに気が付いた[40]。移民の比率の高さは、検査から「可能な限り言語要素を除く」ことを必要とした[41]。ヒーリーは、シカゴ大学心理学教授のジェームズ・エンジェルや少年精神病質研究所初の心理学者グレース・フェルナルドと協働して、英語の知識を必要としない一連のタスク指向検査を考案した。しかしながら、ヒーリーたちは「知能」検査を考案するに当たり知能検査に固有の問題に直面した。すなわち、「個人の経験」から引き離して「精神的能力」を測定することが本当に可能なのかという問題である[42]。グループが創った最初の検査には、11片のパズルを適切な位置に並べることが含まれていた。完成すると、パズルには、母犬が見守っている隣でネズミを口にくわえた子犬が歩いている姿が現れた。ヒーリーは、次のように指摘した。「男子少年が、『わーっ、あの犬はネズミを捕まえたんだね』とか、『仔馬がお母さんのそばに立っているよ』と観るなら、被験者の知性に関する何らかの印

象が得られる。しかし、動物の頭部を逆さまに並べる試みが継続的に行われるとすれば、そのことも同様に一定の精神的特質を物語っている」[43]。この検査はまた、被験者の子どもが検査手順に興味を抱くように仕向けて、パズルを解いてその過程を検査者が観察できるように意図されていた。ヒーリーは、注意深い観察を通じて、子どもの筋肉の協応性とともにその知能についても言葉による意思疎通なしに一般的な結論を引き出すことができる、と指摘した。

　ヒーリーは、打ち解けて話すことのできる子どもの診断を好んで行った。というのも、これにより、彼が「倫理的方針に関する個人の意識」を計測するよう設計された検査を含む、より広範囲にわたる検査の実施が可能になったからである[44]。例えば、彼は他者の行動について判断するよう子どもに求めた。その一例を挙げれば、こんな具合である。「昨年、ロシアのある都市に失業中の男が住んでいた。彼の隣人に二人の小さな子どもを抱えながら病床に臥せている未亡人がいた。一家は、餓死寸前だった。この貧しい男は、僅かなパンをパン屋から買わずに持ち出した。彼には、パンを手に入れるための手立てがこれ以外になかったからだ。彼は未亡人とその子どもたちにそのパンを与えた。彼は正しいことをしたのか、それとも正しくないことをしたのだろうか？」[45]。ほとんどの子どもたちが、その男の行動をきっぱりと非難した。この回答にヒーリーは困惑した。なぜなら、子どもたちは「自身が小さい常習窃盗犯」だったからである[46]。ヒーリーは、この質問が引き出したもっともらしい回答に落胆し、その質問を反故にすることを決めた。その代わりに彼が子どもに行った質問は、次のようなものだった。「ある白人がインディアン部族の酋長に対して行ったとされる犯罪のために、敵意を抱くインディアンたちが入植地を焼き尽くしてやると脅すことに対して、君ならどう対応する？」[47]。

　彼はまた、子どもたちが「自らの来歴」を物語ることに耳を傾けた。それは、道徳的な検査のように、ヒーリーが子どもの精神の働きを洞察するのに役立った。彼は、子どもの非行が繰り返されることの潜在意識的な理由を明らかにするために、こうした自伝的な説明を活用した[48]。事実、こうした話は子どもの「精神内部」を伺い知るための道を開くものであった[49]。ヒーリーはこの研究を「性格学（characterology）」と規定し、子どもの「精神生活」を理解しようと努力した。なぜなら、非行行動を含む「行動」はこうした内面世界から引き起こされると、彼は考えていたからである[50]。後年彼は精神分析の支持者となり、1920年代に始まる児童相談運動（child guidance movement）の指導者となった。また、彼は

少年司法システムに入ってきた子どもたちだけでなく、子どもたち一般の情緒的ニーズを扱おうと努めた[51]。

しかしながら、1910年代においてヒーリーが自らを「性格研究家」であると認識していた事実は、彼の後援者であるエセル・スタージェス・ダマーと同様に、彼がビクトリア朝の（善悪二分論的）教育法から近代が問い掛ける様々な疑念へと力点を移しつつあったことを示すものである。「性格学」というぎこちない造語は、19世紀的な「人間の徳性に対する関心」と20世紀的な「パーソナリティに対する強迫観念」との間の中間地点に危なかしげに立っていた[52]。実際に、歴史学者のウォーレン・サスマンが論評したように、新しい世紀の初めの10年間に「イエスに関し少なくとも五つの主要な研究が現われた」が、これらの著者たちは、このナザレびとを「完成した人格者で道徳上の手本」として記述するよりも、むしろ彼を「惨めなほどに社会不適応の狂信者」として描写した[53]。近代世界では、キリストでさえ、「精神科医」ないしは少なくとも「自助のための信頼できる手引書」を必要としているようだった。

ヒーリーは、同僚の研究者たちに子どもの精神を見抜くことの難しさを忠告した。彼の指摘によれば、子どもは「自分自身の前に意図的に壁を築き上げる」おそれが絶えずあり、その壁は「打ち破ったり」、あるいはその向こうを見渡すことを困難にしている[54]。彼はまた、初期のケースを通して、司法的判断により拘禁されている子どもたちを研究することが極めて困難であることにも気付いていた。驚くべきことではないが、拘禁された子どもたちは検査の見通しにほとんど興味を示さなかった。他方、「これが圧倒的多数の場合なのだが、自分のケースに対して法廷の内外を問わず何らかの司法的判断が下される以前の子どもたちは、とりわけ熱心に自分の最大限の能力を示そうとする」[55]。加えて、ヒーリーは、幼い子どもの方が青年期の子どもよりもはるかに優れた被験者であることを発見した。というのも、「科学的なデータを入手するために必要」な「友好関係」を幼い被験者との間に発展させることができたからだった[56]。こうした発見により、ヒーリーは、青年期の強情さが未だ発達していない者たちに関心を集中させるべきだと、得心するに至ったのだった。

被験者の子どもたちを不快にさせる点についての警告が、ヒーリーの著作の至る所に出てくるが、このことは、その被験者たちが検査中受動的ではなく、むしろ検査過程への能動的参加者であったことを示している。彼が被験者たちを測定するために利用した医療器具——それには、被験者たちの行動を計るためのス

トップウォッチも含まれていた——は、彼らの好奇心を誘った[57]。それでも、部屋に余りにも多くの器具があると、子どもは自分が「身元確認のために測定されている」との疑念を抱くこともあり、それによって「インタビュー全体」を台無しにする「感情の急変」を引き起こす、とヒーリーは忠告した[58]。彼の忠告によれば、こうした疑念を起こさせないために、検査の過程では「警察的手法の気配は僅かでもあってはならない」とされた[59]。当然のことだが、難点は、少年精神病質研究所が少年観護所内にあり、しかも1914年に少年裁判所の正式な部局になっていたことだった。

ヒーリーは、自分の方法と発見事実を合衆国のロースクールで教えさせようと努めた。ノースウェスタン大学法学部長で、証拠法に関する合衆国第一の権威者であり、少年精神病質研究所諮問評議会の構成員のジョン・ウィグモアが、この試みを援助した。1910年にウィグモアが創刊の助力をした革新的な刑法・犯罪学雑誌（Journal of Criminal Law and Criminology）に、ヒーリーの講演と論説が寄稿できることをウィグモアは請け合った。この新しい雑誌は、「法律家と科学者との協働に対する焦眉の必要性」に呼応することを標榜しており、その創刊号にはヒーリーの評論「若年犯罪者の個別的研究」が収められていた[60]。当評論は、犯罪の原因が複合的であること（現在、犯罪学者たちが犯罪相関関係アプローチと呼んでいるもの）を強調するとともに、非行原因が複合的であるならば、その治療もまた複合的でなければならない、と提案していた。非行少年は二人として似た者がいないこと、それ故、それぞれの個別的ケースに関する突っ込んだ研究が着手されなければならないことを、ヒーリーは力説した。論説は10件のケースを詳細に記述し、「原因となる可能性のある要素」に関する注目すべきリストの提示で結ばれていた。その要素には、下記のものが含まれていた。

　不良仲間、不道徳な母親、貧困、精神の発達遅滞、低俗な芝居や安物の興行、劣等な遺伝的特質、非常に不十分な教育、本から得られる無法者の着想、盗癖のような病的衝動、家を離れて働く母親（つまり、子どもたちの世話をする者が誰もいない）、性的な悪癖、過密した近隣地域、妊娠中の欠陥状態、家庭を顧みない父親、生来の怠惰、てんかん、難産、諸徴候を伴った退化、知的障害、近時の移民、甚だしく無教養な家族、美装願望、無知ではないが不注意な両親、過敏症、継母、精神的な特異性、重度精神病と疑われる初期段階、他の子どもたちによるいじめ、アルコール依存症の親、その者の環境には不釣合

第 5 章

いな程高い知能、神経過敏な興奮症、不健全な全身的な健康状態、難視、難聴、興奮や冒険に対する過度の愛着。[61]

しかしながら、ヒーリーは、これらのケースに対する対処法を提案しなかった。
　ヒーリーの初期の著作の中に救済策の提案が欠けていたからと言って、彼の意図が持つ真の意義は弱められるべきではない。彼は、個人の有責性に関する形式ばった法観念にとって代わって、少年司法の諸原則を社会全体に及ぼす治療的な統制アプローチを採用するよう、議員に働きかけた。実際、この治療的な統制アプローチは、自己統制できない放縦な若者、認知症の老人、てんかん患者、生理中の女性のような人びとに対する「高度に個別化された監督の下に行われる適切な身体的、教育的、ならびに懲戒的な対処法」を意味した[62]。ヒーリーの構想によれば、この素晴らしい新世界では、国家は自己統制の欠如したこれらの個々人に対して個別化された統制を考案し、判事たちは自らの権限を最も効果的に行使するために個々人に関する個別具体的な知見を利用する。科学的検査の実施は、こうした極めて重要な情報の提供を約束するものであった。ヒーリーが言明したように、「判事や決定権を有する者に向かって、『実年齢23歳のその犯罪者の精神年齢は、10歳である』と告げることが可能になることによって、事件の全貌が魅惑的なまでに澄みきった明かりの下に照らし出される」[63]。このケースの場合、子どもの精神状態を持つ成人が子どものように取り扱われるべきだということは、明白だと思われる。実際、精神年齢という概念によって、少年司法システムで用いられるプロベーションや不定期刑のごとき規律訓練的手法を成人のシステムに移植することが可能となったのである。
　ヒーリーはウィグモアの援助を得て、刑罰の代わりに規律訓練の観点から刑事司法を再考することの重要性について、法律家を納得させようと努めた。ノースウェスタン大学法学教授のエドウィン・キーディは、ヒーリーの研究の一部を用いた教科課程の設置について彼に問い合わせたが、その時ヒーリーは満足しながらダマーにその知らせを伝えた。「私はこのことをとても喜んでいます。というのも、これまではほとんどと言ってよい程この方向での進歩がなされず、その原因は主として法律家側の無知によるものであると、私たちの意見は全員一致しているからです」と[64]。ヒーリーはまた、彼の著書『個々の非行少年』（1915年）の完成を助けるためにウィグモアが費やした「骨の折れる時間」についても彼女に伝えた。この本は、「犯罪者の理解に関心のある全ての者のための診断と予後に

関する」全830ページの教科書であった。ウィグモアの提案でヒーリーは、より権威のあるマクミラン社の代わりに、リトル・ブラウン社を選んだ。なぜなら、リトル・ブラウン社は、「法律書を出版しており、また特定のタイプの人びとの間でこの本が読まれることは分かっているのだから、この際、法律家によく知られている出版社に出版してもらうのが一番よいと思われる」からであった[65]。ヒーリーは、『個々の非行少年』の献呈の辞を「W・F・ダマー夫人に」宛てた。この本の出版後、彼はその反響、とりわけ法学雑誌での好意的な書評に満足していると記した手書きの短い手紙を、ダマーに送った。また、彼は1,131部が既に販売されたことを聞いて驚嘆するとともに、ウィグモアのような法学教授たちがその講座でこの本を利用していることを知って喜んだ[66]。

　犯罪学者たちは、自分たちの学問分野が『個々の非行少年』という著書によって、逸脱に関する遺伝主義者的説明から脱却し、環境的要因の理解と個別化された処遇計画の必要性の方向へと転換したと信じている。その上、20世紀末に凶悪な暴力的犯罪者たちを研究している学者たちは、ヒーリーが非行に関して発見したことの多くについて正しさを再確認した。そうした発見には、原因は複合的であるとか、「実際のところ、全ての常習犯罪者は、幼少期あるいは青少年期初期に犯罪歴を開始している」とか、累犯者は「社会にとって並外れて重大な問題である」とか、「早い時期に処遇」を開始することが重要であるといった彼の主張が含まれていた。犯罪学者のジョン・ラウブによれば、ヒーリーの研究結果の妥当性が今なお保たれているのは、「少年非行の根本原因がこの100年の間に変化したことを示す証拠がほとんどない」ことを明らかにするものであった[67]。犯罪学者は、若者の法違反行為者がその時代時代に特有の性質を有していると考えるべきでなく、当世の少年による法違反行為のパターンを検討するには過去の非行研究を活用すべきであると、ラウブは主張する。シカゴ市でのヒーリーの研究は、20世紀初頭に犯罪学研究の方向性を転換したばかりでなく、今なお少年非行に対して有用な洞察を提供し続けている。

　『個々の非行少年』が出版された直後に、ヒーリーはシカゴ市を去った。1916年彼は、ベイカー判事記念財団の理事職のオファーを受けた。当財団は、1906年にボストン市で最初の少年裁判所判事になったハーベイ・ハンフリー・ベイカーを称えて設立されたものであった。ベイカーは1915年に死去する前に、ヒーリーの研究所で研究すべく二度にわたってシカゴ市を訪れ、この類の診療所がもっと多く開設されることを求めてきた。彼の後任のフレデリック・カボットを始めと

第 5 章

するベイカーの友人たちは、ヒーリーがハーバード大学で自身の研究に関する夏期講座を教えていたこともあり、彼がこの新しい財団を指揮する最適任者だと考えた。

ウィグモアは、シカゴ市がヒーリーを失うかもしれないことに憤慨し、博愛心を持ったシカゴ市民がボストン市の申し分のないオファーに対抗することを望んだ。シカゴ市のオファーには、12,000ドルの高額年俸と少年精神病質研究所の倍の大きさの施設が含まれていた。ウィグモアは、次のように説明した。

> ヒーリー博士の非凡な才能のおかげで、シカゴ市は人類進歩のこの分野で、(お決まりの文句だが)「有名になった」。それは、まさにメイヨー兄弟が特定の外科治療でミネソタ州ロチェスター市を有名にしたようなものだ、シカゴ市はこの偉業に十分な敬意を払い、それを手放さないための努力をするのか。それとも、この偉業が東部ボストン市に去るに任せなければならないのか。実際、この偉業は崇高な研究であり、我々の社会における犯罪や悪事の減少に寄与している。ボストン市に負けず劣らないくらいに、我々はこの偉業を必要としている。この偉業はシカゴ市に踏みとどまるべきだ。[68]

しかしながら、この時までにヒーリーはシカゴ市に幻滅を感じていた。十分な予算を獲得するための毎年の闘いを含め、少年裁判所に関して行われた政治的闘争は彼の研究を妨げた。例えば、1911年から12年にかけて政治的騒乱が最も高まりを見せた期間において、ヒーリーは、彼とそのスタッフが収集している事例史を公務員人事委員会に引き渡すことを強いられるかもしれないと、不安を抱くようになっていた。ウィリアム・フランシス・ダマーは研究所の記録を守るために、ヒーリーに私有の地下貯蔵室にこれらの記録を保管させ、他方児童救済運動家たちは政治の嵐が通り過ぎるのを待った。かくのごとき危機によってヒーリーは失望し、シカゴ市を去る決断を固めるに至った。

ボストン市はまた、様々な処遇プランを実施するための確かな未来と良い選択肢を提供した。ヒーリーはボストン市民に対して、彼らの新しい財団を向こう10年間にわたってフルタイムで運営できるだけの十分な資金の調達を求めていたが、ヒーリーのこの要望は叶えられていた[69]。より重要なことは、イリノイ州の児童福祉システムは今なお金メッキ時代の補助金制度を中心に組み立てられていて、自分の研究に資することがない、とヒーリーが考えていた点である。なぜな

177

ら、彼が診断した数多くの子どもたちは施設に送られただけで、その施設で子どもたちは彼が処方した個別化された保護 (individualized care) を受けていなかったからである。歴史学者のケネス・クミールが算定しているように、1920年代の初めまでイリノイ州では、「工業化された他の主要な州に比べて、里親家庭に付された子どもの数が少なかった」[70]。これに対して、ボストン市には、要扶助少年や非行少年を一般家庭に預けるという古くからの伝統があり、その家庭で少年たちは個別化された処遇 (individualized treatment) を与えられることが出来たのである。

　ヒーリーは、少年精神病質研究所を去ることが正当化されると感じた。というのも、彼は有能な後継者としてハーマン・アドラー博士 (Dr. Herman Adler) を見出していたからである。アドラーは、アメリカ精神衛生学会 (American Association of Mental Hygiene) のためにシカゴ市で研究を行っていた[71]。アドラーは、ヒーリーの医学部以来の親友であるエルマー・アーネスト・サウサードと一緒にボストン市精神病質病院で働いていたのだが、ヒーリーはそこで初めてアドラーに会っていた。イリノイ州議会は1917年に、少年精神病質研究所――当研究所は少年調査研究所 (Institute for Juvenile Research [IJR]) と改称されていた――を傘下に収める州公共福祉局を創設し、アドラーはイリノイ州公認の犯罪学者となった[72]。公共福祉局に附属する少年調査研究所は従来通り少年観護所で運営されていたため、全ての非行少年に対し、少年観護所に入ると同時に2、3分の心理学検査を施すことができた。この検査結果は、「明らかに正常な子ども」と「知的障害を持つ子ども」とを区別するために用いられた。この検査に引っかかった子どもは、その後綿密な精神医学検査に付され、これらのケースは詳細に記述された。

　ヒーリーがシカゴ市から立ち去ったことは、ひとつの発現パターンの繰り返しであった。主要な児童救済運動家たちは、シカゴ少年裁判所の設立を援助したことにより名声を得、その後シカゴ市を去っていた。ルーシー・フラワーはカリフォルニアに赴いて隠居し、ジュリア・レースロップはワシントン・D・Cに転居して連邦児童局長となり、ジュリアン・マックは合衆国巡回裁判所判事になるとともにニューヨーク市民となった。今や、ヒーリーがベイカー判事記念財団を管理するために去ったのである。

　しかし、1920年代になり、これらの児童救済運動家の多くは少年裁判所運動の成否を評価するために再会した。例えばヒーリーは、自分がシカゴ市で検査を

行った子どもたちがどうなったかと考えていた。彼は1920年3月にダマーへ送った長い手紙の中で、これらのケースの追跡研究が、ピンクニー判事に対する立派な敬意の印になるだろうと提案した。数年前にピンクニー判事は、自分たちの活動の諸結果を全部まとめて判定することが、「自分が死ぬ前にしてもらいたかったひとつのこと」である、とヒーリーに語っていた。合衆国で最初の少年裁判所を最も困難な時代を通じて導いてきた人物の最後の要望を謹んで受け入れることが、唯一相応しいことのように思われた。加えてヒーリーが指摘したように、「シカゴ市にあるこの巨大な機構が、アウトプットについて実際に有効だったのかとか、成功したのかという検証を一切受けずに存在しているのは、興味をそそることではないか」。少年司法におけるシカゴ市の実験を評価できるという可能性は、ヒーリーの中の実証主義者魂に訴えるものだった。「裁判所や施設が普段行っている方法によって、何が成し遂げられたのか。これに関する適切な研究を遂行する企てを最初に行うことは、（中略）栄誉なことでしょう。もしこれらの方法が不適切であれば、その通りに証明されるはずですし、もし不適切でないのであれば、これらの方法は推奨されるべきです。いずれにせよ、真実が明らかになるはずです」。ヒーリーは、シカゴ市の裁判所が施設収容という方法に頼っていたので、その成功は恐らく限定的であると事前に警告していた。ダマーはヒーリーがシカゴ市を去るのを目にして失望していたのだが、今では追跡研究に資金を提供することに同意し、その事業を開始するための最初の分割払込金として1,000ドルの小切手を彼に送った[73]。

　その結果は、圧倒的な累犯率を示した。「常識的なことをしてあげられなかったばかりに、犯罪経歴を歩み始めてしまった男子少年たちの数を知って、ひたすら愕然としています」と、ヒーリーはダマーに説明した[74]。こうした結論——ヒーリーはこの結論を1920年代の初めに行われた様々な会議の席で児童福祉の専門家たちと共有した——は、少年司法システムの非行防止の有効性に関する悲観論の拡大をもたらすとともに、ソーシャル・ワーカーの間で行われた「少年裁判所の終焉」に関する専門的議論にも反映された[75]。

　この少年裁判所に対する信頼の喪失は、重大な局面において生じた。というのも、児童救済運動家の進歩主義的世代の構成員たちが、少年裁判所の統一基準の策定とその名高い運動史の記録保存を通じて少年裁判所の成果を強化し、そうすることによって少年裁判所運動に対する失われた熱意を取り戻そうとしていた矢先だったからである。しかし、古くからの改革者が少年司法の顕著な特徴を標準

的実務にしようと努力していた、まさに成果の強化を図っていたこの局面において、新しい世代は少年裁判所から目を逸らし、些細な行動上の問題を有するだけの「普通の」年少の子どもに対する対応方法に注目していた[76]。

こうした非行少年に対する関心の喪失は、ジュリア・レースロップを心配させた。彼女は、連邦児童局長としての長い在職期間の終わりに近づいており、エヴェリーナ・ベルデンが『子どものケースを審理する合衆国の裁判所』で示した研究結果にとりわけ頭を悩ませていた[77]。1920年までに48州のうちの46州が少年裁判所法を可決していたが、ベルデンの発見によると、現実に機能している法は、およそ制定法通りになってはいなかった。例えば、彼女は「各州最低ひとつの裁判所から、子どもたちを留置施設（jails）に拘禁しているという報告書が届いた」と、指摘した[78]。加えて、近代少年司法の要石であるはずのプロベーション部局を有しているのは、報告書を提出した裁判所のうちの半分未満であった。さらに、精神科部局はたった7％の裁判所でしか利用されていなかった[79]。ベルデンの算定では、1918年中に審理された175,000件の少年事件のうち約50,000件が、「子どもによる事件の取扱いになじまない」裁判所によって処理されていた[80]。ベルデンは、こうした事態を熟考した上で、「子どもたちが成人犯罪者との接触や、旧来の刑事プロセス下での公判や、さらには子どものニーズ研究のための設備とか適切な監督・保護のための設備の欠如によって受けた損害について、統計は十分に明らかにすることができない」と、結論づけた[81]。こうした悩ましい研究結果はレースロップを駆り立てて、行動を起こさせた。

1921年6月に連邦児童局は、全国プロベーション協会と協力してミルウォーキー市での3日間の会議を主催し、ベルデンの報告書が暴いた「少年裁判所の根本的諸問題」を討議するために、児童福祉の専門家を呼び集めた[82]。そのセッションで扱われたのは、裁判管轄権の問題、衡平法手続における個人的権利と社会化司法との間に内在する緊張関係、少年司法を農村地域に拡大する問題、および諸ケースを個別処遇するための最良の方法であった。参加者は、キャリア形成期をシカゴ市の裁判所制度で送った多数の専門家であり、レースロップの個人的な友人であった。ヘンリー・サーストンやウィリアム・ヒーリーもそこに含まれていた。

当時60歳代始めで、児童局を退職することになっていたレースロップが、開会の辞を述べた。彼女は、「身を持ってその発展を経験した」シカゴ市の裁判所の例を用いて、少年司法の歴史を特徴づけてきた「公的機関と民間機関との間の継

続的な協力」を強調した[83]。彼女の力説したところによると、こうした協力はこれまで極めて有益なものであったし、少年裁判所運動の精神を生かし続けたいと願うのであれば、将来に向けて継続しなければならないのであった。少年裁判所の理念に対する人びとの関心を再び呼び起こすことが、これらの機関の使命である、とレースロップは宣言した。「もし裁判官と素人が、少年裁判所の基準に関し実行可能な提案を研究する委員会に共同参加できるとすれば、当委員会の活動に対する人びとの関心は大いに喚起され、少年裁判所条項を持たない地域において当該条項は真の発展を遂げるのではなかろうか」と、彼女は問いかけた[84]。その会議の終わりに臨んで彼女は、「少年裁判所の方式に関する基準策定活動の続行」を任務とする委員会委員を任命した[85]。この13名の構成員からなる委員会は、シンシナティ市のチャールズ・ホフマン判事が委員長を務め、ほぼ2年かけて最終報告書を提出した。

　ヒーリーは当委員会の委員を務めながら、同時にシカゴ市のケースに関する追跡調査の暫定的結果を分析していた。その研究結果から、彼は、シカゴ市が施設収容に頼り、真に個別化された処遇計画を実行できなかったことが、その芳しくない記録の一因であると確信した[86]。彼はこうした証拠を利用して、年少の子どもを非行少年にさせないために彼らを対象とする広範囲な心理学的・精神医学的研究を行うべきだと主張した。さらに、ミルウォーキー会議の後に、ヒーリーはコモンウェルス基金――この基金は、ジョン・D・ロックフェラーのスタンダードオイル社の大株主の未亡人であったアンナ・ハークネスが、「人類の幸福を向上させるために」1918年に設立した財団であった――の事務局長バリー・スミスと面談した[87]。当財団は、非行の防止と子どもの健康に資金投入することを決定していた。ヒーリーは、シカゴ市に関する研究結果をスミスに示した。この二人の会談は、少年裁判所を1920年代における児童救済の中心から外すことの前兆であった。例えば、スミスはヒーリーのような医者の助言に従って、コモンウェルス基金は少年司法システムに乗ってしまった年長の子どもたちでなく、年少の子どもたちに全力を注ぐつもりだとの決意を固めたのである。彼は、次のように述べている。

　　最も効果的なプログラムは「少年裁判所・プロベーションシステム」の段階を超えた非行に対処しないだろう、という意見を事務局長は強く抱いている。わが国の矯正院や拘置所や刑務所において犯罪や非行をより理性的に取り扱う

必要性が大いにある点は、疑いないことである。しかしながら、こうした施設に収容される以前の段階にある子どもに対する働きかけは、扱われる子どもに関しても、また国全体に及ぼす有益な全体的成果に関しても、はるかに有望である[88]。

歴史学者のマーゴ・ホーンが論証したとおり、このように年少の子どもに焦点を向けることは、少年非行の領域から当財団が完全に撤退するという決定を見込んでいたのであった[89]。

かくして、少年裁判所の基準が完成されようとしていた正にその時に、児童福祉の専門家たちは彼らの関心を非行少年から転じつつあったのである。1923年5月、委員会は新しい連邦児童局長のグレース・アボットに最終報告書を提出した。アボットは、レースロップが厳選した後任者であり、彼女の師と同様ジェーン・アダムスのハル・ハウスから自らのキャリアを開始した[90]。アボットは委員会勧告の序文の中で、報告書の根底にある以下の四原則を要約した。

 (1) 子どもを取り扱う裁判所は広範な裁判管轄権を付与されるべきであり、それには、当該法的措置が子どもの名において行われるものであろうと、子どもへの責務を果たさない大人の名において行われるものであろうと、子どもが州の保護を必要としているケースのあらゆる種類のものが包含されねばならない。
 (2) 当裁判所は、子どもひとりひとりを科学的に理解しなければならない。
 (3) 処遇は、個々のニーズに適合したものでなければならない。
 (4) 子どもを自身の家庭やコミュニティに留め置くことが望ましいとの推定があらねばならない。ただし、適切な調査に基づいて、そのことが子どもの最善の利益に反していると示される場合は除く。[91]

第一の原則は、ルーシー・フラワーがシカゴ市の児童裁判所について当初思い描いていたヴィジョンを再び言明するものであり、最後の原則は、家族の維持に関する進歩的な信念を反映していた。第二と第三の原則は、ダマーとヒーリーの考えによる影響を示すものであった。シカゴ少年裁判所に少年精神病質研究所を付設したことは、14年前には、革命的な行為として迎え入れられていたが、今や少年司法の必須の特徴と考えられていた。だが、歴史学者のデビッド・ロスマンが

示したように、20世紀前半においてこの理想は大多数の少年裁判所にとって現実にはならなかった[92]。

1923年の『少年裁判所基準（Juvenile-Court Standards）』の完成により、合衆国裁判所の実際の活動を評価できる公式規範が初めて確立された。少年司法の様々な慣行――衡平法の手続、18歳未満の者に対する広範な専属裁判管轄権、非公開審理、通告システム、プロベーション、非公開の審判記録、臨床検査、個別化された処遇――の中で何が標準となるべきかに関して、わが国の専門家たちの意見は一致した。この基準は少年裁判所の理念に対する関心を再び呼び起こすだろう、と断言したレースロップの言葉は、相次ぐ新聞発表、ラジオによる普及活動、さらには児童局がその運用指針を1万部印刷し、全国の裁判所に配布したにもかかわらず実現しなかった[93]。『少年裁判所基準』はレースロップが期待していた一般の関心を生み出すことができなかったものの、本報告書は進歩主義的少年司法の至上の綱領となり、1954年まで何ら変更を加えられることなく児童局によって増刷され配布されることになった。

シカゴ少年裁判所25周年記念行事と附属診療所15周年記念行事は、進歩主義的な児童救済運動家たちに対して、少年司法に対する人びとの関心を喚起し、その運動の理想を維持するための別の機会を提供した。1924年の秋に、シカゴ市の改革者たちは、翌年の第一週に開催する会議を計画するために、ジェーン・アダムスを委員長とする市民記念行事委員会を結成した[94]。とは言うものの、この時期に少年裁判所と診療所の祝賀行事を催すことに、児童救済運動家たちは幾ばくかの不安を感じていた。「世紀の犯罪」を行った「少年殺人者」として世界中に知れ渡ったネーサン・レオポルドとリチャード・ローブの命を救うために、クラレンス・ダローは法を曲解する大芝居を打ったのだが、シカゴ市はこれを巡る世評から今なお立ち直りつつあるところだった[95]。1924年の初夏に、ハイドパークに住む大富豪の息子でシカゴ大学の学生だったレオポルド（19歳）とローブ（18歳）は、学校から帰宅途中のボビー・フランクス（14歳）――ボビーは近所に住む男の子で、ローブの遠縁のいとこだった――を場当たり的に選び出し、誘拐して殺害した。レオポルドとローブは逮捕後熱心に自白したが、悔悟の念を全く表わさなかった。ダローは、陪審による裁判と心神喪失抗弁の危険とを回避するために、依頼人たちに有罪の答弁をさせ、単独裁判官の前での量刑審理にふたりの命運を賭けた。

ダローはレオポルドとローブを、州が保護責任を有する社会不適応の子どもへ

と一瞬にして変装させるマジックを披露した。今なお語り継がれているその最終弁論において、ダローはクック郡刑事裁判所のジョン・R・ケイバリー判事に、次のことを思い起こさせた。

　　幼少期の保護は、常に州の最重要関心事のひとつです。（中略）もし閣下が彼等を絞首刑に処すなら、文化的生活は生き残ることでしょう。しかし、閣下が与えるのは、恐ろしい一撃になることでしょう。閣下は、我々がこれまで辿ってきた長い、長い道のりを引き返すことになるのです。幼児期、幼少期、そして青少年期を保護するために、この20年間シカゴ市において行われてきた全てのことに対して、閣下は決定的な打撃を与えることになるのです。[96]

ダローの作戦は、ウィリアム・ヒーリーを含む医学の専門家が依頼人たちの反社会的行動を説明する証言を当てにしていた。「これらの科学者」の証言は全国的な注目を集め、また、シカゴ・トリビューン紙社主のロバート・マコーミックは、ジークムント・フロイトがレオポルドとローブを精神分析するためにシカゴ市に来てくれれば、2万5千ドルを払うと申し出てさえいた[97]。しかし、フロイトはこの金になる招聘を断った。

　11月に、記念会議の計画が進められていた一方で、刑法・犯罪学雑誌は量刑審理に関する論集を出版した[98]。ジョン・ウィグモアは1910年代にヒーリーの主要な後援者であったが、1924年当時には社会化した法を警戒するようになっており、科学の濫用について罵倒した一篇を書いていた。卓越した社会学者で、エセル・スタージェス・ダマーの秘蔵っ子のウィリアム・I・トーマス（William I. Thomas）は、ウィグモアの論説からの抜粋を彼女に送った。その抜粋には、「誰もが知っての通り、現代は、18歳から25歳までの若い人びとの側で向こう見ずな不道徳や無法が見られる時代である。それは、多かれ少なかれ、堕落した人生哲学のためである。こうした哲学は、この25年の間に、ジョン・デューイ等によってわが国の学校で広められた。それは自己表現を賛美し、また統御されることなく完璧な経験を求めることを力説する哲学である」[99]と、書かれていた。ウィグモアは、現代の一般の若者に対する「特別な抑制」を求めた。また彼は、レオポルドやローブのような反社会的な者たちの場合には、死刑を求めた。なぜなら「終身刑は、こうした者たちの精神にとって脅威とならない」が、「狂人と全くの子どもを除いては、誰もが絞首刑を十分恐れている」からである[100]。トー

第5章

マスは、その切り抜きの端に、「ずいぶんと野蛮ですね。彼はプログラム委員会の一員なのですかね？」と走り書きをしていた[101]。

記念会議のためのプログラム委員会の共同委員長のダマーは、気に入らなかった。「私たちが目指して進化してきた理念の全て」を第一次世界大戦がどういうわけか変えてしまったのではないか、と彼女は疑問に思っていた[102]。彼女は、シカゴ・トリビューン紙が目下犯罪に関する記事を数多く掲載しているので、財務委員会が来たるべき会議のために十分な資金を調達することが困難になってしまった、とトーマスに指摘した。彼女は、「私たちの会議が敵意と嘲笑を受けないように、私たちは慎重に計画を立てなければいけません。人びとは、少年裁判所を幾分感傷的なものと考え、16歳や17歳の少年たちを警察署や刑事裁判所に連れて行こうとしています」と、説明した[103]。

ヒーリーは、記念会議で論文を発表することに同意していたのだが、ダマーに懸念を伝えた。と言うのも、彼もブロンナーも「シカゴ市には変更されるべき点が多々あるので、我々が心底考えていることを語るとしたら、聴衆に受けるかどうか疑問に思う」と考えていたからである[104]。ダマーは、他のいくつかの講演もまた「シカゴ市の非効率な業務を完全に暴く」ことを二人に伝え、自分たちの好きなことを話す自由があることを確約した[105]。こうして、ヒーリーはやや渋々ながらもシカゴ市に戻り、この都市の裁判所と診療所の記念祝典に助力したのであった。

その会議は、サウスループにあるシカゴ市シティクラブがホスト役を務めた。この会議は、1925年1月2日の金曜日朝に、ウィリアム・デヴァー市長とクック郡行政委員会委員長のアントン・サーマクによる挨拶で始まった。最初の会合は、少年裁判所運動の歴史をテーマとし、その会合にはジュリア・レースロップ、ティモシー・ハーレイ、ルイーズ・ド・コーヴェン・ボーエン、およびコロラド州から来たベンジャミン・リンジー判事のような先駆者たちが顔を連ねた。しかし、金曜日の目玉は、その晩に近くのコングレスホテルで開かれた記念晩餐会であった。その呼び物となる講演者は、合衆国巡回控訴裁判所のジュリアン・マック判事とロサンゼルス少年裁判所審判員のミリアム・バン・ウォーターズ博士であった。

マックは、もうすぐ60歳であったが、基調講演をするのには打ってつけの人物であった。なぜなら、彼は長年シカゴ市で裁判官を務め、また少年裁判所運動で重要な役割を果たしていたからである。バン・ウォーターズは、少年裁判所の創

設とは無関係な世代であり、マックより20歳年下であったが、少年司法の領域では希望の星であった。彼女は、1913年にクラーク大学から人類学博士号を得て、カリフォルニアに移り住む前の数年間、ボストン市の児童救護協会に勤めていた。彼女は、ロサンゼルス少年観護所所長になるとともに、全うな道から逸脱した女子少年たちのためのハーフウェイ・ハウスであるエル・レティーロの施設長にもなった[106]。彼女のそこでの働きぶりは、エセル・スタージェス・ダマーの注意を引いた。ダマーは第一次世界大戦の間に、性的虐待を受けた女子少年や売春婦について関心を抱くようになっていた。彼女は、これらの女子少年が砲弾ショックに似た状態に苦しんでいるのではないかと心配していた。ダマーは、バン・ウォーターズを自分の秘蔵っ子の一人にし、シカゴ市での改革者たちのネットワークに紹介した。1920年にバン・ウォーターズは、カリフォルニア州の司法試験に合格した後、ロサンゼルス少年裁判所審判員に任命されていた。

　重要なことに、マックもバン・ウォーターズも、子どもの人格が専門家たちの間でますます強迫観念になっていることに警鐘を鳴らした[107]。それにもかかわらず、当会議の大半は、非行の医療化に捧げられていた。出版された会議講演録集『子どもと診療所と裁判所』（1925年）はジェーン・アダムスによって編集されたものだが、この書の中でも医学や臨床治療に関する全ての論文が、裁判所や社会運動の歴史に関する論文の前に置かれていた。法学よりも心理学や精神医学を重視したこうした運命の逆転は、少年裁判所の重要性が失われつつあることを象徴していた。

　マックの情熱的な演説は、少年裁判所運動の本来の趣旨を思い起こさせた。それは、レースロップを喜ばせたに違いない。少年裁判所の最重要点は社会の好ましからざる真実を可視化することが出来たことにある、と彼女は何年にもわたって力説してきたからである。マックは、経済的要因が今なお非行の主たる原因だと主張した。社会の「基本的責務」は「子どもたちを裁判所へと赴かしめる経済的基盤が何かを調べ出し、その経済的な不正を正すこと」である、と彼は明言した。「あなた方の街にあるあばら屋やスラム街を解体せよ、労働時間を強制的に制限して、あなた方の街の労働者に自由時間を与えよ。そうすれば、皆さんが労働者の家庭に踏み入って、彼にはその子どもたちを扱う資格がないと言う前に、彼は自分の家族の扶養に思いを致すことができるのだ」[108]。

　バン・ウォーターズは自分の講演を利用して、少年司法の運営が余りにも官僚的で「型にはまった」活動になってしまったことを明らかにした[109]。例えば、あ

る幼い女子少年がバン・ウォーターズに、「意地悪な母親のように私を扱って欲しくない」と説明してくれた[110]ように、州は今や厳格な親になってしまった。専門家や公衆の間で少年裁判所について悲観論が増大していたにも関わらず、「弱体化しつつある親の監督に合法的に取って代わることができ」、子どもの取り締まりにおいて中心的な役割を果たし続けなければならないのは、「法の強制力だけ」だ、とバン・ウォーターズは主張した[111]。こうした裁判所がなければ、児童福祉は苦境に陥るだろう。彼女はまた、社会が前進するためには、地域コミュニティがその子どもたちにもっと関与しなければならない、と論じた。また、地域コミュニティが行うべきことは、子どもたちと効果的に意思疎通することのできる献身的な専門家たちが少年司法システムの中で働き、「少年裁判所の機構が少年裁判所の理念を踏みにじらない」ようにすることである[112]。

　記念会議は、ダマーが司会を務める日曜日のシンポジウムをもって終わった。このシンポジウムは、「科学的な統合を通じて新たな理解が生まれることを期待して、生物学、心理学、精神医学、および社会学の見地から行動の様々な基盤」を分析した[113]。最後に一言述べたのは、ジュリアン・マックではなく、ウィリアム・ヒーリーであった。ヒーリーは、貧困の除去が決定的に重要であるというマックの意見には賛成したが、「非行には数多くの因果関係的要因があるので、非行はそう簡単には解決されないひとつの問題を提起する」と、指摘した。しかし、彼は、「圧倒的に多くの非行は、心理学的に正しい科学的なプログラムによって効果的に取り扱われ、防止することが可能だ」と、付け加えた[114]。このように、ヒーリーは社会的事柄よりもこころを重要視したのである。

　ヒーリーは子どもたちの情緒面でのニーズに対する真に個別化された処遇を求めたのだが、皮肉なことに、彼のこの要請が大きな影響力を発揮したのは少年司法システムの内部でよりも、システムの外部における子どもたちの生活に対してであった。歴史学者のキャスリーン・ジョーンズが示したように、「1920年代から1930年代にかけて、児童相談は診療所の中に留まり続けるものではなかった。また、児童相談は、非行少年や手に負えない要扶助少年のライフコースを安定させることだけを目指す方法であり続けることはなかった」。この間に、「情緒的葛藤、人格不適応、および家庭環境の決定的役割に関する児童相談上の助言は、社会改良の領域を越えて広がり、プライベートな育児に関する言説となった」[115]。実際、両親は子どもの情緒面でのニーズに気を配る責任があるという考えは、ベンジャミン・スポック博士による『乳幼児保育の常識本』（1945年）の主要なテー

マとしての役割を果たした。この本は、ベビー・ブーム世代の親たちのバイブルとなった。ジョーンズが述べたように、「スポックは、25年にわたる児童相談の普及を一冊の本にまとめたのである。常識と医学専門家とが一体のものになっていた。また、子どもたちの情緒面でのニーズは、その身体的なニーズと同等に位置づけられていた。そして、両親が、その子孫の運命を決定した。さらに、厄介な行動は、普通のこととされていた」[116]。このように、非行の医療化は、シカゴ少年裁判所が運営され始めた最初の数年間は当裁判所に出頭した常習的非行少年に対する対応として始まったのだが、最終的には、医学モデルを受け入れた全国の何百万という親たちに対して日常的な育児実践の一部として寄与したのである。

註

[1] Robert M. Mennel, "Ethel Sturges Dummer," in *Notable American Women: The Modern Period*, edited by Barbara Sicherman and Carol Hurd Green (Cambridge, Mass.: Harvard University Press, 1980), 208-210.

[2] Ethel Sturges Dummer, *Why I Think So: The Autobiography of a Hypothesis* (Chicago: Clarke-McElroy, 1937), 35.

[3] Ethel Sturges Dummer to Henry Thurston, n.d., c. February 1921, box 37, folder 802, Ethel Sturges Dummer Papers, Schlesinger Library, Radcliffe College, Cambridge, Mass.

[4] Dummer, *Why I Think So*, 35.

[5] Ethel Sturges Dummer to Henry Thurston, n.d., c. February 1921, box 37, folder 802, Dummer Papers.

[6] Paul Gerald Anderson, "The Good to Be Done: A History of the Juvenile Protective Association of Chicago, 1898-1976" (Ph.D. diss., University of Chicago, 1988), 1:160-161. 参照。

[7] *Charity Service Report*, Board of Commissioners of Cook County, Illinois (Chicago, Ill.: Henry O. Shepard, 1907), 112, *Charity Service Report*, Board of Commissioners of Cook County, Illinois (1908), 236-243.

[8] *Charity Service Report*, Board of Commissioners of Cook County, Illinois (Chicago: Henry O. Shepard, 1908), 238.

[9] Ibid., 239.

[10] Ibid., 241.

[11] Elizabeth Lunbeck, *The Psychiatric Persuasion: Knowledge, Gender, and Power in Modern America* (Princeton, N.J.: Princeton University Press, 1994), 65-71.

第 5 章

[12] Ibid., 352 n. 74.
[13] Ibid., 65.
[14] Lunbeck, The Psychiatric Persuasion, 34.
[15] Ibid., 3.「人格」概念の刺激的な分析につき、Warren Susman, *Culture as History: The Transformation of American Society in the Twentieth Century* (New York: Pantheon Books, 1984), 271-285. 参照。
[16] Jennifer Platt, "'Acting As a Switchboard': Mrs. Ethel Sturges Dummer's Role in Sociology," *American Sociologist* 23 (fall 1992): 28.
[17] Ibid., 25.
[18] Victoria Getis, *The Juvenile Court and the Progressives* (Urbana: University of Illinois Press, 2000), 1.
[19] Letter, January 2, 1909, box 30, folder 578, Dummer Papers.
[20] 反復理論に関し、Stephen Jay Gould, *The Mismeasure of Man* (New York: Norton, 1981), 113-122. 参照。
[21] Dorothy Ross, *G. Stanley Hall: The Psychologist as Prophet* (Chicago: University of Chicago, 1972), 386-394; Peter Gay, *Freud: A life for Our Time* (New York: Norton, 1988), 206-213.
[22] 以下の伝記上の知識は、George E. Gardner, "William Healy, 1869-1963," *Journal of American Academy of Child Psychiatry* 11 (January 1972): 1-29, ならびにジョン・C・バーナムによるウィリアム・ヒーリーとオーガスタ・F・ブロンナーに対する口述史インタビュー筆記録 (January 1960, Chicago Historical Society) に基づいている。
[23] "Tenney, Horace Kent," in *The Book of Chicagoans: A Biographical Dictionary of Leading Living Men of the City of Chicago* (Chicago: Marquis, 1911), 665.
[24] William Healy to Julia Lathrop, April 4, 1908, box 30, folder 578, Dummer Papers. 本書簡はまた、Robert Bremner, ed., *Children and Youth in America: A Documentary History*, vol. 2 (Cambridge, Mass.: Harvard University Press, 1971), 565. にも転載されている。
[25] Gould, *The Mismeasure of Man*, 122-145; Ruth Harris, *Murders and Madness: Medicine, Law, and Society in the Fin de Siècle* (New York: Oxford University Press, 1989), 80-87.
[26] こうした書式の複数部が、1899年から1906年に至るまでの現存するファイルの中にのみ存在している。この時点以後、事例史は、恐らくプロベーション報告書とともに保管されていたのだろう。こうしたプロベーション報告書は、どうやら1960年代の後半に破棄されたようだ。
[27] Gardner, "William Healy," 12. ゴダードの研究に関する記述につき、Gould, *Mismeasure of Man*, 158-174. 参照。
[28] Gardner, "William Healy," 12.
[29] William Healy to Ethel Sturges Dummer, April 29, 1909, box 2, folder 31, Dummer Pa-

pers.

[30] 研究所の事務局長であるジョージ・R・ディーン夫人が、三番目の役員であった。ジェームズ・R・エンジェル教授、E・O・ブラウン判事、H・B・ファヴィル博士、ジュリアン・W・マック判事、ジョージ・H・ミード教授、アドルフ・マイヤー博士、ホラス・K・テニー、ヘンリー・W・サーストン、ジョン・H・ウィグモア、メリット・W・ピンクニー判事、そしてハリー・オルソン判事が、諮問評議会委員を務めた。管理委員会は、ジェーン・アダムス、ウィリアム・F・ダマー夫人、フランク・S・チャーチル博士、アレン・T・バーンズ、ジュリア・C・レースロップ、ヒュー・T・パトリック博士、ジョージ・R・ディーン夫人、そしてグレアム・テイラー博士によって構成されていた。

[31] The *Chicago Record-Herald*, April 20, 1909, からの切り抜き、box 23, folder 372, Dummer Papers.

[32] Ibid.

[33] 進歩主義時代における優生学と環境決定論の融和性に関し、Michael Willrich, *City of Courts: Socializing Justice in Progressive Era Chicago* (New York: Cambridge University Press, 2003), 特に chap. 8. 参照。

[34] William Healy and Augusta F. Bronner, "The Child Guidance Clinic: Birth and Growth of an Idea," in *Orthopsychiatry, 1923-1948: Retrospect and Prospect*, edited by Lawson G. Lowrey (Menasha, Wis.: American Orthopsychiatric Association, 1948), 16; ヒーリーに対する口述史インタビュー、98.

[35] Willrich, *City of Courts*.

[36] Healy and Bronner, "Child Guidance Clinic," 33.

[37] 研究所は、ヒーリーに加えて、一連の心理学者たち(グレース・M・フェルナルド、メアリー・H・S・ヘイズ、ジーン・ワイデンセル、クララ・シュミット、メアリー・W・チェーピン、そして最後に、ヒーリーと後に結婚することになるオーガスタ・F・ブロンナー)、数名の専門の研究者たち(アン・バーネット博士、フランシス・ポーター、そしてイーディス・R・スポールディング博士)、そして医長の秘書(エミリー・ディーン・マクミラン)もまた雇っていた。

[38] William Healy, *The Individual Delinquent: A Text-Book of Diagnosis and Prognosis for all Concerned in Understanding Offenders* (Boston: Little, Brown, 1915), 53-67.

[39] Gould, *The Mismeasure of Man*, 148.

[40] Healy, *The Individual Delinquent*, 80.

[41] William Healy and Grace M. Fernald, *Tests for Practical Mental Classification* (Baltimore: Review Publishing, 1911), 4.

[42] Gould, *Mismeasure of Man*, 159.

[43] Healy and Fernald, *Tests for Practical Mental Classification*, 11. ヒーリーは、この単行本のために文章を書いた。その文章は、*Psychological Review* 13 (March 1911) でも公表さ

れた。

[44] Healy and Fernald, *Tests for Practical Mental Classification*, 46.
[45] Ibid., 47.
[46] Ibid.
[47] Healy and Fernald, *Tests for Practical Mental Classification*, 47-49.
[48] Healy and Bronner, "The Child Guidance Clinic," 27. ヒーリーによる「自身の話」の利用に関し、James Bennett, *Oral History and Delinquency: The Rhetoric of Criminology* (Chicago: University of Chicago Press, 1981), 112-122. 参照。
[49] William Healy, *The Practical Value of Scientific Study of Juvenile Delinquents*, U.S. Department of Labor, Children's Bureau, publication no. 96 (Washington, D.C.: Government Printing Office, 1922), 25.
[50] Healy, *The Individual Delinquent*, 21.
[51] 児童相談運動に関し、Margo Horn, *Before It's Too Late: The Child Guidance Movement in the United States, 1922-1945* (Philadelphia: Temple University Press, 1989). 参照。
[52] Healy, *The Individual Delinquent*, 21.
[53] Susman, *Culture as History*, 276.
[54] Healy and Fernald, *Tests for Practical Mental Classification*, 7.
[55] Ibid., 6.
[56] Ibid., 7.
[57] William Healy, "The Problem of Causation of Criminality," *Journal of Criminal Law and Criminology* 2 (1912): 853; Healy, "Individual Study of the Young Criminal," *Journal of Criminal Law and Criminology* 1 (1910): 58.
[58] Healy, *The Individual Delinquent*, 44.
[59] Ibid., 45.
[60] *Journal of the American Institute of Criminal Law and Criminology* 1 (May 1910): 2.
[61] Ibid., 61.
[62] Ibid., 30.
[63] Healy, *The Individual Delinquent*, 80.
[64] William Healy to Ethel Sturges Dummer, January 24, 1914, box 30, folder 578, Dummer Papers.
[65] Ibid.
[66] William Healy to Ethel Sturges Dummer, October 4, 1915, box 30, folder 578, Dummer Papers.
[67] John H. Laub, "A Century of Delinquency Research and Theory," in *A Century of Juvenile Justice*, edited by Margaret K. Rosenheim, Franklin E. Zimring, David S. Tanenhaus, and Bernardine Dohrn (Chicago: University of Chicago Press, 2002), 196.

[68] John H. Wigmore, "Shall Dr. Healy's Work Be Lost to Chicago?" n.d., c. 1916, box 30, folder 578, Dummer Papers.
[69] Healy and Bronner, "The Child Guidance Clinic," 34.
[70] Kenneth Cmiel, *A Home of Another Kind: One Chicago Orphanage and the Tangle of Child Welfare* (Chicago: University of Chicago Press, 1995), 94.
[71] Gardner, "William Healy," 17.
[72] *Juvenile Court Annual Reports* (1917), 6.
[73] William Healy to Ethel Sturges Dummer, March 8, 1920, box 30, folder 579, Dummer Papers.
[74] William Healy to Ethel Sturges Dummer, March 16, 1921, box 30, folder 580, Dummer Papers.
[75] Ethel Sturges Dummer to William Healy, November 28, 1921, box 30, folder 580, Dummer Papers; Herbert M. Baker, "Passing of the Juvenile Court," *Survey* 45 (February 12, 1921): 705.
[76] Hamilton Cravens, "Child Saving in Modern America 1870s-1990s," in *Children at Risk in America: History, Concepts, and Public Policy*, edited by Roberta Wollons (Albany: State University of New York Press, 1993), 3-31.
[77] Evelina Belden, *Courts in the United States Hearing Children's Cases: A Summary of Juvenile-Court Legislation in the United States*, U.S. Department of Labor, Children's Bureau, publication no. 65 (Washington, D.C.: 1920). 1918年に、五つの部分からなる調査票が、2,391ヶ所の裁判所に郵送された。そして、2,034ヶ所(85%)が回答した。
[78] Ibid., 13.
[79] Ibid., 14.
[80] Ibid., 15.
[81] Ibid.
[82] U.S. Department of Labor, Children's Bureau, *Proceedings of the Conference on Juvenile-Court Standards Held under the Auspices of the U.S. Children's Bureau and the National Probation Association*, publication no. 97 (Washington, D.C.: 1922), 5.
[83] Ibid., 7-8.
[84] Ibid., 8.
[85] Ibid., 104.
[86] William Healy to Ethel Sturges Dummer, March 16, 1921, box 30, folder 580, Dummer Papers.
[87] Horn, *Before It's Too Late*, 4.
[88] Ibid., 30-31. における引用。
[89] Ibid.

90 Robyn Muncy, *Creating a Female Dominion in American Reform, 1890-1935* (New York: Oxford University Press, 1991), 90-91.

91 U.S. Department of Labor, Children's Bureau, *Juvenile-Court Standards: Report of the Committee Appointed by the Children's Bureau, August, 1921, to Formulate Juvenile-Court Standards, Adopted by a Conference Held under the Auspices of the Children's Bureau and the National Probation Association, Washington, D.C., May 18, 1923*, publication no. 121 (Washington, D.C.: 1923), vi; Marguerite G. Rosenthal, "The Children's Bureau and the Juvenile Court: Delinquency Policy, 1912-1940," *Social Service Review* 60 (June 1986): 308-310.

92 David J. Rothman, *Conscience and Convenience: The Asylum and Its Alternatives in Progressive America* (Boston: Little, Brown, 1980), 245-246.

93 Rosenthal, "The Children's Bureau," 308, 317 n. 19.

94 ヒューゴー・パム判事が副委員長、ハリー・ハート夫人が会計係、またジェシー・F・ビンフォードが事務局長であった。名誉委員長は、クック郡少年裁判所統括判事のビクター・P・アーノルド閣下、アメリカ医師会長のウィリアム・アレン・ピュージー博士、少年裁判所判事のメアリー・M・バーテルミ閣下、州の公式の犯罪学者でIJR所長のハーマン・M・アドラー博士、そしてシカゴ弁護士会長のジョン・M・キャメロンであった。プログラム委員長は、ジョエル・D・ハンターとウィリアム・F・ダマー夫人であった。ジョージ・V・マッキントリー夫人が手配を担当し、ハリー・ハート夫人が財務を監督し、またジョゼフ・L・モスが展示の準備をした。Anniversary invitation, box 16, folder 242, Dummer Papers.

95 Hal Higdon, *The Crime of the Century: The Leopold and Loeb Case* (New York: Putnam, 1975); Paula S. Fass, "Making and Remaking an Event: The Leopold and Loeb Case in American Culture," *Journal of American History* 80 (December 1993): 919-951.

96 Maureen McKernan, *The Amazing Trial of Leopold and Loeb* (Chicago: Plymouth Court Press, 1924), 244.

97 Gay, *Freud*, 453-454.

98 "A Symposium of Comments from the Legal Profession, in the Loeb-Leopold Murder of Franks in Chicago, May 21, 1924," *Journal of Criminal Law and Criminology* 15 (November 1924): 395-405.

99 W. I. Thomas to Ethel Sturges Dummer, n.d., c. November 1924, からの切り抜き、box 36, folder 789, Dummer Papers.

100 W. I. Thomas to Ethel Sturges Dummer, n.d., c. November 1924, からの切り抜き、box 36, folder 789, Dummer Papers.

101 Ibid.

102 Ethel Sturges Dummer to William Healy, November 1, 1924, box 30, folder 580, Dummer

Papers.

[103] Ethel Sturges Dummer to W. I. Thomas, December 14, 1924, box 36, folder 789, Dummer Papers.

[104] William Healy to Ethel Sturges Dummer, October 27, 1924, box 30, folder 580, Dummer Papers.

[105] Ethel Sturges Dummer to William Healy, November 26, 1924, box 30, folder 580, Dummer Papers.

[106] Estelle B. Freedman, *Maternal Justice: Miriam Van Waters and the Female Reform Tradition* (Chicago: University of Chicago Press, 1996).

[107] Julian W. Mack, "The Chancery Procedure in the Juvenile Court," in *The Child, the Clinic and the Court*, edited by Jane Addams (New York: New Republic, 1925), 298-309, ならびに Miriam Van Waters, "The Juvenile Court from the Child's Viewpoint: A Glimpse into the Future," in Addams, *The Child, the Clinic and the Court*, 217-237.

[108] Mack, "The Chancery Procedure," 318.

[109] Van Waters, "The Juvenile Court," 221.

[110] Ibid., 219.

[111] Ibid., 235.

[112] Van Waters, "The Juvenile Court," 237.

[113] Anniversary invitation, box 16, folder 242, Dummer Papers.

[114] William Healy, "The Psychology of the Situation: A Fundamental for Understanding and Treatment of Delinquency and Crime," in Addams, *The Child, the Clinic and the Court*, 52.

[115] Kathleen W. Jones, *Taming the Troublesome Child: American Families, Child Guidance, and the Limits of Psychiatric Authority* (Cambridge, Mass.: Harvard University Press, 1999), 91. [訳者追記：邦訳として、キャスリーン・W・ジョーンズ、小野善郎訳『アメリカの児童相談の歴史——児童福祉から児童精神医学への展開』（明石書店、2005年）がある。］

[116] Ibid., 117.

第 6 章

「非行と犯罪に関する処遇と予防のプログラムを実りあるものにするには、必ず当該プログラムの矛先をコミュニティの環境、つまり非行少年や犯罪者が生まれ育った地元の社会生活圏に向けなければならないと思われる。現実的な観点から問題になるのは、非行少年や犯罪者が生まれ育った悪化した地方のコミュニティを新たに組織化していくという問題である」。
——アーネスト・W・バージェス、ジョセフ・D・ローマン、およびクリフォード・R・ショウ、『シカゴ地域計画』(1934年)。

コミュニティの組織化

　ウィリアム・ヒーリーが少年非行の原因に関する先駆的な調査研究によって切り開いた足跡を追うようにして、児童相談運動が誕生した。しかし、そればかりではない。彼が詳細に研究した非行少年の生活史は、社会学者を駆り立て、少年の法違反行為を引き起こす社会的要因の研究へと誘った。1920年代には、こうした社会学研究によって、都市のある特定の地域は、たとえその民族・人種構成が時とともに変化しても、高い犯罪率を保ち続けるという事実が発見された。この発見事実に基づき、少年調査研究所の調査社会学部門の部長であったクリフォード・ショウは、1932年にシカゴ地域計画（Chicago Area Project: CAP）に着手した。ショウとその同僚は、高い犯罪率を有する「荒野のような地域」で青少年を含む地域住民が独自の非行予防プログラムを確立できるよう、進んで援助した。「近隣地区住民がこのプログラムを立案・運用する際の自律性」を強調した、大恐慌の期間におけるシカゴ地域計画の取組みは、後の州や連邦のプログラムに対する模範としての役割を果たした。こうしたプログラムの中には、リンドン・ジョンソン大統領が提唱した「偉大な社会」というマニフェストの主要な一部や、最近では1990年代の「コミュニティズ・ザット・ケア」プログラム[訳注11]が含

まれる[1]。革新的なコミュニティ組織化プログラムがシカゴ市において隆盛を極めたのと同時期に、青少年犯罪への社会的関心もますます高まっていった。このような風潮の中で、イリノイ州最高裁判所は、犯罪を行ったことを理由に告発された満10歳以上の子どもの事件に関する第一審管轄権を、少年裁判所から取り上げたのである。その結果、子どもは少年裁判所か刑事裁判所のいずれかに訴えが提起されうることになった。1930年代になると、地元レベルで少年非行を予防しようという想像力豊かな取組みが見られる一方で、重大かつ暴力的な少年の法違反行為者に対するより懲罰的な取扱いも見られた。こうして、大恐慌時代にシカゴ市の高犯罪率地域で成育した子どもは、コミュニティが運営する多数の社会的プログラムに参加することができたが、その一方で、子どもが犯罪を行った場合には成人として公判に付される見込みにも直面した。

　コミュニティ支援活動プログラム（community outreach programs）は、少年裁判所の設立当初からその業務の一部であった。このプログラムは、少年裁判所委員会（Juvenile Court Committee：JCC）のボランティア活動から始まった。同委員会は、最初の少年観護所を運営し、また少年裁判所の最初の保護観察官に給料を支払っていた。1906年に、少年裁判所委員会はデンヴァー少年裁判所の著名な判事であるベンジャミン・リンジーを招いて、デンヴァー市の「少年改善協会（Juvenile Improvement Association）」に関する昼食講演会を開催した。リンジーは同協会が行う予防活動を称賛したが、そこには、恵まれない子どもに対して系統立った余暇活動（structured recreational activities）に参加する機会を提供するプログラムが含まれていた[2]。ジュリアン・マック判事とヘンリー・サーストン主任保護観察官は、このアプローチに一部手を加えたプログラムがシカゴ市では効果的だと信じ、二人はデンヴァー・モデルに基づいた民間組織確立のためにJCCの女性たちと一緒に活動した。JCCは、改善協会の発展を手助けすることによって、委員会の歴史の危機的な局面において自らの刷新を行った。クック郡は1905年にプロベーション制度の維持責任を引き受けるとともに、1907年には少年観護所を開設する予定だったが、今やJCCは時代遅れに映った。そこでJCCの指導者たちは、非行予防という新しい使命に熱心に取り組んだわけである。1909年に

訳注11　ワシントン大学社会発達研究グループが提唱したプログラム。このプログラムでは、①地域住民による地域や学校での問題性・特殊性の測定、②他地区との比較検証、③検証結果を基にした改善プログラムの実施を行う。当該地域の問題性・特殊性を把握することができるもので、アメリカだけでなく数ヶ国においても行われている。

は、少年裁判所委員会はその方針転換を反映して、名称を少年保護協会（Juvenile Protective Association：JPA）に変更し、事務所をハル・ハウスに設けた。

　JPA の使命は近隣地区を社会化することであり、その非行予防に対するアプローチは、歴史家のポール・ボイヤーが「積極的」環境説・「消極的」環境説と名づけた二つのものを組み合わせた[3]。JPA プログラムの積極的な部分は、都市商業文化からの誘惑に対する建設的代替策の創出に焦点を当てたデンヴァー市少年改善協会の事業と類似のものであった。子どもは成人の責任のある監督の下で公園や運動場や課外活動プログラムで一緒に遊ぶべきである、と児童救済運動家たちは信じた。JPA は子どもを保護するために強制的な、換言すれば消極的なアプローチも用いた。JPA は、「とりわけ貧困地区において不可避的に道徳的退廃へと至る近隣の諸条件」を浄化することに努めた。すなわち「貧困地区に常時置かれている誘惑のいくつかを取り除くこと、例えば『ビール缶の購入を目指しての突進（can rashing）』（子どもがチップほしさに労働者のためにビールを買いに行くこと）やコカイン売りを止めさせること、子どもを評判の悪い男色者のための店や家屋から遠ざけること」に努めたのである[4]。加えて、JPA はファミリーケースワークを行う職員を雇用したが、彼らの職務には、少年裁判所に届けられる匿名の通告の全ての調査も含まれていた。

　JPA はシカゴ市をいくつかの地区に分け、職員を送り各々の地区に存在する徳性の高い地域と危険地域を地図に記させ、職員を雇って「評判の悪いキャバレーや酒場」といった道徳的に問題のある地域をパトロールさせた。さらに、少年非行を引き起こす根本的な諸条件を解明するため、JPA は公衆向けのダンス・ホール、入場料5セントの映画館、入場料10セントの劇場に対する調査を行い、郡ジェイルを査察し、そしてアフリカ系アメリカ人の子どもに対する人種差別がもたらす有害さの程度を算定した[5]。JPA はそれらの発見事実を政治的に利用した。1910年代には、JPA はシカゴ市における裁判所を中心とする社会警備アプローチを拡大するよう求める有力なロビーとなった。ルイーズ・ド・コーヴェン・ボーエンの指導の下、JPA は「青年（juvenile-adults）」（すなわち、少年裁判所の上限年齢の17歳は超えるが、成人年齢の21歳には満たない男子）を審理するために、青年裁判所（Boy's Court）の創設を求めて運動し、成功した。JPA はまた、売春を根絶するための道徳裁判所（Morals Court）と、「家族を顧みない者」（すなわち、自らの家族を支えない父親たち）を罰するための家庭内関係裁判所（Court of Domestic Relations）を設立しようと奮闘し、成功した[6]。

社会化された法に対する信頼が薄れるにつれて、1920年代半ばまでには、一部のJPA職員たちは、JPAも時代遅れになりジャズ時代と合わなくなってきたという結論を下した。例えば、シカゴ大学の社会学専攻の大学院生で、後に職業ダンサーのいるダンス・ホール（男性が女性に一回のダンスにつき50セントか10セント払ってダンスの相手になってもらう場所）についての卓越した著書を書いたポール・クレッシー（Paul Cressey）は、1925年の夏にJPAの実地研究を行った[7]。クレッシーの報告によると、「社会学的に語れば、協会の主な機能――それはJPAが活動資金を獲得するために用いるアピールである――は、ニュー・イングランドの小さな地域社会の道徳的慣習（mores）を巨大な世界都市へ適用しようとする試みである、と言って差し支えない」。クレッシーはさらに次のように言う。「基本的にJPAは、シカゴ市の『生態系』そのものと度々格闘している。一切の『狭量な』道徳的判断から自ら距離を置くという偉大な努力がJPAの個々の職員によって行われている――それが成功を収めていると私は信じる――のだが、それにもかかわらずJPAは、JPAの寛容な道徳規範を認めることすらしないシカゴ市住民の大半を占める集団と絶えず対立しているのである」。「大都市は、似たような価値観を持った人びとからなる複雑な経済的・生態学的組織ではない。様々な集団の道徳的慣習は根本的に異なっており、ここにこそ、JPAの困難も『存在理由』もある。JPAは、調査活動や強制を伴う活動の一部において、まるで石の壁に対してぶつかっているようにも見える」[8]、とクレッシーは強調した。クレッシーの目からすると、JPAの職員の大部分が「イリノイ州かアイオワ州の小さな町の出身」なので、取り調べや調査や取り締まりの対象となる近隣地区では歓迎されないよそ者だった。

クレッシーは「シカゴ市の生態系」というフレーズを使用するが、それは、ロバート・パーク（Robert Park）とアーネスト・バージェス（Ernest Burgess）によって主導され、1920年代に社会学のシカゴ学派が普及させた都市成長理論（theory of urban growth）に由来する[9]。この理論によれば、都市は膨張すると「新陳代謝」が妨げられ、一部の地域は組織が解体されたままになり、その地域住民に対する適切な社会統制が欠如した状態になる。こうした漸移地帯（transitional regions）[訳注12]では、商業と工業の発展がそこの地域住民の生活を変え、社会病理が猛威を振るった。パークが記したように、「実際のところ、非行とはある意味で、我々のコミュニティ・オーガニゼーションが機能できなくなったことを示す尺度である」[10]。パークとバージェスは、ひとつの社会学的な実験室と看做した

シカゴ市に自分たちが指導する大学院生を送り込み、都市が膨張する「自然の」プロセス――都市の膨張が都市住民に及ぼす有害な影響を含む――を調査させた。パークは、「我々がこうした研究を行っているのは、単に我々が新聞をもっと知的に読めるようになるためである。毎日の新聞記事が、平均的な読者にとってあまりにも衝撃的で、しかも同時にあまりにも魅力的である理由は、新聞が記録する生活について、平均的な読者はほとんど知らないからである」と断言した[11]。

1920年代において、クリフォード・ショウとヘンリー・マッケイ (Henry McKay) は、都市部の少年非行を研究したことによって、質的データ（例えば、生活史や聞き取り調査や参与観察）と洗練された定量的分析とを組み合わせたシカゴ学派の社会調査方法を用いる、最も影響力のある専門家となった。ショウは、小さな農業コミュニティであったインディアナ州ルレイの出身であった。彼は神学を学んだものの、これを徹底的に嫌い、その後第一次世界大戦の間は海軍に志願入隊し、大戦が終了した後にカレッジでの教育を修了した。1919年に彼は、シカゴ市中心部の東ヨーロッパ人地区にあった社会福祉セツルメントである「幸福の家 (House of Happiness)」に移り住み、シカゴ大学で大学院生として研究を始めた。1920年代の初頭には、イリノイ州立の聖チャールズ男子少年学校で少年のパロールを担当している非常勤の保護観察官としても働いた。このトレーニング・スクールは、少年の法違反行為者のための矯正施設であったが、ここでショウは初めて少年たちに、自分史を書くように奨めた。その後彼は1924年から1926年までの間、シカゴ少年裁判所の保護観察官として勤めた。ショウは次のように書いている。

　　私がこの保護観察官の地位にあった時の活動は、ケース調査、申立書その他の法文書の準備、家庭訪問、法廷におけるケースの説明等でありました。この業務はシカゴ市全域に及ぶものでしたので、私は子どもにサービスを提供する

訳注12 『世界大百科事典〔第2版〕』（平凡社、2006年）における「圏構造」の記載によれば、「アメリカ人の都市社会学者E.W.バージェスが1925年、シカゴを調査地域にとり、都市の地域構造の理論として同心円構造論を発表した。これは、都市域で中心部すなわち都心（バージェスは中心業務地区 (Central Business District [CBD]) とよぶ）を取り巻いて漸移地帯、労働者住宅地帯、中・上流住宅地帯、通勤者地帯と同心円状に分布するという圏構造をみせている。シカゴのような大都市では都市および都市圏を動かす行政、経済、文化などの中枢的機能の集中した都心が形成される。」とされている。

様々な機関と接触できるようになりました。私のクック郡裁判所での経験は貴重なものでした。というのも、そのことによって、私は何百人もの非行少年と接触し、裁判所の手続の詳細に精通することができたからです。[12]

　1926年に、アーネスト・バージェスに推されて、ショウは少年調査研究所に新設された調査社会学部門の初代部長として雇用された。ジェーン・アダムス、エセル・スタージェス・ダマー、およびハーマン・アドラーを含む児童救済運動家は、30万ドル近くを集めて行動調査基金（Behavior Research Fund）を設立した。この基金は、ショウが行った非行の社会的原因の調査を含む、子どもに関する諸研究を支援した[13]。1927年に、マッケイが事務担当のリサーチ・アシスタントとしてショウのスタッフになった。

　マッケイは、サウス・ダコタ州オリエントの出身であり、彼もまた農場で育ち、都市社会学を学ぶためにシカゴに引っ越して来た。定量的研究に関するマッケイの技能は、非行少年と直に接して研究するショウの能力を補完した。ショウが非行少年に力を貸して自分史を書かせることを奨励するその一方で、「マッケイはもの静かな統計家であった。彼は研究所では皆から離れたところにいて、地図の図面を作り、犯罪と非行に関する様々な率を計算し、相関関係を突き止めた。また、シカゴ市における犯罪と非行の分布を実証的に探し出しては地図上に描写し、その発見事実の特徴を記述した」[14]。ショウとマッケイは、少年非行の社会要因に関する全米の指導的専門家となった。1931年に、二人はこの主題について、ハーバート・フーバー大統領の法の順守と執行に関する全米委員会（この委員会は、一般にはウィカシャム委員会として知られ、禁酒法についての調査でもっとも著名である）のために共著の報告書を出した。ショウとマッケイの主張は、①「少年非行」は「都市の解体した地域における伝統的な行動」であること、②非行は「集団の行動」であること、③解体した地域における少年の法違反行為という持続的文化は「個人的接触と集団的接触を通じて伝達される」こと、であった[15]。それ故、「非行歴は、自然な発達プロセスの産物である」、「この立場からすれば、非行行為や犯罪行為はダイナミックな人生のプロセスの一部分であり、ケースの分析と処遇に当たってはそのようなものとして考察されなければならない」と、二人は論じた[16]。

　『ジャック・ローラー[訳注13]――ある非行少年自身の物語』（1930年）、『非行歴の自然史』（1931年）、および『犯罪における兄弟』（1938年）を含む、ショウが編集

した生活史は、これらの解体した地域に住む子どもがどのように非行少年になったかを明らかにし、非行からの離脱の道を示唆している[17]。アーネスト・バージェスが説明したように、ショウは非行少年「自らが語る物語」を用いたが、それは「その少年の生活を、成人が想像するのではなく、少年自身が自ら心に抱いたとおりにその人生を」見ることができるようにするためであった[18]。周知のことだが、ショウは『ジャック・ローラー』の中でこうした方法を用いて、荒廃した「バック・オブ・ザ・ヤーズ」地区出身のポーランド系アメリカ人の少年スタンレーに対する共感を創り出した。ショウは、シカゴ市のこの地区を「最も汚らしく魅力に欠けた近隣地区のひとつであり、食料品包装出荷工場、屠殺用の家畜置き場、鉄道、工場、荒れ地にすっかり取り囲まれている」と記述した[19]。スタンレーは、青少年期をこのような荒れた路地と少年施設で過ごし、その後17歳の誕生日を迎える僅か前に、「ジャック・ローリング」の罪で、成人施設であるシカゴ矯正院に１年間収容された。スタンレーは、僅か６歳半の時に初めて家出をし、８歳で万引きをやり始め、暴力的な青少年犯罪者になっていった。彼のような「ジャック・ローラー」は二人組か小さな集団で、ウェスト・マディソン通り沿いにあったシカゴの簡易宿舎街で活動し、そこで酩酊した男性や同性愛者をえじきにしていた。「ジャック・ローラー」は人通りのない道や、廃墟となった建物や、安ホテルで被害者に暴行を加え金品を奪った。

　ショウが『ジャック・ローラー』の中で説明したように、ウィリアム・ヒーリーは「少年精神病質研究所」の所長であった時に、８歳の誕生日を迎える直前のスタンレーを綿密に診断した。ヒーリーは次のように報告していた。「本ケースにおける家庭状態は劣悪。父親は大酒飲み。少年は栄養状態が悪く、育児放棄状態。継母を嫌っている。少年が言うには、継母は彼を殴り、外に送り出して盗みをさせる。少年は家庭では非常に不幸だ。彼は少年観護所に住むことを望む。だが、彼に適した里親家庭に委託されるべきだ。少年は自分の家庭にいるかぎり、改善の見込みは皆無」。ショウが指摘したように、不幸なことに、「スタンレーを里親家庭に委託すべきであるというヒーリーの勧告は受け入れられなかっ

訳注13　"jack-roller" とは、酒に酔った者を狙って金を奪う「ジャック・ローリング（jack-rolling）」を行う者を指す、当時の俗語である。元々 "jack" には「金」・「銭」という意味合いがあり、また "roll" には「略奪する」という意味合いがあったため、それらが結合して俗語になったと思われる。なお、この「ジャック・ローリング」という言葉は今日ではマギング（mugging ＝ 街頭などでの強盗）という言葉に置き換えられている。

た。こうして、スタンレーの非行歴は続いた」[20]。

　スタンレーが自ら語った話——ショウがそれを検証し、解説を加えているが——は、『ジャック・ローラー』の大部分を構成している。スタンレーの観察報告——ショウの解説とバージェスの最終的論証によって補強されている——では、矯正施設は子どもを更生させることに失敗し、それどころか、子どもの犯罪習得を増進させるとともに、年長の被収容者による性的虐待に子どもを晒すことによって、子どもを一層反社会的にするにすぎない、という点が強調された。この本はまた、スタンレーが変わるのがいかに困難であったかを明らかにした。彼は、かつてのたまり場と犯罪的な行状へと繰り返し行きつ戻りつした。しかし、最終的にスタンレーは落ち着いた。ショウが彼に力を貸して、中流階級の住む近隣地域に下宿を見つけてやり、夜間学校に通うように奨め、ついにはスタンレーが好んだセールスマンの仕事を見つけた。スタンレーは結婚し、生産的で遵法的な市民となった。スタンレーの報告によると、「セールスマンの仕事はきつい。だが、努力して、今ではそれが好きになった。給料はいいし、男を発奮させる。打ち解けた、しかも外交術に長けたやり方で、いろんなタイプの人と会うことを学ばなきゃならない。私はお客さん、特に頑固なお客さんとの取引をやりとげることに夢中になってるよ」。スタンレーはさらに、「私は屠殺用の家畜置き場のある地域にはもう２年も行ってない。あそこにいる人びとのことは忘れたい。あんな生活から脱出できて本当に嬉しいよ。しかし、今あそこに住み、かつては私のものだった悲惨や困窮を経験しなければならない子どもたちには申し訳なく感じる」と、付け加えた。ショウの結論によると、スタンレーは「伝統的な社会の基準と一致する利害関係や人生哲学を身に着けた」。この変化は、スタンレーが「伝統的な社会集団の生活に関わる」ことで成長したのである[21]。

　バージェスは、スタンレーの処遇成功例を論述する中で、この青年の人格よりもむしろ彼の環境が変化したのだという点を強調した。バージェスによると、ショウが行った活動の意義は、彼が「集団や近隣の影響力という強力な因子に注意を払った」点にあった。ヒーリーは、スタンレーには新しい環境が必要だと勧告したのに対し、ショウは、スタンレーが新しい環境を確立する手助けをしたのである。スタンレーの人生の転機において、「不安定なこの時期に決定的な影響を与えたのは、ショウ氏との継続的な接触、下宿屋の女主人からの日々の影響、ならびに職場や夜間学校で形成されつつあった新しい交友関係であったことは、疑いのないところである」と、バージェスは強調した[22]。しかし、スタンレーの

ような個人が犯罪発生率の高い地域から脱出するための支援を行うだけでは、ショウは完全に満足しなかった。ショウはまた、そこに住む住民が自らのコミュニティを組織化するための支援も望んでいた。

「もの静かな統計家」であったマッケイも、非行予防については情熱的だったが、調査研究には学者らしいやり方で取り組んだ。マッケイは、「ある特定の国籍や人種には犯罪的傾向があるのではないか」という、喧々諤々の議論を呼んでいる「人種」問題に対し、明確な実証的解答を提示したい衝動に駆られていた。シカゴ市では、1919年の血なまぐさい人種暴動の後で人種関係が悪化していた。少年ギャングが主役を演じた約5日間にわたる暴動は、38人の死者と537人の負傷者を残し、全米の関心を「白色人種と黒色人種の関係という問題」に向けさせた[23]。この暴動の直後に、影響力のある進歩主義的団体のユニオン・リーグ・クラブは、フランク・ローデン知事に対して、全米第二位の大都市での人種と暴動の関係について研究するために両方の人種からなる委員会を設立するよう強く主張した。ロバート・パークはブッカー・T・ワシントンの秘書を7年間務め、後にシカゴ都市連盟の初代議長を務めたが、彼はシカゴ人種関係委員会による調査と報告書（『シカゴ市における黒人』［1922年］）の作成を手伝った。シカゴ大学社会学部のアフリカ系アメリカ人の大学院生のチャールズ・ジョンソンが、パークの推薦で事務局次長として働き、大規模な調査プロジェクトを指揮した。

この報告書は、「黒人の犯罪性」に対する白人の認識に関して憂慮すべき調査結果を記録し、「例えば、黒人が天性の犯罪者体質であると、白人に広く信じられていない地域はわが国にはどこにも存在していない」という結論を下した[24]。報告書はそれに続けて「実際、このような信念の浸透をどうしたら回避できるのであろうか。犯罪統計上の黒人に関する数値によれば、上記の結論以外にはありえないのである」と述べていた。しかし、シカゴ人種関係委員会の調査研究者たちは、このような犯罪統計を「何の疑問もなしに」受け入れることをせずに、その代わりにシカゴの司法システムの運用に関する調査を行った。彼らが発見したのは、刑事司法システムに根差す人種差別的な基盤であった。

　様々な記録から、さらに少年裁判所・市裁判所・巡回裁判所・刑事裁判所の裁判官、警察官、州検事、ならびに犯罪・プロベーション・パロールに携わる様々な専門家の証言から判断すると、黒人は法違反行為を行った白人よりも一般的に逮捕されやすく、警察により容疑者として検挙されやすく、また有罪認

定を受けやすいこと、類似の証拠に基づく場合でも黒人は白人よりも重い罪名で身柄の拘束を受けやすく、有罪の認定を受けやすいこと、黒人は白人よりも長期の拘禁刑を言い渡されやすいことが認められる。

さらに、この報告書の指摘によると、「こうした偏見は、数値に反映されると、その誤った数値によって、黒人は他の人種グループよりも犯罪者になる可能性が高いという既存の信念を補強するのに役立つ」[25]。シカゴ人種関係委員会は、白人は黒人に関する事実についてもっと教育されるべきだと勧告した[26]。

1920年代の初めに、ショウとマッケイは、アフリカ系アメリカ人を含む特定の民族グループや人種は生まれながらに犯罪者であるという観念を覆す手助けをした。彼らは、シカゴ市、フィラデルフィア市、リッチモンド市、クリーヴランド市、バーミンガム市、デンヴァー市、およびシアトル市での犯罪パターンの生態学的分析を通じて、高い犯罪率をもたらすのは人種ではなく場所であるという、彼らの画期的な発見のための実証的根拠を証明した。ショウとマッケイの二人がウィカシャム委員会に対して提出した報告書では、以下のように説明がなされている。

　　ドイツ人やアイルランド人やその他の移民集団が少年非行率の高い地域に住んでいた時には、彼らが少年裁判所の受理人員の大部分を占めていた。しかし、彼らが少年非行率の高い地域から第二・第三の移民居留地に移り住むにつれ、その子どもたちは、都市の総人口中に占めるこれらの国籍の移民人口比の減少よりも遥かに高い率で、少年裁判所から姿を消した。少年裁判所の受理人員は、少年非行率の高い地域に移り住んできたイタリア人やポーランド人や黒人やその他の集団に取って代わられた。[27]

二人の結論によると、非行は都市の生態系に因るのであって、その住民が属する民族グループや人種には起因していなかった。また、『少年非行と都市地域』（1942年）という影響力のある教科書の中で、彼らは以下のように書いている。

　　人種・出生地・国籍といった要因だけが少年非行という問題に決定的に関連しているという主張を維持することは困難である。むしろ、黒人の子ども、外国生まれの子ども、最近移ってきた移民の子どもに見られる少年非行率が有意

に高いことは、その都市のどこに現在住んでいるかという地理学的な分布状況の違いに密接に関連しているように思われる。[28]

こうした場所に関する重要な社会学上の発見事実が不利な立場にある若者にどのように関係しているかを、彼らに伝える上でショウには天賦の才があった。例えば、1957年のショウの死後にCAPの運営部長になり、その後1976年にイリノイ州非行予防委員会の初代の理事長となったアンソニー・ソレンティノ（Anthony Sorrentino）は、1930年代初頭に自分や友人に自信を鼓舞してくれたことでショウに信頼を置いていた[29]。これらの若者は、イタリア移民でしかもニア・ウェスト・サイドにある悪名高い「血なまぐさい」第20区[訳注14]に住んでいるという理由で、シカゴ市の商業地域でまともな仕事を探すうえで差別されていると感じていた。1933年に、当時20歳だったソレンティノは、友人たちと一緒にハル・ハウスでショウの話を聞いた。ソレンティノは次のように回想している。「ハル・ハウスでショウが我々に伝えた話の要点は、第一に、このコミュニティにおける非行問題はイタリア系アメリカ人の中だけの固有の問題でもなく、イタリア系アメリカ人の中だけに蔓延している問題でもない。北欧のノルウェー人グループも同一地域で高い非行率を示している。第二に、人種・民族グループがこの地域から出ていくと非行率は減少したのは、彼らの社会・経済的状況が改善されたためである、ということだった」。ソレンティノはさらに続けて、「我々がショウの話に魅了されたのは、彼が極めて魅力的なやり方で示してくれたこうした社会学的な着想だけではない。彼はカリスマ性を持った人間だった。彼は親切で優しい人だった。我々は、彼が非行少年を一人の人間として見る姿勢にとりわけ感銘を受けたのだ」と、語った[30]。

補助金と訓練プログラムを通じて、CAPはソレンティノのような青少年が自分たちのコミュニティを再組織化するための支援ができると、ショウは考えた。レクレーションと教育プログラムの内容には、その後援者がCAP、セツルメント・ハウス、宗教団体、JPAのどれであろうと何かしらの類似点があったが、ショウと彼の同僚はそれとは根本的に異なった方法を追求した。彼らは、「近隣の指導者を訓練し、活用することを大いに強調」したが、それは「近隣地域外の人材から採用される専門的な訓練を受けた指導者」に専ら依存する方法とは対照

[訳注14] ギャングのアル・カポネが禁酒法時代に本部を置いた場所。

的であった[31]。CAPはウェスト・サイド・コミュニティ委員会のような「現地」組織を支援したが、当委員会は1939年にソレンティノと彼の友人たちの援助によって設立され、法人化されたものである。「私たちの組織の根底にある理念は、伝統的な機関の活動との完全な決別であった」とソレンティノは述べた。「地元の施設に行く際に私たちは次のように言った。『私たち、このコミュニティの若者は、ここに入り、あなたや職員に会って私たちの子どもやコミュニティの問題について議論したい。私たちが知りたいのは、あなたの施設がこの問題に関して何をしようとしているかです。そして、私たちが提案したいのは、これらの問題を取り扱うに当たりあなたとどのように協力したらよいかなのです』」[32]。この訪問に対する先方の最初の反応は良し・悪しこもごもであったが、最終的にはウェスト・サイド・コミュニティ委員会はこれら社会機関の大部分と良い協働関係を結び、学校での職業紹介、裁判所への出頭、雇用の機会、それに社会福祉サービスに関する「援助と助言」を求める住民たちのための情報センターになった[33]。

　ウェスト・サイド・コミュニティ委員会は公立学校と特に緊密な連携を持って活動し、校長や教師が近隣住民とコミュニティの状態に関する情報を入手する手助けとなった。アンドリュー・ジャクソン小学校の校長は、「昔は荒っぽくって、腕白で、手に負えなかった男の子――本校を襲撃し教卓の上で排便したことを含む口にするのも憚られるようなことをした男の子――が大人になった顔」に気付き、衝撃を受けた。その彼らが、いまや責任のあるコミュニティの指導者であった。校長はこれらの男性たちと力を併せて学校の施設を改善し、一緒になって近隣の母親たちにPTA活動を始めるよう勇気づけた[34]。ウェスト・サイド・コミュニティ委員会はまた、元非行少年だった二人の委員会委員を無断欠席生徒補導員に任命させることにも成功した。これらの若者は、教師、学校経営者、子どもとその家族の三者間に横たわる文化の違いの橋渡し役をした。

　ウェスト・サイド・コミュニティ委員会は、警察や少年裁判所とも一緒に活動した。ソレンティノの回想によると、「我々は警察署に定期的に出入りした。少年係警察官と会い、面倒を起こした子どもの問題について語り合ったり、子どもの問題に関連するコミュニティの諸条件について議論をした」[35]。さらに、委員会は、裁判所開廷期間中に子どもと一緒に出頭し、彼らに忠告する大人を募り、彼らに勤め先を見付けてあげ、そして最も重要なことだが、彼らに友人として力を貸し一緒の時間を過ごした。ウェスト・サイド・コミュニティ委員会による取

組みの結果、判事たちはより多くの子どもに監督付きでコミュニティに留まることを許可した。このように、委員会は、少年の法違反行為者を矯正施設にいれさせないためのひとつのダイバージョン・プログラムとして作用した。ウェスト・サイド・コミュニティ委員会委員は、施設に収容された若者とも連携した。ジェイルや刑務所にいる若者と連携することによって、委員会は、「若者が釈放されたときに、我々がその若者や家族やパロール機関や本人の福祉に関係するその他の人びとと連携できるよう、持続的な関係を維持する」ことができた[36]。ウェスト・サイド・コミュニティ委員会の考えでは、法違反行為者は「家族とコミュニティの影響の産物」であり、したがって「施設釈放時には、彼が近隣に戻ることを喜んで迎え、コミュニティでの当たり前の生活に組み入れる努力をすることは、コミュニティの責任である」[37]。委員会による努力は必ずしも成功するとは限らなかったが、ソレンティノは説明した。「我々の失敗に関して言えば、次のことが我々の指導規準だ。——法違反行為者のことを決して諦めるな。いつ転機が訪れるかは誰にも分からない。表面的には失敗しているとみえる時期でも、絶妙な力が、我々には知りえないやり方で働いているかもしれない。やがて生産的な市民になった元非行少年や成人の元犯罪者の中には、私のところにやってきて、自分たちがどのようにして我々から助けられたかを語り、感謝をした者たちがいる」[38]。

　青少年による暴力行為を含む犯罪についての懸念が高まりつつあったことを受け、社会学者はその社会的原因を研究し、若者は自分たちのコミュニティを組織化していった。しかし、犯罪に対する懸念の高まりは、同時に、イリノイ州において少年の法違反行為者に対する一層懲罰的な処遇を求める道を開いた。1930年代までには、大半の州が少年裁判所管轄権の対象少年の上限年齢を18歳に引き上げ、それに止まらず、アーカンソー、カリフォルニア、コロラド、アイオワ、ワイオミングなどの各州はその上限年齢を21歳にまで上げた。州議会は、裁判管轄権の上限年齢を引き上げると同時に、少年裁判所の管轄から重大な法違反行為、すなわち謀殺ならびに死刑または終身拘禁刑を法定刑とするその他の犯罪を除外することにも着手した。イリノイ州は、この重大な違反行為の除外というパターンには従わず、非形式的な競合管轄権（concurrent jurisdiction）のシステムに頼り続けた。このシステムの下で、州検事はイリノイ州の刑事責任年齢を超えた子どものケースについて起訴する場合もあったが、重大で暴力的な法違反行為者たちのケースも含むほぼ全ての子どものケースを少年裁判所が審理した。1920年代か

ら、州検事は検事局と少年裁判所の間のこのような「紳士協定（gentleman's agreement）」を無視しだした[39]。この協定の崩壊は、イリノイ州がより多くの少年たちを成人として起訴することを意味した。それはまた、少年裁判所の管轄権の範囲を決定する一連の事件——州民対フィッツジェラルド事件（322 Ill. 54 [1926年]）、州民対ブルーノ事件（366 Ill. 449 [1931年]）、および州民対ラッティモア事件（362 Ill. 206 [1935年]）——を、イリノイ州最高裁判所が審理するきっかけともなった。

　これらの事件は、従来イリノイ州最高裁判所が州を親としてきたケースとは著しく異なっていた。かつてのケースは、思春期前の要扶助少年に関係していた。これと対照的に、1920年代と1930年代のこれら三つの事件は、暴力犯罪を行ったことで刑事裁判所によって有罪判決を受けた青年たちに関係するものだった。16歳のリチャード・フィッツジェラルドは既に強姦で有罪判決を受け、ポンティアックにあったイリノイ州立矯正施設への20年の収容を宣告されていた。16歳のトニー・ブルーノは既に武装強盗で有罪認定され、1年から終身にわたる不定期のポンティアック収容を宣告されていた。15歳のスージー・ラッティモアは既に第一級謀殺で有罪認定され、ドワイトにあったイリノイ州立女子矯正施設への25年の収容を宣告されていた。これら三人の事件は、裁判管轄権についての法技術的な問題を提起しただけではない。究極的には、全ての子どものケースに対する第一審管轄権を少年裁判所に与える権限を、イリノイ州議会は同州の憲法下において持っていたのか、あるいはそれを与える意図が1899年にあったのかという問題を、これらの事件は判事たちに考えさせることにもなったのである。

　フィッツジェラルド事件においてイリノイ州最高裁判所が焦点を当てたのは、16歳というリチャードの年齢や未成年者としての法的地位ではなく、彼が行った犯罪であった。同裁判所の法廷意見では、どのようにしてリチャードと友人の一人が銃口をつきつけて21歳の女性を拉致し、強姦したかが詳述されている。リチャードが上告審で主張したのは、自分の自白は強制されたものだという点と、州検事補が自分にとって不利な偏見を陪審員に抱かせたという点だった。当該検察官は原審の最終の発言において、強姦犯人としてリチャード・フィッツジェラルドが行ったとされている別の強姦事件を取り上げるとともに、彼の本件事案とネーサン・レオポルドやリチャード・ローブの事件とを比較していた。最高裁判事は「州検事補による最終弁論の中には異論の余地ある陳述」があったことを認めたものの、これらの陳述が陪審員に偏見を抱かせたとは考えなかった。加えて

判事たちは、本件においては「フィッツジェラルドの年齢のほかに酌量すべき情状は存在しないが、間違いなく彼の年齢は、陪審員が評決を下した際に考慮に入れられている」と述べた[40]。最高裁判事たちは、次いで本件に対してどの裁判所システムが管轄権を有するかという極めて重大な問題に論点を移し、「刑事裁判所と少年裁判所は、犯罪行為で告発された17歳未満の者に対して競合管轄権を有する」と宣言した。この準則には僅か二つだけ例外が存在した。第一に、「刑法典は、10歳未満を刑事上の能力が欠ける年齢と定めている」ので、10歳未満の子どもは刑事裁判所で公判に付することができなかった。第二に、少年裁判所がある子どもを非行少年であると既に宣告していた場合には、「犯罪行為を理由として当該非行少年が他の裁判所に起訴されるには、それより前に当該少年裁判所による同意が得られていなければならない」[41]。少年裁判所はリチャードを非行少年と宣告していなかったので、刑事裁判所は本件において彼を公判に付することへの同意を少年裁判所に求める必要はなかった。

　5年後の1931年に、上級裁判所（イリノイ州最高裁判所：訳者付記）はブルーノ事件に判決を下した。この事件はフィッツジェラルド事件で示された同意に関する準則が明らかに適用されるように思われた。トニー・ブルーノは自己誤審（coram novis：ラテン語で「私たちの前で」という意味）令状を上級裁判所に申請した——この令状は、コモン・ロー上の令状であり、被告人が「強迫、詐欺、またはやむを得ない理由による懈怠」のために有効な抗弁を提示できなかったことを理由として、刑事裁判所に対して裁判そのものを無効にするよう求めたものである[42]。伝統的に、未成年者がこの自己誤審令状を申請したのは、後見人が適切に自らを代理しなかった事件においてであった。適切な代理がなかった場合には、未成年者が犯した過誤をやむを得ない理由によるものであり、有罪認定を無効にする根拠であると裁判所は考えてきた。ブルーノの弁護人は、トニーは公判期間中に二つの決定的に重要な争点を提起できなかったと主張した。第一にトニーは、武装強盗が行われた時点にシカゴ市の別の場所にいたということを証明する証拠を提出していなかった。トニーの弁護人は、トニーが「年齢的に未成熟であり」、また「未熟さのために彼は、自らへの告発に対しこうした積極的な抗弁を正しく認識し、提示することができていなかった」と主張した[43]。第二に、1927年の時点で少年裁判所はトニーを非行少年であると宣告し、「聖チャールズ男子少年学校」への送致決定を行っていた。少年裁判所はその後もトニーに対する管轄権を留保し続けてきたが、その目的は、「衡平法や当該ケースに関係する制定

法に適っているとその都度認められる同種命令やその他の命令を、当該少年の福祉のために下すこと」にあった[44]。この矯正施設は既にトニーを釈放していたが、少年裁判所による決定は未だ有効であった。したがってトニーは、1931年の自らに対する刑事公判の時点では、まだ少年裁判所の管轄権の下にあった。フィッツジェラルド判決によれば、少年裁判所の被後見人の一人が刑事裁判所に起訴されるには、それより前に少年裁判所が同意しなければならなかったのであるが、ブルーノ事件では少年裁判所は同意していなかった。

　イリノイ州最高裁判所は、トニー・ブルーノによる自己誤審令状の申請を却下した。イリノイ州最高裁判所はイリノイ州が既にこのコモン・ロー上の令状を廃止したと指摘したにもかかわらず、判事たちは、自己誤審令状の規定が「『訴訟手続法』第89条に組み入れられていた」と述べ、本件を同法の基準に従って判断した。判事たちは、トニーの未成熟さが自身の判断力を損ねたという主張を受け入れなかった。その代わりに、トニーが自らのアリバイや少年裁判所の被後見人としての地位にあることを刑事裁判所に申し出なかったことの原因はトニーの未成熟さではなく、自らの「過失（negligence）」であったと、判事は断じた。これらの手落ちはトニー自らによるものだったので、彼は救済の申立てができなかった。このように、刑事裁判所とイリノイ州最高裁判所はともにトニーの年齢は無関係だと考え、また事実上は、管轄権のない裁判所が16歳の少年に拘禁刑——その拘禁刑は恐らくトニーの人生の残余期間に及び、しかも、彼が行っていなかったかもしれない犯罪を理由とするものである——を言い渡たすことを許してしまった責任は少年自身にあると判断したのであった。

　スージー・ラッティモアの事件で、イリノイ州最高裁判所はブルーノ事件では回避した同意に関する準則を再評価した。既に少年裁判所の被後見人となっていたスージーは、1935年2月23日に、酒場で喧嘩中に別の少女を刺して死なせた[45]。スージーは逮捕されて少年裁判所に送られた。そして少年調査研究所の心理学者が彼女を鑑定した。この心理学者が判定したところによると、このアフリカ系アメリカ人の少女は「重度の知的障害者」で、精神年齢は僅か10歳1ヶ月であった。この所見に基づき少年調査研究所は、少年裁判所が彼女を州立ディクソン病院に送致し、精神医学的な治療を受けさせるべきだと勧告した[46]。メアリー・バーテルミが1933年に退官した後に少年裁判所の統括判事になっていたフランク・ビーセックは、勧告に従う代わりに、スージーを刑事裁判所に移送した。ラッティモアは、正式起訴された後、4月15日にクック郡刑事裁判所のデニ

ス・サリバン主席判事の前に出頭し、「無罪」の答弁をして、自らの陪審裁判を受ける権利を放棄した訳注15。

ラッティモアは、サリバン以上に敵意に満ちた判事の前に出頭することはできなかったであろう。彼女の公判の時点で、サリバンは少年裁判所の管轄権を制限しようという運動の先頭に立っていた。サリバンは、少年裁判所が軽罪（misdemeanors）ないしは手に負えない行状（incorrigibility）で告発された子どものケースだけを審理するよう制限をするために、少年裁判所法に対する一連の修正案を起草していた。サリバンがラッティモア事件の証言を聴いたのと同じ週に、彼がこの立法案を起草していることについてシカゴ・トリビューン紙は記事を書いた。サリバンが説明しているように、「時代遅れの少年裁判所法は、非常に危険な銃撃犯人や窃盗犯人、また謀殺犯人に対しても寛大な処分を与えることを認めている。しかし、この処分は、重大犯罪は一切行っておらずまた常習的な犯罪者でもない男女の不良少年のためだけに意図されたものである。この法律は明らかに、刑事裁判所が有する法律上の権利と矛盾している」[47]。この声明を前提にすると、ラッティモアの事件を少年裁判所に再移送せよという公費選任弁護人（public defender）による申立をサリバンが却下したことは驚くにあたらない。サリバンはラッティモアが第一級謀殺について有罪であると認定し、彼女に25年の拘禁刑を言い渡した。公費選任弁護人はイリノイ州最高裁判所に控訴した。

その間に、子どもの権利擁護者たちやJPAを含む諸団体は、サリバンによる修正案を阻止しようとして活動した。彼らは、州の少年裁判所法を改正しようとするこの立法上の企てを止めることには成功したものの、イリノイ州最高裁判所がラッティモア事件を利用して、少年裁判所法の意味を解釈し直すことは防げられなかった。疑わしい動きの中で、州検事はイリノイ州最高裁判所に対してラッティモアの公判に関する不完全な記録を提出した。この部分的な記録のせいで、最高裁判事はあたかも少年裁判所がスージーを成人として起訴することに同意していなかったかのように行動することができた。イリノイ州最高裁判所が述べたように、「本件判決にとっての唯一の問題は、少年裁判所の被後見人である者を少年裁判所の同意がないままに、謀殺の起訴状に基づいて刑事裁判所の公判に付することができるか否かという点である」[48]。最高裁判事たちは、少年裁判所が

訳注15　事実認定上争いのある事件では、被告人が陪審裁判を受ける権利を放棄して裁判官による公判審理を求めることが少なからずあるとされる（ローク・M・リード＝井上正仁＝山室惠『アメリカの刑事手続』（有斐閣、1987年）234頁以下参照）。

事件を刑事裁判所に移送することは許されるが、少年裁判所の被後見人を刑事裁判所が訴追することを、少年裁判所が妨げることはできないと判断した。この結論の基礎として役立ったのは、憲法の解釈と歴史の誤解であった。最高裁判事の説明によると、刑事裁判所に対して管轄権を付与したのは1870年のイリノイ州憲法であり、その管轄権には、刑事責任年齢を超える子どもを公判に付する権限も含まれている。したがって、議会は、制定法によって作られたに過ぎない少年裁判所のような下級裁判所に対して、憲法上認められている裁判所の事件審理を阻止する権限を与えることはできない。だが最高裁判事は、議会には子どものケースに対する専属管轄権を少年裁判所に与える権限がないと断言して、法廷意見を終えたわけではなかった。それどころか、議会が少年裁判所にそのような権限を与える意図があったとは想像不可能だと、彼らは強調した。そんなことをすれば、議会は少年裁判所を、「法律上犯罪行為能力ありと認められている年齢の非行少年が、州刑法違反に対する刑罰を免れるための隠れ蓑」にしたことになってしまう[49]。このような立法者「意図」に関する議論は、1930年代に見られた青少年の暴力に対する懸念を反映しており、少年裁判所の創設者が持っていた本来の意図や精神を反映していなかった。これらの進歩主義的改革者たちは、少年裁判所が専属的ではないにせよ、全ての子どものケースに対する第一審の管轄権を有するはずだと信じていた。最高裁判所が歴史を誤解したことは、イリノイ州における競合管轄権のシステムを判事たちが正統化することを助けたし、この競合管轄権のシステムにおいて州検事は10歳を超えたいかなる子どもも起訴することができたのであった。社会学者のベネディクト・アルパーが指摘したように、イリノイ州最高裁判所は「少年裁判所法の基本的な哲学について、完全に自説を翻した」[50]。

　不吉なことに、イリノイ州最高裁判所は、ラッティモア判決を下したのと同じ日に、州民対マレック事件（362. Ill. 229［1935年］）における判決を言い渡した。当時16歳で少年裁判所の被後見人であったチェスター・マレックは、自動車を盗んだために窃盗罪で刑事裁判所において有罪認定された。チェスターは最初はジョリエットの成人施設であるイリノイ州立刑務所に送致されたが、その後ポンティアックにある州立矯正施設に移送された。この矯正施設の被収容者の年齢は、16歳から26歳までにわたった。チェスターは人身保護令状を申請し、刑事裁判所は少年裁判所の同意を受けていなかったので、自分を公判に付する裁判管轄権を有していないと主張した。最高裁判事は、「議会にはクック郡の刑事裁判所

の裁判管轄権を縮小する権限はないし」、「法的見地からして犯罪を遂行するのに十分な年齢に達している非行少年に対する起訴を少年裁判所が禁止できるようにすることを、議会は意図していなかった」というラッティモア判決での結論を再び主張した[51]。最高裁判所はその上、チェスター・マレックの事件を利用し、「フィッツジェラルド判決の文言の一部は、当裁判所による後の判例とは調和しない」と宣言することで、フィッツジェラルド判決の同意に関する準則をはっきりと覆した。最高裁判事たちは、チェスターによる人身保護令状の申請を却下し、また彼の窃盗事件を利用して、自分たちが裁判によって構築した競合管轄権のシステムを強化した。そのシステムはイリノイ州では1965年まで機能し続けた。

　少年司法の支持者たちは、まさに1930年代におけるこうした困難な風潮の中で、少年裁判所が犯罪に甘いという非難に対するひとつの防御策として、裁判による管轄権放棄（judicial waiver——つまり、ある子どものケースを少年裁判所判事が刑事裁判所に移送すること）に頼った。例えばジョン・ディッキンソンは、イリノイ州弁護士会雑誌の中で、ラッティモア判決とマレック判決に対して裁判による管轄権放棄という古典的な防御策で応じた。ディッキンソンの主張によれば、少年裁判所判事は適切な事件を刑事裁判所に移送するために必要な裁量権を行使できるので、少年司法システムが危険な法違反行為者のための「真の隠れ蓑」になることはない[52]。ディッキンソンはさらに、「少年裁判所判事が浅はかな判断をして法違反行為者を刑事裁判所に引き渡さないということは、稀にしか起こり得ない。それよりも、低年齢の初犯者が刑事裁判所から分離して扱われることによって得られる利益の方が勝るように思える」と述べた[53]。どうやら州検事はディッキンソンの意見に同意したようだった。検事局は、青年の法違反行為者（adolescent offenders）による最も重大な犯罪だけを起訴した[54]。

　ラッティモア判決やマレック判決のような決定に落胆させられたにもかかわらず、子どもの権利擁護者は少なくとも、子どもと社会の両方を保護する最善の方法として管轄権放棄を選択的に用いることに対し、強力な賛成論を展開してきた。しかしながら、こうした移送を率直に認めたことは、少年司法システムの内部に改善困難なタイプの子どもが存在するという事実を権利擁護者が承認したことを示唆した。このように、青少年による暴力についての懸念をますます強めていった社会の中で、公共の安全に対する脅威が子どもを少年裁判所から移送することの正当化根拠として役立った。

大恐慌の間、子どもの権利擁護者は、少年裁判所だけでは犯罪を防止できないということも受け入れた。チャールズ・ホフマン判事が評したように、「少年裁判所は、非行と犯罪の絶え間ない流れを止めることはできないかもしれない。しかしいずれにせよ、少年裁判所は、子どもと、子どもの公判にありがちな刑事裁判所の残虐で中世的なやり方との間に、要塞の壁のように立ちはだかるという自らの主要な使命を果たすことはできる」[55]。ホフマンは付け加えて「文明と文化が来るべき時代により大きな高みに到達することはそう遠くなく、また経済的・社会的な減退にもかかわらず、啓蒙された人びとが要扶助少年であれ非行少年であれどちらも路頭に迷うことを許さない時代もそう遠くないことを信じよう」と語った[56]。シカゴでは、同市で最も犯罪率が高かった地域の一部の住民たちが、このような新しい形の児童救済運動を既に始めていた。

　クリフォード・ショウやアンソニー・ソレンティノのような、地域社会組織化運動（community organizing movement）の指導者たちは、自分たちの試みが進歩主義時代の児童救済運動家によって始められた活動の継続であると考えた。CAPが訓練された専門家の代わりに地域住民を使ったことを擁護する中で、ショウは、自分たちがこれまでに受けた最大の賛辞はジェーン・アダムスからのものであったと記すことによって、自分の活動を児童福祉の先駆者たちと明確に関連づけた。すなわち、アダムスの言によると、社会福祉セツルメントが移民のアメリカ化に成功したとすれば、ショウの活動は社会福祉における論理必然的な次なる一歩である[57]。ソレンティノもまた、地域社会の組織化を少年司法の進展の一部として記述した。ソレンティノによれば、この少年司法の進展過程は、少年裁判所の創設に始まり、それに精神病質クリニックの開設が続き、そしてさらに地域住民へと広がったのである[58]。

　CAPの意義は、コミュニティの動員というそのイデオロギーにとどまらず、CAP出現の歴史的タイミングとCAPが遺した遺産にもある。例えば、急進的な組織家でありまた理論家でもあったソール・アリンスキーは、1930年代にショウのために働くことによって自分のキャリアを踏み出した。彼に割り当てられた仕事には、ショウとの共同執筆本のために用いるつもりで行われた生活史の収集が含まれていた。しかし、彼は、彼自身のコミュニティ・オーガニゼーションである産業地域財団を設立するために、1940年にCAPを去った。アリンスキーが後に説明したところでは、「ある子が私に向けて、金品を強奪したA&Pの店や、別の子が強盗を働いたガソリン・スタンドのことを話している、その時に、

ヒトラーとムッソリーニは国全体から金品を強奪し国民全体を死ぬほど苦しませていた。私は、つまらない告白に耳を傾けているどころではないと思った」[59]。アリンスキーはその代わりに、自分の努力を反ファシスト活動と労働者の組織化に注いだ。アリンスキーがファシズムの危険性を心配したのは完全に正しかった。だが、国内的・国際的な危機の時代においてさえも、進んで自らの時間とエネルギーを費やし、スタンレーのような問題の多い青少年が生産的な生活に至る道を見つけるのを助けるような、責任ある大人が常に存在しなければならない。ショウと仲間たちが、革新的な非行予防プログラムの運営をそのような不穏な時代の間に始め、かつ続けたという事実は注目すべきことだった。それはまた、人びとの魂に息吹を吹き込むものである。

　CAPの精神は現在でも、国の内外において最も効果的な「コミュニティに基礎を置く予防プログラム」の開発と実施を導いている。そのプログラムには、多くから賞賛されているコミュニティズ・ザット・ケア・プログラムが含まれる。これはデビッド・ホーキンスとリチャード・カタラノによって開発された「リスクに焦点を当てた予防戦略」を使用するものである[60]。1990年代において、連邦少年司法・非行予防局（U.S. Office of Juvenile Justice and Delinquency Prevention [OJJDP]）はこのアプローチを、「重大で、暴力的で、常習的な法違反行為少年のための包括的戦略」の一部として採用した。重大で暴力的な少年（serious violent juvenile [SVJ]）の法違反行為を検証したOJJDPの研究グループを統括したデビッド・ファーリントンとロルフ・ローバーは、次のように結論づけた。

　　いくつかのプログラムがSVJの法違反行為を防止するのに効果的であるが、そのプログラムには、家庭訪問／親への教育プログラム、就学前の知能強化プログラム、子どもに対するスキル訓練、親に対するマネージメント訓練、マルチシステミック療法、犯罪の「多発地帯」における警察のパトロール活動の増強が含まれる。コスト・ベネフィット分析によって、これらのプログラムの金銭的なベネフィットはその金銭的なコストを上回っていることが証明されている。コミュニティズ・ザット・ケアのような、犯罪率の高い地域の全ての住民に提供されるプログラムは、最も効果を挙げそうである。[61]

　このプログラムは、非行を予防し子どもを裁判所にまで来させないようにするものだが、それ以前に導入された母親に対する扶助費や児童相談と同様に、実証

に基づいた少年裁判所の展開の中から生まれたのだということを、記憶しておく価値がある。

註

1. Ernest W. Burgess, Joseph D. Lohman, and Clifford R. Show, "*The Chicago Area Project*," in *Coping with Crime, Yearbook of the National Probation Association*(New York: National Probation Association, 1937), 10. コミュニティの動員という着想が「貧困との戦い」をどのように形成したかについての優れた議論については、Allen J. Matusow, *The Unraveling of America: A History of Liberalism in the 1960s*(New York: Harper and Row, 1984), chap.4; と Nicholas Lemann, *The Promised Land: The Great Black Migration and How It Changed America*(New York: Knopf), 108-191 を参照。コミュニティズ・ザット・ケアを含む、1990年代のコミュニティ内のプログラムの概観と分析については、David P. Farrington and Rolf Loeber, "Serious and Violent Juvenile Offenders," in *A Century of Juvenile Justice*, edited by Margaret K. Rosenheim, Franklin E. Zimring, David S. Tanenhaus, and Bernardine Dohrn(Chicago: University of Chicago Press, 2002), 218-223 を参照。
2. Paul Gerald Anderson, "'The Good to Be Done': A History of the Juvenile Protective Association of Chicago, 1898-1976"(Ph. D. diss., University of Chicago, 1988), 1: 182.
3. Paul Boyer, *Urban Masses and Moral Order in America, 1820-1920*(Cambridge, Mass, Harvard University Press, 1978), chaps. 13-16.
4. "Publicity Committee Report," Juvenile Court Committee(c. 1907). Emily Washburn Dean Papers, Chicago Historical Society, Chicago.
5. Louise de Koven Bowen, *Growing Up with the City*(New York: Macmillan, 1926), 121; Bowen, "Our Most Popular Recreation Controlled by Liquor Interests: A Study of Public Dance Halls"(Chicago: Juvenile Protective Association, 1911); Bowen, "Five and Ten Cent Theaters: Two Investigations by the Juvenile Protective Association of Chicago 1909 and 1911"(Chicago: Juvenile Protective Association, 1911); Edith Abbott, "The One Hundred and One County Jails of Illinois and Why They Ought to be Abolished"(Chicago: Juvenile Protective Association, 1916); and Bowen, "Our Colored People of Chicago: An Investigation Made for the Juvenile Protective Association"(Chicago: Rodgers and Hall, 1913).
6. 全国的なモデルとなったシカゴ市の市裁判所の理論と実務についての詳細な検討としては、Michael Willrich, *City of Courts, Socializing Justice in Progressive Era Chicago*(New York: Cambridge University Press, 2003) を参照。
7. Paul G Cressey, *The Taxi-Dance Hall: A Sociological Study in Commercialized Recre-

ation and City Life (Chicago: University of Chicago Press, 1932).
8 Paul G Cressey, "Report on Summer's Work with the Juvenile Protective Association of Chicago" Ernest W. Burgess Papers, box 129, folder 5, p. 48. Special Collections, Regenstein Library, University of Chicago.
9 アメリカの社会学を、世代を越えて支配したシカゴ学派については、Robert L. Farris, *Chicago Sociology, 1920-1982* (San Francisco, Chandler, 1967) および Martin Bulmer, *The Chicago School of Sociology: Institutionalization, Diversity and the Rise of Sociological Research Sociological* (Chicago: University of Chicago Press, 1984) を参照。
10 Robert E. Park, "Community Organization and Juvenile Delinquency," in Robert E. Park, Ernest W. Burgess, and Roderick D. McKenzie, *The City* (1925;reprint, Chicago: University of Chicago Press, 1984), 106.
11 Robert E. Park, "The City: Suggestions for the Investigation of Human Behavior in the Urban Environment," in Park, Burgess, and McKenzie, *The City*, 3.
12 James Bennett, *Oral History and Delinquency, The Rhetoric of Criminology* (Chicago: University of Chicago Press, 1981).
13 Bulmer, *The Chicago School of Sociology*, 124.
14 John Snodgrass, "Clifford R. Show and Henry D. McKay: Chicago Criminologists," *British Journal of Criminology* 16 (January 1976): 2.
15 Clifford R. Show and Henry D. McKay, *Social Factors in Juvenile Delinquency, vol. 2 of Report of the Causes of Crime of the National Commission on Law Observance and Enforcement* (1931; reprint, Montclair, N.J.: Patterson Smith, 1968).
16 Ibid., 393.
17 Clifford R. Show and Ernest W. Burgess, *The Jack-Roller: A Delinquent Boy's Own Story* (Chicago: University of Chicago Press, 1930)［訳者追記：邦訳として、クリフォード・ショウ、玉井眞理子＝池田寛訳『ジャック・ローラー——ある非行少年自身の物語』（東洋館出版社、1998年）がある。］; Clifford R. Show and Maurice E. Moore, *The Natural History of Delinquent Career* (Chicago: University of Chicago, 1931); and Clifford R. Show , Henry D. McKay, J. E. MacDonald, Harold B. Hanson, and Ernest W. Burgess, *Brothers in Crime* (Chicago: University of Chicago Press, 1938). ウィリアム・ヒーリーとクリフォード・ショウを含む犯罪の研究者が、どのようにオーラル・ヒストリーを利用したかについての批判的な検討については、Bennett, *Oral History and Delinquency*. を参照。
18 Clifford R. Show and Ernest W. Burgess, *The Jack-Roller: A Delinquent Boy's Own Story* (1930; reprint, Chicago: University of Chicago Press, 1966).
19 Ibid., 34.

20 Ibid., 43.
21 Ibid., 183.
22 Ibid., 194.
23 *The Negro in Chicago: A Study of Race Relations* (Chicago: University of Chicago Press, 1922), xiii. また、William M. Tuttle Jr., *Race Riot: Chicago in the Red Summer of 1919* (New York: Atheneum, 1970), 特に chap.2. を参照。
24 *The Negro in Chicago*, 438.
25 Ibid., 623.
26 Ibid., 646.
27 Show and McKay, *Social Factors in Juvenile Delinquency*, 388-389.
28 Clifford R. Show and Henry D. McKay, *Juvenile Delinquency and Urban Areas: A Study of Rates of Delinquents in Relation to Differential Characteristics in American Cities* (Chicago: University of Chicago Press, 1942), 156.
29 Anthony Sorrentino, *Organizing against Crime: Redeveloping the Neighborhood* (New York: Human Sciences Press, 1977), 254.
30 アンソニー・ソレンティノに対する著者による1993年5月30日のインタビュー。
31 Burgess, Lohman, and Show, "The Chicago Area Project," 9-10. シカゴ地域計画による先駆的なあるプログラムの実施と運営についての優れた説明としては、Steven Schlossman and Michael Sedlak, *The Chicago Area Project Revisited* (Santa Monica, Calf.: Rand, 1984) を参照。
32 Sorrentino, *Organizing against Crime*, 87.
33 Ibid., 96.
34 Ibid., 110-112.
35 Ibid., 152.
36 Ibid., 159.
37 Ibid., 159.
38 Ibid., 166.
39 Grace Benjamin, "The Case for the Juvenile Court: Social Aspects of a Simple Legal Problem,"*Chicago Bar Record* 16 (May 1935): 233.
40 *People v. Fitzgerald*, 322 Ill. 54, 59-60.
41 Ibid., 59.
42 *People v. Bruno*, 366 Ill. 449, 452.
43 Ibid., 452.
44 Ibid., 451.
45 Lauren Beth Lipson, "No Haven for Criminals: The Susie Lattimore Case and the Gradual Decline of Juvenile Justice" (senior thesis, Northwestern University, 2001).

[46] Fred Gross, *Detention and Prosecution of Children* (Chicago: Central Howard Association, 1946), 21.
[47] "Sullivan Drafts Juvenile Court Act Amendment" *Chicago Tribune*, April 17, 1935, p.18.
[48] *People v. Lattimore*, 362 Ill. 206, 207.
[49] Ibid., 209.
[50] Benedict S. Alper, "Forty Years of the Juvenile Court" *American Sociological Review* 6 (1941): 230.
[51] *People v. Malec*, 362. Ill. 229, 230.
[52] John Dickinson, "Juvenile Court : Statute Giving It Discretion," *Illinois Bar Journal* 25 (1936): 78.
[53] Ibid., 79.
[54] Mara L. Dodge, "'Our Juvenile Court Has Become More Like a Criminal Court': A Century Look at the Cook County (Chicago) Juvenile Court," *Michigan Historical Review* 26 (fall 2000): 62.
[55] Charles W. Hoffman, "Next Steps in Juvenile Court and Probation" in *The Yearbook of the National Probation Association* (New York: National Probation Association, 1934), 44.
[56] Ibid., 51.
[57] Sorrentino, *Organizing against Crime*, 90.
[58] アンソニー・ソレンティノに対するインタビュー。
[59] James R. Benett, Introduction to Anthony Sorrentino, *Organizing against Crime*, 23 による引用。
[60] Farrington and Loeber, "Serious and Violent Juvenile Offenders," 222.
[61] Ibid., 229.

予防・個別処遇・更生、少年司法システムに関するこれらの常套句こそが、我々が提供しなければならない最良のものである。
————ユージン・A・ムーア判事、（2000年1月13日）。

むすび

　ムーア判事は少年司法の歴史と理論に立ち戻るために、ナサニエル・アブラハムに対する刑の言渡し判決を利用し、その際に、ジョン・P・アルトゲルト、ルーシー・フラワー、ジュリア・レースロップ、ジェーン・アダムス、リチャード・タシル、エセル・スタージェス・ダマー、ウィリアム・ヒーリー、クリフォード・ショウ、アンソニー・ソレンティノといった児童救済運動家たちの蓄積された知恵を参考にした。そうすることで、ムーア判事は1990年代における青少年暴力に特有の問題の縮図とも言えるこのセンセーショナルなケースを取り上げ、それをアメリカ少年司法の歴史と伝統の中にしっかりと位置づけた。過去と向き合うことにより、ムーア判事は、1990年代において少年司法政策を健全に考察することを大きく制約していた20世紀末の犯罪コンプレックスの呪縛から逃れることができたのである。彼は金メッキ時代の改革者に同調して、拘禁刑の効果を批判し、「成人刑務所に拘禁する刑を少年に言い渡すことは、犯罪傾向の進んだ成人と少年を一緒に収容することにより一層危険な犯罪者が作り出される可能性を無視するものだ」と、述べた[1]。進歩主義時代の児童救済運動家の心情に共感したムーア判事は、「社会の責任」という感覚が失われたことを嘆くとともに、「少年犯罪の原因」の調査を要求し、その際に「児童支援や犯罪減少に関心のある全ての人びとにより、問題が議論され分析されるべきだ」とした[2]。煎じ詰めれば、ムーア判事が提案した解決策は、シカゴ地域計画を彷彿させるものであった。少年非行は「コミュニティの問題であり、それにはコミュニティの解決策がある。いかなる裁判所システムも、単独でこの問題を解決することはできない。コミュニティが結集し、犯罪を引き起こしている問題や要因を認識する時にはじめて、我々は少年非行の問題に取り組むことができるだろう」と、彼は断言した[3]。それにもかかわらず、ムーア判事が嘆いたように、ミシガン州議会は予防と更生に焦点を当てることを選択せずに、逆に「少年をますます大人と同様に」扱う処罰法を成立させた。その結果、彼は、ナサニエルに対して「根本的に

欠点のある法律」に従って刑を言い渡さざるを得なかったこともあり、「議会は、既に失敗した成人システムへと少年をますますダイバートするよりも、むしろ少年司法システム内の資源とプログラムを改良する方向へ向かうべきだ」と、強く勧告したのである[4]。

　ムーア判事は、ナサニエル事件において三つの選択肢——つまり、成人としての刑の言渡しか、少年としての処分の言渡しか、それともこれら二つの併科の言渡し——を検討するに当たり、「本日、ナサニエルは成人として刑を言い渡されるべきであるか」という問題から始めた。ムーアの答えは明白だった。「もし本件のような凶悪な犯罪に対して『イエス』と答えたとすれば、我々は少年司法システムを放棄することになる」。ムーア判事は、次のように尋ねた。「ナサニエルがこれから21歳になるまでの間に、我々は彼の行動を変えることができないと確信できるだろうか。本日、我々は、13歳のナサニエルに成人の刑務所システムに入れと言わねばならないのか。否、成人の刑務所システムが少年向けでないことは、証言と報告書の両方が、あるいはそのいずれか一方が明らかにしている。成人の刑務所システムは、少年システムが失敗した場合の最後の手段に過ぎない」、と。ムーアはさらに、「公判を待つこの2年の間に、ナサニエルが少年システムの中で改善してきていることを、証言と心理学的検査は証明している。また、成人のシステムにおいては、13歳の者に対する処遇の選択肢が極めて乏しいことは明らかである。それに加えて、ナサニエルは刑務所において、更生の望みを根こそぎ破壊する可能性のある非人間的な取り扱いを受けるかもしれない」と、述べた[5]。このようにして、ムーア判事は、少年裁判所を放棄することも、また「誰でもが行い得る最悪のこと、すなわち他の人間存在の殺害」を行ってしまった子どもを見捨てることも欲しなかったのである[6]。

　ムーア判事がナサニエルの将来に対して抱く懸念を前提にすれば、併科の言渡しが論理的な選択のように思われた。ナサニエルの運命に関する最終決断を8年間遅らせたらどうだろうか。そのときまでナサニエルは年齢を重ね、判事は、彼が更生して最早公共の安全の脅威とならないか否かを判断するために、少年矯正センターにおける彼の改善の進行度を評価できるようになるだろう。もし彼が公共の安全を脅かしているなら、ムーア判事は成人としての刑を言い渡すことができ、ナサニエルは成人刑務所に移送されるであろう。だが、ムーア判事は傍聴人を唖然とさせる手を打ち、この選択肢を拒否したのである。その理由は、「もし刑を先延ばしして科すべきだとすれば、全員が責任逃れになる」というもので

あった[7]。ムーア判事はナサニエルに少年としての処分だけを言い渡し、たとえナサニエルが更生していなくとも、また「再び人を殺すかもしれない」としても、ナサニエルは21歳の誕生日を迎えるまでにはコミュニティに戻ることを確約した[8]。

ムーア判事の説明によれば、ナサニエルを少年司法システムの中だけに留めておこうとする自分の決定により、コミュニティは法違反行為を行った少年の更生を優先しなければならなくなる。判事は、「もし将来の犯罪行動の予防に専念するのであれば、ナサニエルやコミュニティ内で危険な状態にあるその他全ての若者を更生させるために、我々は全員の努力と財源を使うであろう」と、述べた。さらに、ムーア判事は、「刑の延期というセーフティ・ネットは、差し迫って行うべきことの多くを無視することになる。施設拘禁を長期的な解決策として認め続けることは、許されない。将来刑務所を活用できると知っていれば、更生が真剣に受け止められなくなる、ということが危険なのだ」と指摘した[9]。ムーア判事が強調したのは、「少年司法システムは、成人の矯正システムよりもずっと高い成功率を有している」こと、そして長い目で見れば、法違反行為を行った大抵の少年を、成人の刑務所に収容することに代えてこの少年司法システムの中に留めておく方が、社会にとってより良いということであった[10]。

ムーア判事は、結びの言葉をナサニエル・アブラハムに向けた。判事は次のように述べていた。

　一つのコミュニティとして我々は君の力になれなかったが、君もまた、我々と君自身の期待に背いた。私は、君と君の進歩を注意深く見守るつもりです。私が今言っていることを君が十分理解できるようになった時には、我々が君に差し伸べようとしている助けを利用するよう勧めます。君がグリーンさん一家に与えた損害を償い始めるためにできる唯一のことは、成功することです。グリーンさんの死を無駄にしてはいけません。我々が君を救済するのを手伝ってほしい。そして今度は、このコミュニティにいる他の多くの子どもを救済してもらいたい。君のためにそれをすることができるのは、君をおいてほかにいません。君が君自身のために、それをしなければいけないのです。[11]

ナサニエル・アブラハムは、自身に対する公判が始まった時に初めは仮釈放のない終身刑になると思われたが、ムーア判事が指摘したように、「人間として成

長し、全ての子どもが有している潜在能力を引き出す」機会をもう一度与えられた[12]。しかしながら、ムーア判事の下した判決をナサニエルがどの程度理解できたかは明らかではなかった。彼は、ムーア判事による20分間にわたる説示の間、もじもじしたりいたずら書きをしたりしていたが、判事が言葉を結んだ後で自分の弁護人のダニエル・バグデールの方を向き、「どうなったの」と尋ねた。バグデイドがナサニエルに対して、成人刑務所の代わりに少年施設に行くことになることを告げると、少年は「ちょっと下を向いて肩をすくめただけだった」[13]。

　ムーア判事が下した判決に対する人びとの反応は、素早かったと同時に、様々なものが入り混じっていた。以前『青少年に対する裏切り行為——合衆国の司法システムにおける子どもに対する人権侵害』と題した報告書の表紙にナサニエルの写真を使ったアムネスティ・インターナショナルの広報担当者エリアナ・ドラコポウロスは、「これは人権の勝利であるとともに、願わくば、合衆国が自国の子どもに対する少年司法システム上の取り扱い方法を前進させる、小さな第一歩となるでしょう」と述べた。ナサニエルを支援していることを示すために判決言渡しに臨席したアル・シャープトン師は、「判事は憐れみ深く、もっともな事柄を述べました。彼は現行システムの誤りを証明したにもかかわらず、ナサニエルを施設に収容しました。我々は、ナサニエルが謀殺について有罪であるとは信じていません」と、語った。被害者の姉のニコル・グリーンは、この評決を公然と非難した。「私の弟は、街頭で犬のように撃ち殺されるいわれはありませんでした。（中略）多くの人びとが、本当の被害者は誰であるか忘れてしまっています。それは、ロニー・グリーン・ジュニアなのです」。被告弁護人と検察官のいずれも、ムーア判事が下した判決が気に入らなかった。ジェフリー・フィーガーは、ナサニエルは無罪であると主張し続け、新たな公判を求めると誓った。すなわち、彼は、「ナサニエルは謀殺について無罪だというのが、事件の真相です。彼は子どもで、銃で遊んでいたのです」と、述べた[14]。オークランド郡検事補のリサ・ハルシュカは併科の言渡しを求めていたのだが、「私は失望しました。失望と同時に、望みも抱いています。判事が正しく、8年という歳月によってナサニエルが更生できることを、私は期待しています」と、語った[15]。

　処分の言渡し後数年経た今、ナサニエルは、ロニー・グリーン・ジュニアを殺した事実と折り合いをつけつつあるように見える。それは困難なプロセスであった。2002年8月に、ムーア判事は16歳となったナサニエルに対し、「改善の努力をせずに釈放に関心を集中している君に、私は失望している」と、語った。そこ

むすび

で、ムーア判事はナサニエルに対し、早期に釈放されることはないであろうし、21歳になるまで収容され続けるだろうと告げたのであった。その3ヶ月後、ムーア判事の前で開かれた別の審理では、ナサニエルは成長しているように見えた。ナサニエルのカウンセラーは、「ナサニエルが学業と治療において重大な進歩を遂げたことを報告」し、ナサニエルは満員の法廷に向かって、「僕は、判事さんがおっしゃっていた言葉を深く胸に刻みました。それは、自分は失望しているという言葉です。僕がこころの中で考えていたことは、自分の状況を良くすることでした。今、僕は自分自身をより良くするために、つまりもっと相手の立場でものごとを考え、もっと責任を果たせるようになるために行うべきことをしています」と、述べた。彼はさらに、「僕はこれまで、誰が被害者なのかを忘れたことがありません。このことは、僕が取り組まなければならない事柄です。この点に関して、ロニー・グリーン以外に被害者は存在しません」と、語った。グリーンの家族はこの審理に出席していなかったが、ロニーの姉は、「ある瞬間、ひとはナサニエルの言葉を信じたいと望みます。私たち家族と同様、ナサニエルの話を聞いた誰もが彼の変容可能性を期待するよう、私は希望しています」と、伝えた。そしてムーア判事は「今回は、前回よりもずっと良い日だ」と告げた[16]。ナサニエル・アブラハムが生産的な市民になるかどうかは、今のところまだわからない。しかし、少なくとも、少年司法システムはこの希望の火を灯し続けている。

　振り返ってみると、ムーア判事の見解に関する印象の中で驚かされるのは、彼の見解が画期的な判決だとする捉え方であった。史実に依拠して考察すれば、少年司法システムに相応しいのはいかなる少年かという点をめぐっては論争が周期的に沸き起こってきたのだが、ムーア判事の見解は、こうした言説の長い伝統の中に完全に当て嵌まるものである。こうした史実に依拠する歴史理解と、都合の良いところだけを切り取ってつなぎ合わせる少年司法の歴史理解との間の相克によって明らかになるのは、少年裁判所とその起源に関する誤解の深さである。後者の神話的手法による歴史によれば、子どもが凶悪な犯罪を行った社会、および／あるいは彼らのケースが少年裁判所で審理された社会はかつて一度も存在しなかった。こうした思い違いは、少年司法の起源を歪曲するばかりでなく、当時と現在の間の差異を誇張するものでもある。

　少年裁判所を刑事裁判所から区別すべく非常に熱心に活動した第一世代の児童

救済運動家たちが、このような神話形成の作業を開始した。回想録を通じて、児童救済運動家たちは少年裁判所を創設する際の自分たちの人道主義的動機を強調し、この制度の誇張された像を提示した。例えば、ジェーン・アダムスが次のように述べたことは有名である。

　少年裁判所が創設された時に、モーレス上での変化とも呼べる事態が起こった。子どもは、訴追者も弁護人も伴わずに、判事の前に連れてこられた。判事と全ての関係者は、その子どものために何ができるかをひたすら探り出そうと試みた。対立という要素は完全に取り除かれ、それと一緒に、刑罰という考え自体がその妙に時代遅れな意味合いとともに根こそぎ除去された。[17]

　アダムスや他の少年裁判所運動指導者が熱弁を振るった理想化された少年裁判所は、実際には一度も存在したことがなかったし、また存在しえなかったであろう。なぜなら、年齢・環境・法違反行為の点で広範囲にわたる多種多様な子どもたちを一緒に取り扱う裁判所システムはいかなるものであろうと、それに割り当てられる以上の困難なケースを扱う運命にあった。裁判所の管轄範囲に関しては論争がつきものであり、この論争によって少年司法の革新が促されたのである。
　事実、アンソニー・プラット、スティーブン・シュロスマン、デビッド・ロスマン、メアリー・オデム、ビクトリア・ゲティス、アンヌ・メイス・クヌッファーといった少年司法研究者たちはこぞって、進歩主義的な児童救済運動家たちの慈悲深いレトリックを批判するとともに、彼らがしばしば人種・階級・性差・セクシュアリティに関する悩ましい仮定に基づいて活動していたことを指摘した。だが、これらの研究者たちでさえ、20世紀初頭における少年裁判所の実際の活動を十分に再構築することはなかった。少年裁判所に関する包括的な制度史の欠如は、重大な副次的影響をもたらした。法学教授のバリー・フェルドのような現代の少年司法の批判者にとっては、初期の少年裁判所を静的に描写し、しかも社会政策の展開において少年裁判所が果たした役割を軽視する研究に頼る以外に、ほとんど選択肢がなかった。この歴史理解に基づいて批判者たちは、少年裁判所がそもそもの始めから概念上の欠点があり、制度として定着できないと主張するとともに、少年裁判所が児童福祉に対する革新的アプローチを受け入れないことを理由に、その撤廃を叫んだ[18]。
　しかし、本書は、少年裁判所が完全無欠な構築物であり、制度的に完全なもの

むすび

として生まれたと仮定する神話を打ち砕く。本書に示したアメリカで最初の少年裁判所の歴史を見れば明らかなように、少年司法は試行錯誤を通じて進展した。本書で示した歴史の中で最も創造性に富んだ時期は、改革者たちが少年の要扶助性と非行の根本原因を発見しようと努めたときであった。この調査によって、先ずもって少年裁判所が創設され、引き続き、その手続面での刷新がなされ、家族維持プログラム・児童相談所・コミュニティ組織化のための地域固有プログラムが展開されていった。また、本書の研究が証明したように、地方政治がこれらのプログラムの展開と運営を形成した。このように、少年司法は、革新的な児童福祉政策の確立を助けたのであって、決して妨げたのではない。

現代は前例なき時代であり「今どきの子ども」は新種の法違反行為者だと主張する、消えやらぬ神話が1930年代、1950年代、1970年代、1990年代と時代は変わっても相も変わらず払拭されてこなかったのは、歴史家の怠慢だった[19]。本書が示したように、20世紀初頭の児童救済運動家たちは、21世紀の政策立案者が取り組まねばならない課題と同じ、多くの課題と格闘した。難しいケースは少年司法の運営を複雑にするとともに、間違いなく、少年司法の使命に暗雲を落とし続ける。少年司法システムの門を潜ってくる子どもたちの層は、全体のうちの一握りに過ぎない。しかし、そうだとしても、これらのケースはどれも皆若い人たちに関係しているのだということを、我々は記憶しておかねばならないし、また政策立案者はこれらのケースを、子どもの発達上のニーズを考慮に入れる青少年政策全体の一部として扱うべきである[20]。

子どものニーズと権利に対する取組みに内在する緊張は、少年裁判所の創設時に露呈したが、現在でもなお存在する。少年司法は子どもとその家族のニーズを満たしてこなかったのではないか、子どもが有する適正手続を受ける憲法上の権利を十分保護してこなかったのではないか、公共の安全を保障してこなかったのではないか、という懸念の全てが少年裁判所の改革や、さらには周期的に起こる少年裁判所を廃止せよとの要求へと導いた[21]。少年司法に対する現代の批判者は、少年司法が有する多くの欠点——それは、民族的・人種的少数グループが矯正施設において占める比率の高さから、矯正施設における教育の機会や精神保健のサービスの不十分さまでにわたる——を暴露してきた。彼らが唱える急進的な代替策は子どものケースを成人システムに統合しようとするものであるが、しかしながら、その代替策は皆、将来に向けて残すべき価値ある制度を放棄し、その制度の歴史と我々とのつながりを切断するという、深く憂慮すべき可能性を増大

させるものである。現在、少年裁判所は危険な状況下にある。一世紀を超えて蓄積されてきた少年司法の知恵を参考にすることにより、我々は我々が抱く犯罪コンプレックスの強力な呪縛から逃れることができるかもしれない。この知恵には、子どもたちを刑事司法システムからダイバージョンさせること、子どもたちの発達上の違いを考慮すること、少年に対する社会の側の責任を強調すること、法違反行為の根本原因を探究すること、そして、非行予防のみならず法違反行為者の更生のためにもコミュニティを動員することが含まれる。ムーア判事と同様に、我々もまた歴史を駆使することにより、多くの情報に基づいた政策選択を行うことができ、現在の危険な処罰過剰傾向がさらに強固なものになることを防ぐことができるのである。

註

[1] Judge Eugene A. Moore, "Sentencing Opinion: People of the State of Michigan v. Nathaniel Abraham," *Juvenile and Family Court Journal* 51 (Spring, 2000): 9.

[2] Ibid., 5.

[3] Ibid., 5.

[4] Ibid., 8.

[5] Ibid., 8.

[6] Ibid., 11.

[7] Ibid., 9.

[8] Ibid., 9.

[9] Ibid., 9.

[10] Ibid., 10.

[11] Ibid., 11.

[12] Ibid.

[13] David Goodman, *Judge Spares Eleven-Year Old Killer from Life in Prison*, APWIRES 00:45:00, January 14, 2000. また、Mitch Albom, "We Can't Afford the Death of Hope," *Times Union (Albany)*, January 19, 2000, A15. も参照。

[14] *Young Murderer Quotes*, APWIRES 15:33:00, January 13, 2000.

[15] Goodman, *Judge Spares Eleven-Year Old Killer*.

[16] L. L. Brasier, "Young Killer Admits Reality," *Detroit Free Press*, November 20, 2002, at 1B and 4B.

[17] Jane Addams, *My Friend Julia Lathrop* (New York: Macmillan, 1935), 137.

[18] Barry C. Feld, *Bad Kids : Race and the Transformation of the Juvenile Court*（New

York：Oxford University Press, 1999)は、近代的な少年裁判所を最も包括的に批判しており、またそうした裁判所を廃止することを求めている。

[19] 法違反行為をした少年たちが 20 世紀においてどのように性格づけられてきたのかについての概観としては、John H. Laub, "A Century of Delinquency Research and Delinquency Theory" in *A Century of Juvenile Justice*, edited by Margaret K. Rosenheim, Franklin E. Zimring, David S. Tanenhaus, and Bernardine Dohrn (Chicago：University of Chicago Press, 2002), 179-205. を参照。

[20] 例えば、Franklin E. Zimring, *The Changing Legal World of Adolescence*, (New York: Free Press, 1985); Thomas Grisso and Robert G. Schwartz, eds., *Youth on Trial: A Developmental Perspective on Juvenile Justice* (Chicago: University of Chicago Press, 2000); Elizabeth S. Scott, "The Legal Construction of Childhood"in Rosenheim, Zimring, Tanenhaus, and Dohrn, *A Century of Juvenile Justice*, 113 − 141.; and Peter Edelman, "American Government and the Politics of the Youth" in Rosenheim, Zimring, Tanenhaus, and Dohrn, *A Century of Juvenile Justice*, 310-338. を参照。

[21] 1950 年代以来の少年司法改革についての概観としては、Margaret K. Rosenheim, "The Modern Juvenile Court," in Rosenheim, Zimring, Tanenhaus, and Dohrn, *A Century of Juvenile Justice*, 341-359. を参照。少年裁判所を廃止するよう要求するものには以下が含まれる。Harriette N. Dunn, *Infamous Juvenile Law: Crimes Against Children under the Cloak of Charity* (Chicago: Privately Published, 1912); Thomas D. Eliot, *The Juvenile Court and the Community* (New York: Macmillan, 1914); Jesse Olney, "The Juvenile Courts——Abolish Them," *State Bar Journal of the State Bar of California* 13 (1938): 1; Marvin E. Wolfgang, "Abolish the Juvenile Court System," *California Lawyer* (November 12, 1982): 12-13; Janet E. Ainsworth, "Reimagining Childhood and Reconstructing the Legal order: The Case for Abolishing Juvenile Court," *North Carolina Law Review* 69 (1991); Barry C. Feld, "Abolish the Juvenile Court: Youthfulness Criminal Responsibility and Sentencing Policy," *Journal of Criminal Law and Criminology* 88 (1997): 68-136.

補　遺

クック郡少年裁判所の事件ファイル

　アメリカで最初の少年裁判所の歴史を再構築することは、骨の折れる仕事だった。裁判所のケース・ファイルはおそらく1960年代後半か1970年代前半に廃棄されてしまったと考えられるが、私はシカゴのリチャード・J・ダレイ・センターに新たに開設されたクック郡巡回裁判所公文書館のフィル・コステロに連絡をした。私は、1920年代初期からの連邦児童局の研究であるヘレン・ジーターの貴重な著書『シカゴ少年裁判所』が、こうした記録をクック郡により保存されている公式な記録として一覧表にまとめていたことを告げた。フィル・コステロと彼の部下は、郡の倉庫で多数の箱に納められていたケース・ファイルを発見した。フィルが説明したように、少年裁判所が設立された1899年からのケース・ファイルが存在していたという良いニュースがある一方、それらが没収されているという悪いニュースもあった。幸運にも、クック郡少年裁判所の統括主席判事であるソフィア・ホール閣下が、私にそれらのケース・ファイルを研究対象とすることを許可してくれた。そのことはありがたいことだったが、反面、厄介な問題も含んでいた。ファイルは整理されておらず、約一世紀に値する埃と垢にまみれていた文書のえり分けに私は何ヶ月も費やした。1899年から1926年までの約2,700冊のケース・ファイルがあることが分かったが、なぜこれらの記録が選別されて保存されていたのかは明らかではなかった。

　少年裁判所システムに係属した子どもたちは全て、永続的なケース番号を割り当てられ、その子らに関するその後の全法的文書は、フォルダ内でこの番号の下、整理保存された。ケース・ファイルにおける経歴を追った社会記録の量は多種多様であった。概して、1907年以前の非行ケースには、保護観察官によって集められた「ケースの時系列に沿った記録」が残されていたが、それ以降のケースにはそれが存在しなかった。他方で、より最近のケースは、官僚主義の台頭を明らかにしている。それらは「非行少年」が少年裁判所に送致されてきた理由を特に説明せず、その代わりに、「過去も現在も非行少年である」という紫色のスタンプが押されていた。要扶助ケースにおいては、母親に対する扶助費の申請も含

まれていたが、きょうだいたちは続き番号を割り当てられていた。幸運にも、第三章で分析したもののような一連の続き番号のファイルがあり、そのおかげで私は、同じ日に少年裁判所に係属したそれぞれの子どもたちに起きたケースを時間と共に辿ることができた。ホール判事の求めに従い、ケースに関係のある家族の秘密保持のため、私はこれらのケース・ファイルにある子どもたちの実名を使用しなかった。

書誌解題

　少年司法の歴史に関する文献には、全く異なる三つの伝統が存在してきた。それは、進歩主義的な神話の作成者、懐疑論者、新しい進歩主義的立場からの少年司法の保護論者である。これら三つの伝統すべてが、主に少年裁判所の起源に関する歴史研究に焦点を当ててきた。この書誌解題は、本書がそれぞれの伝統から取り入れた重要な業績に光を当てるものである。またここでは、子ども、家族、公共政策、アメリカの政治的・法的展開に関する厳選した業績を読者へ示しているが、これらの業績はいずれも上記三つの伝統を史料編纂の文脈の中に位置づける際に役立ったものである。

　進歩主義的な神話の作成者は20世紀初期に著述を行っているが、彼らは少年裁判所運動を子どもの保護における革命的かつ人道主義的な進歩であると特徴づけている。また、1920年代と1930年代に出版された回想録を通して、少年裁判所が欠点のない構築物であるという神話を確立するのに役立った。この伝統に関する古典的な業績としては、以下の文献がある。

　Timothy D. Hurley, *Origins of the Illonois Juvenile Court Act: Juvenile Courts and What they Have Accomplished* (Chicago: Visitation and Aid Society, 1907; reprint, New York: AMS Press, 1977).

　Julian W. Mack, "The Juvenile Court," *Harvard Law Review 23 (1909-1910)* : 104-122.

　Sophonisba Preston Breckinridge and Edith Abbott, *The Delinquent Child and the Home* (New York: Charities Publication Committee, 1912).

　Helen Jeter, *The Chicago Juvenile Court* (Washington, D.C.: Government Printing Office, 1922).

　Harriet S. Farwell, *Lucy Louisa Flower, 1837-1920:Her Contributions to Education and Child Welfare in Chicago* (Chicago: Private printing, 1924).

　Jane Addams, ed., *The Child, the Clinic, and the Court* (New York: New Republic, 1925).

　Herbert Lou, *Juvenile Courts in the United States* (Chapel Hill: University of North Carolina Press, 1927)

Jane Addams and Alice Hamilton, *My Friend, Julia Lathrop* (New York: Macmillan, 1935).

Grace Abbott, *The Child and the State*, 2 vols. (Chicago: University of Chicago Press, 1938).

州の制度構築と改革における進歩主義的な専門家の役割に関する考察については、概して以下の文献を参照してほしい。

Richard Hofstadter, *The Age of Reform: From Bryan to FDR* (New York: Knopf, 1955).

Robert H. Wiebe, *The Search for Order:* 1877-1920 (New York: Hill and Wang, 1967)

David Garland, *Punishment and Welfare: A History of Penal Strategies* (Brookfield, Vt.: Gower, 1985).

Morton Keller, *Regulating a New Society, 1900-1933* (Cambridge, Mass.: Harvard University Press, 1944).

Daniel T. Rodgers, *Atlantic Crossings: Social Politics in a Progressive Age* (Cambridge, Mass.: Harvard University Press, 1998).

Michael Willrich, *City of Courts: Socializing Justice in Progressive Era Chicago* (New York: Cambrige University Press, 2003).

この時代における児童福祉政策の展開については、以下の文献を参照してほしい。

Susan Tiffin, *In Whose Best Interest? Child Welfare Reform in the Progressive Era* (Westport, Conn.: Greenwood Press, 1982).

Leroy Ashby, *Saving the Waifs: Reformers and Dependent Children, 1890-1917* (Philadelphia: Temple University Press, 1984).

Michael Grossberg, *Governing the Health: Law and the Family in Nineteenth-Century America* (Chapel Hill: University of North Carolina Press, 1985).

Michael B. Katz, *In the Shadow of the Poorhouse: A Social History of Welfare in America* (New York: Basic Books, 1986).

Margo Horn, *Before It's Too Late: The Child Guidance Movement in the United States, 1922-1945* (Philadelphia: Temple University Press, 1989).

Martha Minow, *Making All the Difference: Inclusion, Exclusion, and American Law* (Ithaca, N.Y.: Cornell University Press, 1990).

Robyn Muncy, *Creating a Female Dominion in American Reform, 1900-1935* (New York: Oxford University Press, 1991).

Theda Skocpol, *Protecting Soldiers and Mothers: The Political Origins of Social Policy in the Unites States* (Cambridge, Mass.: Harvard University Prsss, 1992).

Joan Gittens, *Poor Relations: The Children of the State in Illinois, 1818-1990* (Urbana: University of Illinois Press, 1994).

Linda Gordon, *Pitied But Not Entitled: Single Mothers and the History of Welfare, 1830-1935* (New York: Free Press, 1994).

Molly Ladd-Taylor, *Mother-Work: Women, Child Welfare and the State, 1890-1930* (Urbana: University of Illinois Press, 1994).

Mary Ann Mason, *From Father's Property to Children's Rights: The History of Child Custody in the United States* (New York: Columbia University Press, 1994).

Kenneth Cmiel, *A Home of Another Kind: One Chicago Orphanage and the Tangle of Child Welfare* (Chicago: University of Chicago Press, 1995).

Kathryn Kish Sklar, *Florence Kelly and the Nation's Work* (New Haven: Yale University Press, 1995).

Estelle B. Freedman, *Maternal Justice: Miriam Van Waters and the Female reform Tradition* (Chicago: University of Chicago Press, 1996).

LeRoy Ashby, *Endangered Children: Dependency, Neglect, and Abuse in American History* (New York: Twayne, 1997).

Joanne L. Goodwin, *Gender and the Politics of Welfare Reform: Mothers' Pensions in Chicago, 1911-1929* (Chicago: University of Chicago Press, 1997).

Timothy A. Hacsi, *Second Homes: Orphan Asylums and Poor Families in America* (Cambridge, Mass.: Harvard University Press, 1997).

Kriste Lindenmeyer, *A Right to Childhood: The U.S. Children's Bureau and Child Welfare, 1912-1946* (Urbana: University of Illinois Press, 1997).

Elizabeth J. Clapp, *Mothers of All Children: Women Reformers and the Rise of Juvenile Courts in Progressive Era America* (University Park, Pa.: Pennsylvania State University Press, 1998).

Matthew A. Crenson, *Building the Invisible Orphanage: A Prehistory of the*

American Welfare System (Cambridge, Mass.: Harvard University Press, 1998).

Walter I. Trattner, *From Poor Law to Welfare State: A History of Social Welfare in the United States, 6 th ed.* (New York: Free Press, 1999).

Sonya Michel, *Children's Interests/Mother's Rights: The Shaping of America's Child Care Policy* (New Haven: Yale University Press, 1999).

Jeffrey P Moran, *Teaching Sex: The shaping of Adolescence in the twentieth Century* (Cambridge, Mass.: Harvard University Press, 2000).

Michael Grossberg, "*Changing Conceptions of Child Welfare in the United States, 1820-1935,*" *in A Century of Juvenile Justice*, edited by Margaret K. Rosenheim, Franklin E. Zimring, David S. Tanenhaus, and Bernardine Dohrn (Chicago: University of Chicago Press, 2002).

Maureen A. Flanagan, *Seeing with their Hearts: Chicago Women and the Vision of the Good City, 1871-1933* (Princeton, N.J.: Princeton University Press, 2002).

少年裁判所の革新的性質を控えめに扱い、その代わりに少年裁判所が19世紀における青少年の矯正や行動規制と連続性があることを強調する歴史的研究については、以下の文献を参照してほしい。

Joseph M. Hawes, *Children in Urban Society: Juvenile Delinquency in Nineteenth Century America* (New York: Oxford University Press, 1971).

Robert M. Mennel, *Thorns and Thistles: Juvenile Delinquents in the United States, 1825-1940* (Hanover, N.H.: University Press of New England, 1973).

Steven L. Shlossman, *Love and the American Delinquent:The Theory and Practice of "Progressive" Juvenile Justice* (Chicago: University of Chicago Press, 1977).

Peter C Holloran, *Boston's Wayward Children: Social Services for Homeless Children, 1830-1930* (Rutherford, N.J.: Fairleigh Dickinson University Press, 1989).

Eric C Schneider, *In the Web of Class: Delinquents and Reformers in Boston, 1810s-1930s* (New York: New York University Press, 1992).

David Wolcott, "*Juvenile Justice before Juvenile Court: Cops,Courts,and Kids in Turn-of-the-Century Detroit,*" *Social Science History* 27 (2003) :109-136.

少年裁判所に対する懐疑論の伝統は20世紀初期に遡るが、それはゴールト事件

判決（1967年）における合衆国最高裁判所の画期的な判決を経て初めて開花した。判決の支持者は、少年裁判所のイデオロギー的な起源を説明し、その創始者の慈悲心からの動機に疑問を投げかけるのに社会統制の概念を用いた。多くの者はまた、少年司法システムを批判してきたが、それは、そのシステムが子どもとその家族に対するデュー・プロセスの保護を否定するものであり、法違反行為を行った少年の更生に関して限定的にしか成功を収めていないことを理由としていた。この伝統を汲む初期の業績としては、以下の文献がある。

Hariette N Dunn, *Infamous Juvenile Law: Crimes against Children under the Cloak of Charity*（Chicago: Privately published, 1912）.

Thomas D. Eliot, *The Juvenile Court and the Community*（New York: MacMillan, 1914）

Edward F. Waite, "How Far Can Court Procedure Be Socialized without Impairing Individual Rights?" *Journal of Criminal Law and Criminology* 12 (1921) :339-347.

ゴールト事件判決後の研究としては、以下の文献がある。

Anthony M. Platt, *The Child Savers: The Invention of Delinquency*（Chicago: University of Chicago Press, 1969）.

Stanford Fox, "*Juvenile Justice Reform: An Historical Perspective,*" *Stanford Law Review* 22 (1970) :1187-1239.

Ellen Ryerson, *The Best-Laid Plans: America's Juvenile Court Experiment*（New York: Hill and Wang, 1978）.

David J. Rothman, *Conscience and Convenience: The Asylum and Its Alternatives in Progressive America*（Boston: Little, Brown, 1980）.

Lawrence Meir Friedman and Robert V. Percival, *The Roots of Justice: Crime and Punishment in Alameda County, California,* 1870-1910（Chapel Hill: University of North Carolina Press, 1981）.

Andrew J. Polsky, *The Rise of the Therapeutic State*（Princeton, N.J.: Princeton University Press, 1991）.

Janet E. Ainsworth, "*Reimagining Childhood and Reconstructing the Legal Order: The Case for Abolishing the Juvenile Court,*" *North Calolina Law Review* 69 (1991) :1083-1133.

Thomas Bernard, *The Cycle of Juvenile Justice* (New York: Oxford University Press, 1992).

Mary E. Odem, *Delinquent Daughters: Protecting and Policing Adolescent Female Sexuality in the United States, 1885-1920* (Chapel Hill: University of North Carolina, 1995).

Christopher P. Manfredi, *The Supreme Court and Juvenile Justice* (Lawrence : University of Kansas Press, 1998).

Barry C. Feld, *Bad Kids: Race and the Transformation of the Juvenile Court* (New York: Oxford University Press, 1999).

Victoria L. Getis, *The Juvenile Court and the Progressives* (Urbana: University of Illinois Press, 2000).

Anne Meis Knupfer, *Reform and Resistance: Gender,Delinquency,and America's First Juvenile Court* (New York: Routledge, 2001).

社会統制と権力に関する重要な歴史的・理論的研究については、幅広く考えられるが、以下の文献を参照してほしい。

Michel Foucault, *Discipline and Punish: The Birth of the Prison* (New York: Pantheon Books, 1977).

Christopher Lasch, *Haven in a Heartless World: The Family Besieged* (New York: Basic Books, 1977).

Jacques Donzelot, *The Policing of Families* (New York: Pantheon Books, 1979)

Linda Gordon, *Heroes of Their Own Lives: The Politics and History of Family Violence: Boston, 1880-1960* (New York: Viking, 1988).

Regina G. Kunzel, *Fallen Women,Problem Girls: Unmarried Mothers amd the Professionalization of Social Work* (New Haven: Yale University Press, 1993).

Gerorge Chauncey, *Gay New York: Gender,Unban Culture,and the Making of the Gay Male World, 1890-1940* (New York: Basic Books, 1994).

Elizabeth Lunbeck, *The Psychiatric Persuasion: Knowledge,Gender,and Power in Modern America* (Princeton,N.J.: Princeton Uiversity Press, 1994).

Kathleen W. Jones, *Taming the Troublesome Child: American Families,Child Guidance,and the Limits of Psychiatric Authority* (Cambridge, MA: Harvard University Press, 1999).

法律学者と歴史家はまた、アメリカ史における個人の権利と国家の権力に関する歴史を再検討し始めている。この点、以下の文献を参照してほしい。

Robert Kaczorowski, "Revolutionary Constitutonalism in the Era of the Civil War and Reconstruction," *New York University Law Review* 61 (November 1986) : 863-940.

Hendrik Hartrog, "The Construction of Aspiration" and "The Rights that Belong to All of Us", *Journal of American History* 74 (1987) : 1013-1034.

Eric Foner, *Reconstruction: America's Unfinished Revolution* (New York: Harper and Row, 1988).

William J. Novak, *The People's Welfare: Law and Regulation in Nineteenth-Century America* (Chapel Hill: University of North Carolina Press, 1996).

Akhil Reed Amar, *The Bill of Rights: Construction and Reconstruction* (New Haven: Yale University Press, 1998).

Amy Dru Stanley, *From Bondage to Contract: Wage Labor, Marriage, and the Market in the Age of Slave Emancipation* (New York: Cambridge University Press, 1998).

William E. Nelson, *The Legalist Reformation: Law, Politics, and Ideology in New York, 1920-1980* (Chapel Hill: University of North Caliolina Press, 2001).

Barbara Young Welke, *Recasting American Liberty: Gender, Race, Law, and the Railroad Revolution, 1865-1920* (New York: Cambridge University Press, 2001).

新しい進歩主義的立場からの少年司法の保護論者は、少年司法の歴史、とりわけその初期を、有用な過去を掘り起こすための価値ある遺跡と考えている。彼らは概して、少年裁判所の創設者は善意であったという考えを受け入れている。しかし、子どもとその家族の権利についての懐疑論者の懸念もまた少年司法システムに組み入れられなければならないという考えも受け入れている。こうした研究には、以下の文献がある。

Margaret K. Rosenheim, ed., *Justice for the Child: The Juvenile Court in Transition* (New York: Free Press of Glencoe, 1962).

Margaret K. Rosenheim, ed., *Pursuing Justice for the Child* (Chicago: University of Chicago Press, 1976).

Franklin E. Zimring, *The Changing Legal World of Adolescence* (New York: Free Press, 1982).

Robert J. Sampson and John H. Laub, *Crime in the Making: Pathways and Turning Points through Life* (Cambridge, Mass.: Harvard University Press, 1993).

Simon I. Singer, *Recriminalizing Delinquency: Violent Juvenile Crime and Juvenile Justice Reform* (New York: Cambridge University Press, 1996).

William Ayers, *A Kind and Just Parent: The Children of Juvenile Court* (Boston: Beacon Press, 1997).

Haward Snyder and Melissa Sickmund, *Juvenile Offenders amd Victims: 1999 National Report* (Washington D.C.: U.S. Department of Justice, 1999).

Jeffrey Fagan and Franklin E. Zimring, eds., *The Changing Borders of Juvenile Justice: Transfer of Adolescents to the Criminal Court* (Chicago: University of Chicago Press, 2000).

Thomas Grisso and Robert G. Schwartz, eds., *Youth on Trial: A Developmental Perspective on Juvenile Justice* (Chicago: University of Chicago Press, 2000).

Margaret K. Rosenheim, Franklin E. Zimring, David S. Tanenhaus and Bearnardine Dohrn, *A Century of Juvenile Justice* (Chicago: University of Chicago Press, 2002).

1970年代以降の犯罪学の動向を秀逸に紹介する文献としては、以下を参照してほしい。

David Garland, *The Culture of Control: Crime and Social Order in Contemporary Society* (Chicago: University of Chicago Press, 2001).

監訳者あとがき

石川　正興

　本書は、David S. Tanenhaus の "JUVENILE JUSTICE in the MAKING" の翻訳である。
　私を代表者とする「早稲田大学比較法研究所英米少年法研究会」のメンバーは、足掛け8年にわたってこの翻訳作業に取り組んだ。しかし、この間二つの大きな共同研究すなわち、①科学技術振興機構社会技術研究開発センターの「犯罪からの子どもの安全」領域に属する「子どもを犯罪から守るための多機関連携モデルの提唱」プロジェクト（実施期間：2009年10月～2012年3月）と、②公益財団法人日工組社会安全財団の一般研究助成「高齢出所者に対する地域生活定着支援センターの運用実態に関する研究」（実施期間：2012年4月～2013年10月）に、私は研究代表者として忙殺された。これら二つの研究が行われた4年間においても翻訳作業は定期的に行われ、第一読会と第二読会が完了して残すは私の監訳作業のみとなっていた。翻訳作業の最終段階に行われるこの監訳作業が遅れたことは、ひとえに私の責任である。この度漸く監訳作業が終了し、晴れて出版の日を迎えることができ、監訳者として肩の荷が下りた気分である。
　タネンハウス著『創生期のアメリカ少年司法』の意義については、「バーナーディン・ドーンによる序文」に詳述されているので、それに委ねよう。ここではただ一言、次のことを述べておきたい。
　我々翻訳者一同は、『創生期のアメリカ少年司法』の翻訳を進めるにつれ、少年裁判所の創成の歴史に対する学問的関心を大いに触発された。とともに、タネンハウスの巧みな物語的叙述は我々を虜にし、その魅力に取りつかれた我々を翻訳作業へと引き摺り込んでいった。それこそが翻訳作業を継続させ、出版へと漕ぎ着けさせた原動力だった。この拙い翻訳本により、読者諸氏にも、我々が味わった本書の魅力をお伝えできれば、翻訳者としてこれに勝る喜びはない。

翻訳作業は、次のやり方で進められた。
（1）第一読会は、下記の4氏が行った翻訳原文を「早稲田大学比較法研究所英米少年法研究会」のメンバーで検討した。
　① 田口敬也氏の分担個所：「バーナーディン・ドーンによる序文」、「著者はしがき」、「はじめに」、「第1章 児童裁判所の構想」、「第3章 家族の維持」、「第6章 コミュニティの組織化」、「むすび」
　② 脇坂成実氏の分担個所：「第4章 少年司法の正統化」
　③ 小西暁和氏の分担個所：「第5章 非行の医療化」
　④ 宍倉悠太氏の分担個所：「第2章 モデル裁判所の建設」、「補遺」、「書誌解題」
（2）第一読会の結果を受けて各担当者が翻訳原文を修正した後、第二読会では担当者と私とでこの修正版（第一次修正版）を順次検討した。
（3）その後各担当者による「第二次修正版」の作成を経て、監訳者である私が「第二次修正版」を校閲して誤りを修正し、訳語と文体の統一を図るとともに、訳注を付け加えた「第三次修正版」を作成した。
（4）第三読会による「第三次修正版」の検討を経て、「確定版」が完成した。
　以上のように、この一連の翻訳作業は「早稲田大学比較法研究所英米少年法研究会」のメンバー全員によるものであるが、中でも翻訳原文の作成に当たった4氏によるところが大である。また、訳注や索引等の作成に当たっては、早稲田大学大学院法学研究科博士後期課程に在籍する三枝功侍君の助力を得た。さらに、この翻訳作業を財政面から支えてくれたのは、早稲田大学比較法研究所と成文堂であった。そのご助力に、深く感謝申し上げたい。

　最後に、8年の長きにわたる翻訳作業の間に、「早稲田大学比較法研究所英米少年法研究会」の初期のメンバーであった渡邊巧氏が逝去された。ここに謹んで哀悼の意を表するとともに、本書を渡邊巧氏に捧げたい。

2015年10月　秋爽やかな日に

　　　　早稲田大学比較法研究所英米少年法研究会
　　　　　　研究会代表　石川　正興（早稲田大学法学学術院教授）
　　　　　　　　　　　　加藤　直隆（国士舘大学法学部教授）

監訳者あとがき

小西　暁和（早稲田大学法学学術院教授）
宍倉　悠太（国士舘大学法学部非常勤講師）
田口　敬也（早稲田大学社会安全政策研究所招聘研究員）
辰野　文理（国士舘大学法学部教授）
内藤　大海（熊本大学法学部准教授）
吉開　多一（国士舘大学法学部教授）
脇坂　成実（早稲田大学社会安全政策研究所招聘研究員）
渡辺　直行（広島修道大学大学院法務研究科教授）
渡辺　則芳（国士舘大学法学部教授）

団体・組織名の略語一覧

CAP　　Chicago Area Project（シカゴ地域計画）……195, 205-206, 214-215, 218, 221
IJR　　Institute for Juvenile Research（少年調査研究所）……23, 178, 193, 195, 200, 210
JCC　　Juvenile Court Committee（少年裁判所委員会）……61-64, 69-70, 196-197
JPA　　Juvenile Protective Associatiob（少年保護協会）……121, 140, 197-198, 205, 211
OJJDP　U.S. Office of Juvenile Justice and Delinquency Prevention（連邦少年司法・非行予防局）……215

索　引

アーサー，チェスター（Arthur, Chester）……56
アダムス，ジェーン（Addams, Jane）……29, 135, 140, 170, 182, 221
　アダムスと行動調査基金（and the Behavior Research Fund）……200
　アダムスとシカゴ地域計画（and the Chicago Area Project）……214
　アダムスと『子どもと診療所と裁判所』（and The Child, the Clinic and the Court）……186
　アダムスと市民記念行事委員会（and the Citizen's Anniversary Committee）……183
　アダムスと神話形成（and myth-making）……226
アドラー，ハーマン（Adler, Herman）……178, 200
アフリカ系アメリカ人（African-Americans）
　アフリカ系アメリカ人と1919年のシカゴ市における人種暴動（and the Chicago race riot of 1919）……203
　アフリカ系アメリカ人の不釣り合いな増加（disproportionate representation of）……66
　アフリカ系アメリカ人に対する少年裁判所の手続（juvenile court processing of）……66
　アフリカ系アメリカ人と母親に対する扶助費（and mothers' pensions）……110
　アフリカ系アメリカ人とプロベーション（and probation）……65
　アフリカ系アメリカ人に対する人種差別（racial discrimination against）……197, 204
　アフリカ系アメリカ人に対する白人の認識（white perceptions of）……204
アブラハム，ナサニエル（Abraham, Nathaniel）……20
　アブラハムに対する刑の言渡し（sentencing of）……19, 221
　アブラハムに対する公判（trial of）……15
アボット，イーディス（Abbot, Edith）……79, 108
アボット，グレース（Abbot, Grace）……145, 182
アマンダ・スミス少女孤児院（Amanda Smith Orphan Homes for Girls）……154
アムネスティ・インターナショナル（Amnesty International）……17, 224

アリンスキー，ソール（Alinsky, Saul）……214
アルトゲルト，ジョン ピーター（Altgeld, John Peter）……35, 221
　　刑事司法システムに関するアルトゲルト（on the criminal justice system）……30
　　アルトゲルトとジュリア・レースロップ（and Julia Lathrop）……36
アルパー，ベネディクト（Alper, Benedict）……212
アンドリュー・ジャクソン小学校（Andrew Jackson Elementary School）……206
偉大な社会（Great Society）……195
イリノイ州公共福祉局（Illinois Department of Public Welfare）……178
イリノイ州児童および児童収容ホーム視察部（Illinois Department of Visitation of Children and Homes）……131
イリノイ州児童施設・救護協会（Illinois Children's Home and Aid Society）……131
イリノイ州非行予防委員会（Illinois Commission on Delinquency Prevention）……205
イリノイ州立刑務所（Illinois State Penitentiary）……212
イリノイ州立女子少年職業補導学校（Illinois Industrial School for Girls）……105
イリノイ州立聖チャールズ男子少年学校（Illinois State Training School for Boys at St. Charles School）……67, 199, 209
イリノイ州立ドワイト女子矯正施設（Illinois State Reformatory for Women at Dwight）……208
イリノイ州立ポンティアック矯正施設（Illinois State Reformatory at Pontiac）……58, 71, 208, 215
ウィグモア，ジョン（Wigmore, John）……174-176, 184
ウィッター，ジョン（Witter, John）……104, 137, 139, 145
ウィッター対郡行政委員会事件判決（Witter v. County Commissioners）……144, 150, 153
ウェスト・サイド・コミュニティ委員会（West Side Community Committee）……206-207
ウェブスター，ヘンリー・キッチェル（Webster, Henry Kitchell）……80
エブリデイ・クラブ（Every Day Club）……36, 40
エラ，ジョン（Ella, John）……38
エリオット，チャールズ・W（Eliot, Charles W.）……167
エリオット，トーマス・D（Eliot, Thomas D.）……95-96, 111
エンジェル，ジェームズ（Angell, James）……171
オデム，メアリー（Odem, Mary）……79, 226
親に対する扶助資金法（1911年）（Funds to Parents Act (1911)）……92, 112, 129, 134
　　親に対する扶助資金法（1911年）の運用（administration of）……96-104, 108-112
　　親に対する扶助資金法（1911年）の改正（amendment of）……102, 112
　　親に対する扶助資金法（1911年）の起源（origins of）……94
　　親に対する扶助資金法（1911年）と農村（and rural counties）……114
　　親に対する扶助資金法（1911年）の条項（text of）……98-99

索　引

オルソン，ハリー（Olsen, Harry）……171
カーステンズ，カール・C（Carstens, Carl C.）……96, 101
ガーランド，デビッド（Garland, David）……18
カートライト，ジェームズ・H（Cartwright, James H.）……144-145
家族維持（family preservation）
　19世紀型家族維持モデル（nineteenth-century model of）……92-93
　進歩主義時代の家族維持に関する考え（progressive conception of）……93-94, 113-114, 182
カタラノ，リチャード（Catalano, Richard）……215
カッティング，チャールズ（Cutting, Charles）……153
家庭内関係裁判所（Court of Domestic Relations）……197
カボット，フレデリック（Cabot, Frederick）……176
カポネ，アル（Capone, Al）……205
義務的登校法（compulsory attendance Laws）……44, 51, 133
ギャングと1919年のシカゴ市における人種暴動（gang, and the Chicago race riot of 1919）……203
キャンベル，ヘンリー（Campbell, Henry）……53-54
キリスト，イエス（Christ, Jesus）……173
禁酒法（Prohibition）……200, 205
近代（modernity）……166, 173
クイレ，J・C（Quille, J.C.）……137
クーリッジ，カルヴィン（Coolidge, Calvin）……116
クック郡行政委員会（Cook County Board of Commissioners）……69, 99, 139, 185
　ピーター・バーゼンの選出（election of Peter Barzen）……129
　クック郡行政委員会と差止命令の危機（and the injunction crisis）……152
　クック郡行政委員会とウィッター対郡行政委員会事件判決（and Witter v. County Commissioners）……144, 152
クック郡（シカゴ）少年裁判所（Cook County (Chicago) Juvenile Court）……22
　クック郡（シカゴ）少年裁判所と母親援護部（and Aid-to-Mothers Department）……113
　クック郡（シカゴ）少年裁判所と匿名の通告（and anonymous complaints）……197
　クック郡（シカゴ）少年裁判所の始まり（beginning of）……22, 27, 35-46
　クック郡（シカゴ）少年裁判所の庁舎と設備（building an facilities of）……55, 62-64, 138-139
　クック郡（シカゴ）少年裁判所の取扱件数（case load of）……58, 75-76, 97-98, 104, 113
　クック郡（シカゴ）少年裁判所の100周年（centennial of）……15, 19-20
　クック郡（シカゴ）少年裁判所と市民の誇り（and civic pride）……60
　クック郡（シカゴ）少年裁判所と法廷侮辱罪での告発（and contempt charges）……105
　クック郡（シカゴ）少年裁判所と要扶助ケース（and dependency cases）……23, 97-99,

120

　　クック郡（シカゴ）少年裁判所の設立（establishment of）……18-19, 21-22

　　クック郡（シカゴ）少年裁判所に対する差止命令（injuction against）……134-135, 142-144

　　クック郡（シカゴ）少年裁判所の管轄権（jurisdiction of）……23-24, 42, 44, 71-72, 87, 100, 142, 146, 196, 207-213

　　クック郡（シカゴ）少年裁判所の正当性（legitimacy of）……20, 78, 130, 145

　　モデルとしてのクック郡（シカゴ）少年裁判所（as a model）……18

　　クック郡（シカゴ）少年裁判所と母親に対する扶助費（and mothers' pensions）……98-104, 108-116

　　クック郡（シカゴ少年裁判所）と慈善団体の支援（and philanthropic support）……29, 62, 100-101, 153-155

　　クック郡（シカゴ少年裁判所）に対する政治的影響（political influences on）……21, 23

　　クック郡（シカゴ少年裁判所）と公衆（and the public）……55, 57, 71, 77, 134, 155

クック郡大陪審と少年事件（Cook County Grand Jury, and children's cases）……31-32

クック，ルファス（Cook, Rufus）……37

国親（パレンス・パトリエ）（parens patriae）……80, 94, 150

クミール，ケネス（Cmiel, Kenneth）……66, 92, 178

グリーン，ニコル（Greene, Nicole）……224

グリーン，ロニー，ジュニア（Greene, Ronnie Jr.）

　　グリーンの死（death of）……15-16

　　グリーンの追憶（remembrance of）……224-225

グレゴリー，S・S（Gregory, Stephen Strong）……37

クレッシー，ポール（Cressey, Paul）……198

グローブス，アデレイド（Groves, Adelaide）……33-35

グロスバーグ，マイケル（Grossberg, Michael）……94

クワン，J・E（Quan, J. E.）……136

刑事司法システムと子ども（criminal justice system, and children）……30

ケイバリー，ジョン・R（Caverly, John R.）……184

ケイス，セロン（Case, Selon）……40

ゲティス，ビクトリア（Getis, Victoria）……226

職業ダンサーのいるダンス・ホール（taxi-dance halls）……198

行動調査基金（Behavior Research Fund）……200

公務員人事委員会（Civil Service Commission）……131, 177

　　少年裁判所に対する調査（investigation of the juvenile court）……134-139

　　公務員人事委員会と採用試験（and merit examinations）……68

　　公務員人事委員会とメリット・ピンクニー（and Merritt Pinckney）……142

公務員人事委員会とウィッター対郡行政委員会事件判決（and Witter v. County Commissioners）……144-146
拷問禁止条約（Convention Against Torture）……17
ゴールト事件判決（In re Gault）……20-21
国際連合の「児童の権利に関する条約」（United Nations Convention on the Rights of the Child）……17
ゴダード，ヘンリー・H（Goddard, Henry H.）……170
子ども（children）
  子どものホームレス（homeless）……30
  ジェイルに置かれている子ども（in jail）……30-35, 197
  警察署に置かれている子ども（in police stations）……30, 139
  救貧院に置かれている子ども（in poorhouses）……37
  イリノイ州における子どもの施設収容率（rate of institutionalization in Illinois）……44, 177-178
子ども期（childhood）
  子ども期の概念形成（conceptions of）……41, 43-44, 91-92, 97, 167
  子ども期への信頼の喪失（loss of faith in）……18
子どもの権利（children's rights）……24, 227
子どもの奴隷制（child slavery）……19
  子どもの奴隷制への懸念（concern about）……42, 131-134, 136
子どもの労働（child labor）……133, 163
個別化された司法（individualized justice）……20, 41, 46, 54, 96
コミュニティズ・ザット・ケア（Communities That Care）……195, 215
コモンウェルス基金（Commonwealth Fund）……181
サーストン，ヘンリー（Thurston, Henry）……140, 180
  サーストンと少年裁判所の運営（and the administration of juvenile justice）……70, 75
  サーストンに対する主張（allegations against）……130-131
  子どもの要扶助性におけるサーストン（on child dependency）……136
  サーストンとイリノイ州児童施設・救護協会（and the Illinois Children's Home and Aid Society）……131
  サーストンと少年保護協会（and the Juvenile Protective Association）……197
サーマク，アントン（Cermak, Anton）……185
裁判による管轄権放棄（judicial waiver）……213
サウサード，エルマー，アーネスト（Southard, Elmer Ernest）……178
サスマン，ウォーレン（Susman, Warren）……173
サリバン，デニス（下院議員）（Sullivan, Dennis (legislator)）……45
サリバン，デニス（主席判事）（Sullivan Denis (judge)）……23, 210-211

産業地域財団（Industrial Areas Foundation）……214
シェーファー，シルヴィア（Schafer, Sylvia）……97
ジェームズ，ウィリアム（James, William）……167
シェッド，ジョン・G（Shedd, John G.）……154
ジェネバにある法違反行為をした女子少年のための州立施設（Illinois State Home for Female Offenders at Geneva）……80
シェレクト，オーガスト・F（Schlecte, August F.）……137
シカゴ矯正院（Chicago House of Corrections）……201
　シカゴ矯正院の子ども（children in）……30
シカゴ公開商品取引所（Chicago Open Board of Trade）……57, 62
シカゴ市公民・博愛学校（Chicago School of Civics and Philanthropy）……167
シカゴ市裁判所（Chicago Municipal Court）……170
シカゴ市における1919年の人種暴動（Chicago race riot of 1919）……203
シカゴ市婦人会（Chicago Woman's Club）……28, 33, 35, 45
シカゴ市保育・片親児童保護収容施設（Chicago Nursery and Half-Orphan Asylum）……66, 104
シカゴ巡回・救護協会（Chicago Visitation and Aid Society）……35, 56
シカゴ少年裁判所（Chicago Juvenile Court）
　クック郡（シカゴ）少年裁判所の項目を参照
シカゴ地域計画（Chicago Area Project）……205, 221
　クリフォード・ショウのシカゴ地域計画に関する考え（Clifford Shaw's vision of）……205
　シカゴ地域計画の制定（establishment of）……195
　シカゴ地域計画の意義（significance of）……214
シカゴ都市連盟（Chicago Urban League）……203
シカゴ・ハミルトン・クラブ（Hamilton Club）……98
自己誤審令状（writ of coram nobis）……209-210
慈善団体連合会と母親に対する扶助費（United Charities of Chicago' and mothers' pensions）……113
児童相談運動（child guidance movement）……181-182, 195, 215
市民的および政治的権利に関する国際規約（International Covenant on Civil and Political Rights）……17
ジムリング，フランクリン・E（Zimring, Franklin E.）……18, 69
シャープトン，アル（Sharpton, Al）……19, 224
社会化された法（socialized law）……96, 184, 198
社会学のシカゴ学派（Chicago School of Sociology）……198
社会的市民権（social citizenship）……55, 70, 86
更生（rehabilitation）……20

索　引

ジャック・ローリング（jack-rolling）……200-202
州対フィッシャー事件判決（Commonwealth v. Fisher）……149
州民対ターナー事件（People v. Turner）……9-10, 132
州民対フィッツジェラルド事件（People v. Fitzgerald）……208-210, 213
州民対ブルーノ事件（People v. Bruno）……208-210
州民対マレック事件（People v. Malec）……212-213
州民対ラッティモア事件（People v. Lattimore）……208, 210-213
州立ディクソン病院（Dixon State Hospital）……210
シュリー，フローレンス（Scully, Florence）……63
シュロスマン，スティーブン（Schlossman, Steven）……41, 79, 226
ショウ，クリフォード（Shaw, Clifford）……23, 77, 195, 214, 221
　　ショウとシカゴ少年裁判所（and the Chicago juvenile Court）……199-200
　　ショウの死（death of）……205
　　ショウとヘンリー・マッケイ（and Henry McKay）……199-200, 204
　　ショウと生活史（and life histories）……200-201
　　ショウと「人種」問題（and the "race" question）……204-205
　　ショウとスタンレー（ジャック・ローラー）（and Stanley (the jack-roller)）……200-202
　　ショウとウィカシャム委員会（and the Wickersham Commission）……200-204
小児病院協会（Children's Hospital Society）……164, 166-167
少年裁判所（juvenile court）
　　少年裁判所の廃止（abolition of）……19, 134, 227
　　アメリカにおける法的発明物としての少年裁判所（American invention of）……18
　　少年裁判所の100年（centennial of）……15, 19-20
　　少年裁判所の概念的根拠（conceptual foundation of）……21
　　少年裁判所の批判者（critics of）……95-96, 117
　　少年裁判所の将来（future of）……18
　　少年裁判所の目標（goals of）……22
　　少年裁判所の発想（imagining of）……20
　　少年裁判所の全世界的な受容（international acceptance of）……18-19
　　少年裁判所という用語の創案（invention of the term）……40-41
　　少年裁判所の正当性（legitimacy of）……23, 71
　　少年裁判所と母親に対する扶助費プログラム（and mothers' pensions）……94-96, 116, 118-119
　　少年裁判所と欠点のない構築物の神話（and myth of immaculate construction）……21, 82, 226
　　1990年代における少年裁判所（in the 1990s）……15

少年裁判所と女性審判員（and women referees）……79-81
少年裁判所委員会（Juvenile Court Committee）
　少年裁判所委員会と少年観護所（and the detention home）……61, 196
　少年裁判所委員会の設立（establishment of）……61
　少年裁判所委員会と資金調達（and fundraising）……61-62
　少年裁判所委員会と立法（and legislation）……69
　少年裁判所委員会とプロベーション（and probation）……61-64, 69-70, 196
　少年裁判所委員会と子どもの学校教育（and schooling of children）……63
少年裁判所運動（juvenile court movement）……16
　少年裁判所運動の大西洋横断的特性（transatlantic character of）……29
少年司法（juvenile justice）
　少年司法の境界線（borders of）……22
　少年司法の際立った特徴（defining features of）……22, 183
　少年司法とデュー・プロセス（and due process）……20, 41, 70, 133-134, 150, 227
　少年司法のいくつかの基本原理（foundational principles of）……20
　少年司法の歴史（history of）……20, 221
　1990年代における少年司法（in the 1990s）……17
　1930年代における少年司法（in the 1930s）……23
　1920年代における少年司法（in the 1920s）……23
　少年司法の発展途上の理論（work in progress theory of）……22, 82, 227
少年精神病質研究所（Juvenile Psychopathic Institute）……23, 177-178, 182
　少年精神病質研究所と少年観護所（and the detention home）……174
　スタンレー（ジャック・ローラー）に対する診断（examination of Stanley（the jack-roller））……201
　少年精神病質研究所と少年調査研究所（and the Institute for Juvenile Research）……178
　少年精神病質研究所の開設（opening of）……163, 170
少年調査研究所（Institute for Juvenile Research）……23
　少年調査研究所とシカゴ地域計画（and the Chicago Area Project）……195
　調査社会学部（department of research sociology）……200
　少年調査研究所の創設（establishment of）……178
　スージー・ラッティモアに対する診断（examination of Susie Lattimore）……210
少年による法違反行為（juvenile offending）
　女子少年の非行（girl delinquency）……66, 79-81
　1990年代における少年の犯罪率（rates in the 1990s）……18, 25
　少年による法違反行為と常習性（and recidivism）……32, 71, 163, 179, 188
　重大で暴力的な犯罪を行った少年（serious and violent）……23
　窃盗（theft）……57, 83-84

索　引

少年の移送（transfer of juveniles）……17, 41, 50, 72
　　1990年代における少年の移送（in the 1990s）……17
　　スージー・ラッティモア（Susie Lattimore）……210
少年非行（juvenile delinquency）
　　コミュニティの問題としての少年非行（as a community problem）……221
　　少年非行と犯罪相関関係アプローチ（and crime-correlate approach）……174
　　少年非行の定義（definitions of）……41, 70
　　少年非行の環境論的な解釈（environmental explanations of）……29, 34, 56-59
　　少年非行と遺伝（and heredity）……170-171
　　少年非行と予防プログラム（and prevention programs）……195, 215
　　少年非行と社会要因（and social factors）……200
　　少年非行の理論（theories of）……198
少年への刑の言渡し（juvenile sentencing）
　　併科の言渡し（blended）……222-224
　　死刑（death penalty）……17, 25
少年保護協会（Juvenile Protective Association）……140, 205
　　少年保護協会の創設（establishment of）……197
　　少年保護協会の立法上の試み（legislative efforts of）……211
　　少年保護協会の使命（mission of）……197
　　少年保護協会の取組み（work of）……197-198
少年観護所（Juvenile Detention Home）……54, 63, 130
　　少年観護所とアフリカ系アメリカ人の女子少年（and African-American girls）……68
　　少年観護所の創設（establishment of）……63
　　少年観護所と医療（and medical treatment）……165, 167, 173-174
　　少年観護所における過剰収容（overcrowding in）……139
　　少年観護所における学校教育（schooling in）……63
ジョーンズ，キャスリーン（Jones, Kathleen）……187
ジョーンズ，ジェンキン，ロイド（Jones, Jenkin Lloyd）……39
処刑（executions）……18
女子少年による非行（girl deliquency）……66, 79-81
女性審判員（Women referees）……79-81
ジョン・ウォージィ手工訓練学校（John Worthy Manual Training School）……63, 74
　　ジョン・ウォージィ手工訓練学校の創設（establishment of）……35
ジョンソン，チャールズ（Johnson, Charles）……203
ジョンソン，リンドン（Johnson, Lyndon）……195
ジラード信託会社（Girard Trust Company）……146
親権原理（parental rights doctrine）……152

253

人種関係（race relations）……66, 203-204
人身保護令状（writ of habeas corpus）……212-213
進歩主義派（progressives）……54-55, 138
スター，メリット（Starr, Merritt）……38
スタンレー，エイミー，ドル（Stanley, Amy Dru）……96
スタンレー（ジャック・ローラー）（Stanley (the jack-roller)）……201-202, 215
ステファンズ，リンカーン（Steffens, Lincoln）……96
ストットルズ，ダニエル・J（Stotlz, Daniel J.）……16
ストレイブ，ビクター（Streib, Victor）……17
スポック，ベンジャミン（Spock, Benjamin）……187
スミス，エドウィン，バーリット（Smith, Edwin Burritt）……38
スミス，バリー（Smith, Barry）……181
聖ヴィンセント乳幼児保護収容施設（St. Vincent's Infant Asylum）……106
生活史（life histories）……172, 195, 201
政策および歴史（policy, and history）……20, 224, 144-221, 228
青少年政策（youth policy）……227
精神病質、精神病質の定義（psychopathic, definition of）……165
青年期（adolescence）……167
 青年期の発達（invention of）……30
青年裁判所（Boys' Court）……197
性病（venereal diseases）……165
「積極的」環境説と「消極的」環境説（environmentalism, positive and negative）……197
全国プロベーション協会（National Probation Association）……180
全米慈善・矯正会議（National Conference on Charities and Corrections）……70, 100, 112
ソールター，ウィリアム（Salter, William）……168
訴訟のための後見人（guardian ad litem）……144
ソレンティノ，アンソニー（Sorrentino, Anthony）……205-207, 214, 221
ソロマン，ハナ・G（Soloman, Hannah G.）……136-137
ダイバージョン（diversion）……18, 42, 207, 228
タシル，リチャード（Tuthill, Richard）……74, 221
 タシルと少年司法の運用（and the administration of juvenile justice）……53-61
 タシルとキャンベルのケース（and the Campbell case）……53-54
 環境説についての説明（explaining environmentalism）……56
 タシルとマチェスキーのケース（and the Majcheski case）……56-60
タスキーギ学院（Tuskegee Institute）……154
ダッドレイ，オスカー（Dudley, Oscar）……39, 44
ダマー，ウィリアム，フランシス（Dummer, William, Francis）……163, 177

索引

ダマー，エセル，スタージェス（Dummer, Ethel Sturges）……182, 221
　ダマーと行動調査基金（and the Behvior Research Fund）……200
　ダマーの少年裁判所の記念晩餐会への参加（commemorating the juvenile court）……184-187
　ダマーと少年精神病質研究所（and the Juvenile Psychopathic Institute）……170
　ダマーと非行の医療化（and medicalizing delinquency）……163, 187
　ダマーとミリアム・バン・ウォーターズ（and Miriam Van Waters）……185
　ダマーと科学（and science）……166
　ダマーとウィリアム・ヒーリー（and William Healy）……170, 173, 175-176, 179
　ダマーとウィリアム・I・トーマス（and William I.Thomas）……184
タレー，マレー，フロイド（Tuley, Murray Floyd）……32
ダロー，クラレンス（Darrow, Clarence）……183-184
ダン，ウィリアム・H（Dunn, William H.）
　ダンによる少年裁判所に対する申立て（allegations against the juvenile court）……130-144
　ダンと差止命令（and injunctions）……142-143, 152-155
男子少年聖メアリートレーニング・スクール（St. Mary's Training school for boys）……73
ダン，バラード（Dunn, Ballard）……135-137
ダン，ハリエット（Dunn, Harriette）……132
知的障害児保護収容施設（Asylum for Feeble-Minded Children）……130
知能検査（intelligence testing）……171
チャーチ，チェスター（Church, Chester）……69
チャーチ，フランク（Church, Frank）……167
通告システム（Complaint system）……76
ディーン，エミリー，ワッシュバーン（Dean, Emily Washburn）……61
ディッキンソン，ジョン（Dickinson, John）……213
テイラー，グレアム（Taylor, Graham）……28
デヴァー，ウィリアム（Dever, William）……185
テニー，ホラス・K（Tenney, Horace K.）……168
デニーン，チャールズ・S（Deneen, Charles S.）……69, 130
デューイ，ジョン（Dewey, John）……184
デュー・プロセスと少年司法（due process, and juvenile justice）……20, 41, 70, 133-134, 150, 227
デンヴァー市少年改善協会（Denver Juvenile Improvement Association）……196
道徳裁判所（Morals Court）……197
トーマス，ウィリアム・I（Thomas, William I.）……184
ドラコポウロス，エリアナ（Drakopoulos, Eliana）……224

トンプソン対オクラホマ事件（Thompson v. Oklahoma）……25
ニューカマー，ジョン・C（Newcomer, John C.）……40, 45
入場料5セントの映画劇場（nickelodeons）……197
入場料10セントの劇場（dime theater）……197
ネイル，ヘンリー（Neil, Henry）……134-137
パーカー，エリザベス（Parker, Elisabeth）……141
ハークネス，アンナ（Harkness, Anna）……181
パーク，ロバート（Park, Robert）……198-199, 203
バージェス，アーネスト・W（Burgess, Ernest W.）
　バージェスとシカゴ地域計画（and the Chicago Area Project）……195
　バージェスと社会学のシカゴ学派（and the Chicago School of Sociology）……198
　バージェスと少年調査研究所（and the Institute for Juvenile Research）……200
　バージェスとスタンレー（ジャック・ローラー）（and Stanley (the jack-roller)）……201
ハースト，ウィリアム，ランドルフ（Hearst, William Randolph）……129
バーゼン，ピーター（Bartzen, Peter）……101, 130-131, 138
　バーゼンの敗退（defeat of）……140-141
　バーゼンの選出（election of）……129
　ハル・ハウスに対するバーゼン（on Hull House）……129
　バーゼンと少年裁判所に対する調査（and the investigation of the juvenile court）……134-137
　バーゼンとジョン・ウィッターの停職（and the suspension of John Witter）……139
バーテルミ，メアリー（Bartelme, Mary）……27
　バーテルミと差止命令の危機（and the injunction crisis）……153
　少年裁判所審判員としてのバーテルミ（as juvenile court referee）……81
　バーテルミと人種関係（and race relations）……66
　バーテルミの退官（retirement of）……210
ハード，ハーベイ（Hurd, Harvey）……37-40
ハート，ヘイスティングス（Hart, Hastings）……40, 45
ハーニッシュ，オトマン　ザーダッシュ（Hanish, Otoman Zar-Adusht）……147-149, 151
ハーレイ，ティモシー（Hurley, Timothy）
　ハーレイと少年裁判所の運営（and the administration of juvenile justice）……53, 56, 70, 133
　ハーレイの少年裁判所の記念晩餐会への参加（commemorating the juvenile court）……185
　ハーレイが少年裁判所（の設立）に与えた影響（influence on the juvenile court）……35-36, 45
バーンズ，アルバート・C（Barnes, Albert C.）……60

索　引

ハウ，フレデリック・C（Howe, Frederic C.）……95
ハウ，マリー，ジェニー（Howe, Marie Jenney）……95
バグデール，ダニエル（Bagdale, Daniel）……224
パストゥール，ルイ（Pasteur, Louis）……164
母親援護法（1913）（Aid to Mothers Law（1913））……112
母親に対する扶助費（Mothers' pensions）……91, 94, 135, 215
　母親に対する扶助費の運営（administration of）……98-104, 107-116
　母親に対する扶助費とアフリカ系アメリカ人（and African-Americans）……110
　母親に対する扶助費と法廷侮辱罪による告発（and contempt charges）……105
　母親に対する扶助費と連邦の福祉プログラム（and federal welfare programs）……23
　母親に対する扶助費と少年司法（and juvenile justice）……94-96, 116-117, 118-119
ハルシュカ，リサ（Halashka, Lisa）……224
ハル・ハウス（Hull House）……29, 129, 182, 197, 205
バロウズ，サミュエル・J（Barrows, Samuel J.）……53
バン・ウォーターズ，ミリアム（Van Waters, Miriam）
　少年裁判所を記念する講演（commemorating the juvenile court）……185-187
　バン・ウォーターズとエセル・スタージェス・ダマー（and Ethel Sturges Dummer）
　　……186
　家庭におけるバン・ウォーターズ（on the family）……91
　親子関係におけるバン・ウォーターズ（on parenthood）……94
　官僚的な少年司法の運営についての警鐘（warnings about bureaucracy）……186
犯罪コンプレックスとアメリカ合衆国（crime complex, and the United States）……18, 24, 221
ハンター，ジョエル（Hunter, Joel）……102, 153
ビーセック，フランク（Biecek, Frank）……210
ヒーリー，ウィリアム（Healy, William）……23, 221
　ヒーリーとチェーザレ・ロンブローゾの関係（on Cesare Lombroso）……169
　ヒーリーの少年裁判所の記念晩餐会への参加（commemorating the juvenile court）……185, 187
　ヒーリーとコモンウェルス基金（and the Commmonwealth Fund）……181
　ヒーリーの貢献（contributions of）……23, 175-176, 182, 187-188
　ヒーリーの少年精神病質研究所長（director of Juvenile Psychopathic Institute）……167-168
　ヒーリーの教育（education of）……167-168
　ヒーリーとエセル・スタージェス・ダマー（and Ethel Sturges Dumeer）……170, 173, 175-176, 179, 185
　ヒーリーとハーマン・アドラー（and Herman Adler）……178

ヒーリーと『個々の非行少年』（and The individual Delinquent）……175-176
　　ヒーリーとジョン・ウィグモア（and John Wigmore）……174, 175-176
　　ヒーリーとベイカー判事記念財団（and the Judge Baker Foundation）……176-177
　　ヒーリーがシカゴ市を去ること（leaving Chicago）……178
　　ヒーリーとレオポルドとローブ（and Leopold and Loeb）……183-184
　　ヒーリーと生活史（and life histories）……195
　　ヒーリーとメリット・ピンクニー（and Merritt Pinckney）……171, 179
　　ヒーリーの研究におけるビジョン（research vision of）……　168-170
　　ヒーリーとスタンレー（ジャック・ローラー）（and Stanley (the jack-roller)）……201-202
　　ヒーリーの子ども向け検査（on testing of children）……171-173
非公開の審理（private hearings）……22, 77-79, 81-82
ヒトラー，アドルフ（Hitler, Adolph）……215
ビネー，アルフレッド（Binet, Alfred）……171
ピンクニー，メリット（Pinckney, Merritt）……72, 142, 145, 168
　　通告システムにおけるピンクニー（on the complaint system）……76
　　ピンクニーと要扶助ケース（and dependency cases）……91-92
　　ピンクニーと差止命令の危機（and the injunction crisis）……154
　　ピンクニーとリンジーのケース（and the Lindsay case）……147-149, 151
　　ピンクニーと母親に対する扶助費（and mothers' pensions）……96-100, 105-108, 109-114
　　ピンクニーとピーター・バーゼン（and Peter Bartzen）……138-139
　　ピンクニーと常習性（and recidivism）……163
　　移送におけるピンクニー（on transfer）……73
　　ピンクニーとウィリアム・ヒーリー（and William Healy）……171, 179
ビンニー，ジョン（Binny, John）……30
ファーマー，ウィリアム・M（Farmer, William M.）……149
ファーリントン，デビッド（Farrington, David）……215
フィーガー，ジェフリー（Fieger, Geoffrey）……16, 224
フィーハン，パトリック（Feehan, Patrick）……73
フィッツジェラルド，リチャード（Fitzgerald, Richard）……208-210
フーバー，ハーバート（Hoover, Herbert）……200
フェラン，ジョン（Phelan, John）……73-74
フェリヤーの申立てによる事件（Petition of Ferrier）……150
フェルド，バリー（Feld, Barry）……19, 21, 226
フェルナルド，グレース（Fernald, Grace）……171
フォランスビー，ジョージ（Follansbee, George）……38
福祉（welfare）

福祉と施設外での救済（and outdoor relief）……96, 100
　　福祉と専門的な知識を活かした慈善（and scientific charity）……100
　　福祉と国家（and the state）……82, 92
扶助（dependency）……23, 36
　　扶助の定義（definitions of）……41, 97-99, 132-133, 136, 50, 120
プラット，アンソニー（Platt, Anthony）……226
フラワー，ジェームス，モンロー（Flower, James Monroe）……28, 61
フラワー，ルーシー（Flower, Lucy）……22, 182, 221
　　フラワーと少年裁判所の運営（and the administration of juvenile justice court）……53, 61-62
　　フラワーが少年裁判所に与えた影響（influence on the juvenile court）……22, 27-29, 35-41, 45-46
　　フラワーとジュリア・レースロップ（and Julia Lathrop）……27-29, 37-38, 45-46
　　フラワーの引退（retirement of）……61, 178
フランクス，ボビー（Franks, Bobby）……183
ブリトン，ジェームズ・A（Britton, James A.）……165
フリン，フランク（Flynn, Frank）……145
ブルーノ，トニー（Bruno, Tony）……208-210
ブレイス，チャールズ，ローリング（Brace, Charles Loring）……42
プレスコット，エリザベス（Prescott, Elizabeth）……131
ブレッキンリッジ，ソフォニスバ（Breckinridge, Sophonisba）……79-80, 108
フロイト，ジークムント（Freud, Sigmund）……167, 184
プロベーション（probation）……41, 64
　　プロベーションとアフリカ系アメリカ人（and African-Americans）……66
　　プロベーションと取扱件数（and case load）……65, 76
　　プロベーションと人種による基準（and the color line）……66
　　少年司法の顕著な特徴（a defining feature of juvenile justice）……76
　　プロベーションと母親に対する扶助費（and mothers' pensions）……101-102, 109-110
　　プロベーションの起源（origins of）……36-37
　　プロベーションと記録保存（and record-keeping）……75
プロベーション部門（probation department）
　　専門職としての発展（development of professional）……64-65, 68-69
　　プロベーション部門の調査（investigation of）……137-138
ブロンナー，オーガスタ・F（Bronner, Augusta F.）……185
ベイカー，ハーベイ・H（Baker, Harvey H.）……176
　　非公開の審理におけるベイカー（on private hearings）……78-79
ベイカー判事記念財団（Judge Baker Foundation）……178

ベルデン，エヴェリーナ（Belden, Evelina）……180
ヘンダーソン，ベナ（Henderson, Bena）……165
ボイヤー，ポール（Boyer, Paul）……197
法制度史と、その制度論的な分析（legal history, and institutional analysis）……21-22
法の順守と執行に関する全米委員会（ウィカシャム委員会）（National Commission on Law Oharities and Enforcement（Wickersham Commission））……200, 204
ボーエン，ルイーズ・ド・コーヴェン（Bowen, Louise de Koven）……166
　　ピーター・バーゼンに対する主張（allegations against Peter Barzen）……140-141
　　少年裁判所史の記念晩餐会（commemorating the history of the juvenile court）……185
　　ボーエンと少年裁判委員会（and the Juvenile Court Comittee）……62
　　ボーエンと少年保護協会（and the Juvenile Protective Association）……197
ホーキンス，デビッド（Hawkins, David）……215
ホール，G・スタンレー（Hall, G. Stanley）……30, 167
ホーン，マーゴ（Horn, Margo）……182
保護観察官とその任務（probation officers, role of,）……41, 54, 64, 101, 137, 144-145
補助金制度（subsidy system）……36-37
ホッチキス委員会（Hotchkiss commission）……136-137, 141-142, 145
ホッチキス，ウィラード・E（Hotchkiss, Willard E.）……136-137
ポップカーク，ハワード（Hopkirk, Howard）……114
ホフマン，チャールズ（Hoffman, Charles）……181-214
マイヤーズ，エアール・D（Myers, Earl D.）……77
マクドゥウェル，メアリー（McDowell, Mary）……129
マクドナルド，エリザベス（McDonald, Elizabeth）……65
マクマナマン，ジョン（McManaman, John）……70
マクリーン郡対ハンフリーズ事件（County of McLean v. Humphreys）……150
マコーミック，アレクサンダー・A（McCormick, Alexander A.）……139-141
マコーミック，ロバート（McCormick, Robert）……184
マスダズナン（Mazdaznan）……147-148
マチェスキー，トーマス（Majcheski, Thomas）……56-59
マッカーシー，キャスリーン（McCarthy, Kathleen）……29, 113
マック，ジュリアン（Mack, Julian）……135, 140, 178
　　マックと少年司法の運営（and the administration of juvenile justice）……69-71, 76-77
　　マックの少年裁判所の記念晩餐会への参加（commemorating the juvenile court）……185-187
　　マックとエセル・スタージェス・ダマー（and Ethel Sturges Dummer）……164
　　マックがイリノイ州最高裁判所に与えた影響（influence on Illinois Supreme Court）……145

マックと少年保護協会（and the Juvenile Protective Association）……196-197
マッケイ，ヘンリー（McKay, Henry）
　マッケイとクリフォード・ショウ（and Clifford Shaw）……199-200, 204
　マッケイと「人種」問題（and the "race" question）……203-205
　マッケイとウィカシャム委員会（and the Wickersham Commission）……200, 204
マレック，チェスター（Malec, Chester）……212-213
マン，ヒュー（Mann, Hugh）……140
ミード，ジョージ（Mead, George）……166
未成年の要扶助性や非行性の一因（contributing to the dependency or deliuency of a minor）……77, 88
ムーア，ユージン・A（Moore, Eugene A.）……15, 228
　ムーアによるナサニエル・アブラハムへ対する刑の言渡し（sentencing of Nathanile Abraham）……19-20, 24, 221-225
　ムーアによる歴史の利用（use of history）……19, 20, 24, 221
無断欠席（truancy）……133
ムッソリーニ，ベニート（Mussolini, Benito）……215
メイヒュー，ヘンリー（Mayhew, Henry）……30
メイヤー，ジョセフ（Meyer, Joseph）……112
ユニオン・リーグ・クラブ（Union League Club）……203
要扶助少年に対する補助金（Aid to Dependent Children）……23
要扶助少年のいる家庭に対する補助金（Aid to Families with Dependent Children）……23
要扶助少年のケアに関する1909年ホワイト・ハウス会議（White House Conference on the Care of Dependent Children（1909））……93
予防接種法（vaccination laws）……133
ラヴジョイ，エリジャー（Lovejoy, Elijah）……132
ラウブ，ジョン（Laub, John）……176
ラッティモア，スージー（Lattimore, Susie）……208, 210-212
ランドバーグ，エマ（Lundberg, Emma）……64, 76, 81
ランドバーグ，カール（Lundberg, Carl）……94
ランベック，エリザベス（Lunbeck, Elizabeth）……165
リズレ職業補導学校（Lisle Industrial School）……91, 105
リンジー，エリザベス（Lindsay, Elizabeth）……146-149, 151-152
リンジー事件（Lindsay v. Lindsay）……149-152
リンジー，チャールズ・R・ジュニア（Lindsay, Charles R. Jr.）……146-147
リンジー，ビリー（Lindsay, Billy）……146-179, 150-152
リンジー，ベンジャミン（Lindsey, Benjamin）……185, 196
ルイーズ少年職業訓練学校（Louise Training School for Boys）……154

レースロップ，ジュリア（Lathrop, Juila）……140, 178, 221
　レースロップと少年司法の運営（and the administration of juvenile justice）……61
　レースロップの少年裁判所の記念晩餐会への参加（commemorations of the juvenile court）……185
　レースロップとプロベーションの発展（and the development of probation）……64-65, 68
　レースロップと少年司法の将来（and the future of juvenile justice）……180-181, 183
　レースロップとグレース・アボット（and Grace Abbott）……182
　レースロップが少年裁判所に与えた影響（influence on the juvenile court）……22, 27-30, 35-39, 44-46
　レースロップと少年精神病質研究所（and the Juvenile Psychopathic Institute）……166-167, 168-170
　レースロップとルーシー・フラワー（and Lucy Flower）……27-29, 37-38, 45-46
　レースロップと母親に対する扶助費（and mothers' pensions）……101, 116
　レースロップと連邦児童局（and the U.S. Children's Bureau）……35, 180, 182
レオポルド，ネーサン（Leopold, Nathan）……183-184, 208
連邦児童局（United States Children's Bureau）……35, 180, 182-183
連邦少年司法・非行予防局（U.S. Office of Juvenile Justice and Delinquency Prevention）……215
レンルート，キャサリン（Lenroot, Katharine）……64, 76, 81
ロウ，ハーバート（Lou, Herbert）……81
ローゼンウォルド，ジュリウス（Rosenwald, Julius）……153-154
ローデン，フランク（Lowden, Frank）……203
ローバー，ロルフ（Loeber, Rolf）……215
ローブ，リチャード（Loeb, Richard）……183-184, 208
ローマン，ジョセフ・D（Lohman, Joseph D.）……195
ロスマン，デビッド（Rothman, David）……182, 226
ロンブローゾ，チェーザレ（Lombroso, Cesare）……169-170
ワインズ，フレデリック（Wines, Frederick）……27, 41
ワシントン，ブッカー・T（Washington, Booker T.）……203
ワラシュ，ステファニー（Wallach, Stephanie）……79
1899年イリノイ州少年裁判所法（Illinois Juvenile Court Act of 1899）……28
　1899年イリノイ州少年裁判所法の修正法案（amendments of）……69, 70
　1899年イリノイ州少年裁判所法の合憲性（constitutionality of）……133, 142, 145-152
　1899年イリノイ州少年裁判所法の草案（drafting of）……38-40
　1899年イリノイ州少年裁判所法の可決（passage of）……45-46
　提出法案（proposed bill）……40-44

【原著者】
デビッド・S・タネンハウス
　　ネバダ大学ラスベガス校教授

【監訳者】
石川正興（いしかわ　まさおき）
　　早稲田大学法学学術院教授
　　同社会安全政策研究所所長

創生期のアメリカ少年司法

2015年11月20日　初版第1刷発行

　原著者　　デビッド・S・タネンハウス
　監訳者　　石　川　正　興
　発行者　　阿　部　成　一

〒162-0041　東京都新宿区早稲田鶴巻町514番地
発行所　株式会社　成　文　堂
　　　　電話 03(3203)9201(代)　Fax 03(3203)9206
　　　　http://www.seibundoh.co.jp

製版・印刷・製本　藤原印刷
☆乱丁・落丁本はおとりかえいたします☆
© 2015 M. Ishikawa　　Printed in Japan
ISBN 978-4-7923-5161-8 C3032

定価（本体 3950 円＋税）